会社法・租税法から
アプローチする

非上場株式評価の実務

改訂版

公認会計士・税理士
佐藤信祐 著

日本法令®

改訂版刊行にあたって

本書初版は、会社法と租税法の両方の観点から非上場株式の評価について解説することを目的に刊行した。

その後、非上場会社に対して公開買付けを行った後に少数株主の締出しを行った事案に対する裁判例として、東京高決平成31年2月27日が公表された。非上場会社に対して公開買付けをする事案は稀であると思われるが、同様の手続きが実施できるだけの大きな案件では参考にすることができると考えられる。

さらに、最三小判令和2年3月24日が公表されたことに伴って、同年8月28日に所得税基本通達59－6が改正された。本通達の改正は、解釈の明確化を目的にしたものといわれているが、同年9月30日に公表された同通達の改正についての趣旨説明では、今までの実務慣行と異なることが記載されており、今後の実務に影響を与えると思われる。

その結果、当初の内容では、実務に十分に対応することができないことから、改訂版の刊行に至った。

また、本書初版を刊行してから、東京地判令和元年5月14日のように、今後の実務に影響を与えるような判決も公表されたため、過去に公表された裁判例、裁決例を見直した上で、重要と思われるものについては解説を加えている。

本書が、非上場株式の評価について悩まれている実務家の方々のお役に立つことができれば幸いである。

本書は、令和3年2月1日時点で公表されている法律、施行令、施行規則及び取扱通達をもとに解釈できる範囲内での私見により編集したものである。

本書の出版に当たっては、㈱日本法令の竹渕学氏、田村和美氏に多大なるご協力をいただいた。ここで厚くお礼を申し上げたい。

令和３年２月

公認会計士
税　理　士　**佐藤　信祐**

はしがき

会社法上、非上場株式の評価が問題となる場面として、譲渡制限株式の売買、第三者割当、少数株主の締出し、組織再編の４つが挙げられる。それぞれ適用される法規が異なることから、裁判例でも異なる株式価値が算定されている。これに対し、租税法の観点からは、株主が法人であるのか、個人であるのかによって取扱いが異なる。すなわち、法人が贈与を受けた場合には法人税の対象になり、個人が法人から贈与を受けた場合には所得税の対象に、個人から贈与を受けた場合には贈与税の対象になる。さらに、低廉譲渡に該当する場合には、法人税又は所得税の計算上、みなし譲渡益を認識すべきかどうかという点が問題となる。なお、会社法の観点からすれば、ひとつの時価を決定する必要があるが、租税法の観点からは、譲渡人と譲受人の時価が異なることも考えられる。このように、実務上、非上場株式の評価は、会社法と租税法の両方の観点からの検討が必要となる。

グループ法人税制の対応が一段落し、リーマンショック、東日本大震災の影響により仕事が減ってきたのを良いタイミングと考え、筆者が慶應義塾大学大学院商学研究科前期博士課程（会計職）に入学したのは、平成24年４月のことである。仕事をしながら勉強をする状況に最初は苦労したものの、１年もすると慣れてきて、新しい分野を研究する余力も出てきた。そのようなタイミングで、会社法の改正によりスクイーズアウトの制度が変わる予定であるという話を大学院で聞くようになった。そのため、ジョイントディグリー制度を利用し、商学研究科の修士号を取得した直後に法学研究科に入学し、非上場会社のスクイーズアウト（少数株主の締出し）について修士論文を書くことにした。そして、無事、平成27年3月に法学研究科の修士号の授与を受けた。

アベノミクスの影響により仕事が増え始めたということもあり、そこで筆者の大学院生活は終わるはずだった。しかし、指導教授の山本爲三郎先生から修士論文を参考に、『法学政治学論究』に投稿するように勧められ、無事に査読が通ったため、第106号に「非上場会社の少数株主の締出しにおける公正な価格」が掲載された。そうなると、欲が出てしまい、会社法における非上場株式の評価を博士論文にまとめようと考え、平成28年4月に慶應義塾大学大学院法学研究科後期博士課程に入学することにした。

指導教授の山本先生からは、実務経験があるのだから、1年で博士論文を書き上げるように指示を受けた。忙しい日々を送りながらも、なんとか1年で博士論文を提出することができ、平成29年9月に博士号が授与された。

その時期に、偶然にも㈱日本法令の竹渕学氏、大澤有里氏より、出版のご相談をいただき、博士号が授与されたタイミングであることを話すと、それでは、会社法と租税法の両方の観点から出版をすることができないかという話となり、本書を執筆することとした。

筆者が大学院に入学したときに比べると、筆者の仕事内容は大きく変わっていた。もともとデロイトトーマツ税理士法人に勤務していたこともあり、上場会社の仕事が多かったのだが、大学院にいる間に、非上場会社の仕事が増えるようになっていた。そのため、租税法の観点から非上場株式の評価を検討することが多かったが、その一方で、会社法の観点からの検討が必要になったことも少なくない。

これに比べ、市販されている書籍の多くは、租税法の分野のみについてまとめたものや、M&Aなどの第三者間取引を前提として

DCF法などの評価方法についてまとめたものがほとんどであり、会社法と租税法の両方を検討した書籍は少なかった。筆者が博士論文をまとめることができたのも、会社法の観点から非上場株式の評価を検討した書籍、論文がそれほど多くはなかったというのも無関係ではない。そして、租税法の分野からも、平成29年度に財産評価基本通達が改正され、平成30年度には事業承継税制が改正されたことから、今後の事業承継実務は大きく変わることが予想される。

本書は実務書であることから、会社法の内容について、博士論文の内容をそのまま用いることはしていない。本書に記載されている会社法の内容は、筆者が仕上げた博士論文とは異なり、アカデミックな分析を避け、実務上の留意事項について分析したものである。さらに、本書では、会社法に加え、租税法の観点からの分析も行うだけでなく、事業承継における民法及び経営承継法上の論点についても触れている。そのため、本書は、会社法、租税法及びその周辺分野も含めた非上場株式の評価について解説した実務書であるといえる。

しかしながら、社会科学の学問は、直接的なのか、間接的なのかは別として、何かしらのかたちで実務に活かすことができて、初めて意味がある。その意味で、筆者が博士論文を仕上げるために研究した内容は、その相当程度を実務に反映させることができると考えている。その逆として、筆者の博士論文のテーマは会社法でありながらも、公認会計士、税理士として実務で経験した財務会計、ファイナンス及び租税法の内容がかなり反映されている。実務経験が博士論文を仕上げるのに役に立ったというだけでなく、あたかも違う分野のように見える会社法とこれらの分野が密接に繋がるというのも、非上場株式の評価の面白いところである。今後も、非上場株式の評価についての研究を深めることにより、より有用な情報を提供したいと考えている。

なお、本書は、平成30年4月30日時点で公表されている法律、施行令、施行規則及び取扱通達をもとに解釈できる範囲内での私見により執筆したものである。

本書の執筆では、後藤柾哉氏、多田梨恵氏にご協力をいただいた。この場を借りて感謝申し上げたい。

本書の出版に当たっては、㈱日本法令の竹渕学氏、大澤有里氏に多大なるご協力をいただいた。ここで厚くお礼を申し上げたい。

平成30年6月

公認会計士
税　理　士　佐藤　信祐

第1章　企業価値評価ガイドライン

第２章　会社法における非上場株式の評価

第3章　租税法における非上場株式の評価

第４章　会社法と租税法の両面からの実務的検討

第5章　その他の論点

凡　例

法人税法……………………………………………………………法法
法人税法施行令……………………………………………………法令
法人税法施行規則…………………………………………………法規
法人税基本通達…………………………………………………法基通
所得税法……………………………………………………………所法
所得税法施行令……………………………………………………所令
所得税法施行規則…………………………………………………所規
所得税基本通達…………………………………………………所基通
相続税法……………………………………………………………相法
相続税法施行令……………………………………………………相令
相続税法施行規則…………………………………………………相規
相続税法基本通達………………………………………………相基通
財産評価基本通達………………………………………………財基通
租税特別措置法……………………………………………………措法
租税特別措置法取扱通達…………………………………………措通
中小企業における経営の承継の円滑化に関する法律………経営承継法
（例）所得税法第59条第1項第2号　➡　所法59①二

＜判決等＞

地裁判決……………………地判　　地裁決定……………………地決
高裁判決……………………高判　　高裁決定……………………高決
最高裁判決…………………最判　　最高裁決定…………………最決
（例）最高裁第一小法廷判決………最一小判

＜公刊物＞

最高裁判所民事判例集……………………………………………民集
最高裁判所裁判集民事編…………………………………………集民
判例時報……………………………………………………………判時
判例タイムズ………………………………………………………判タ
金融・商事判例……………………………………………………金商
金融法務事情………………………………………………………金法
税務訴訟資料………………………………………………………税資
国税不服審判所裁決事例集………………………………………裁事
家庭裁判月報………………………………………………………家月

本書の記述は、令和3年2月1日現在の法令等に依るものである。

第1章
企業価値評価ガイドライン

はじめに

日本公認会計士協会が公表した『企業価値評価ガイドライン（改訂版)』（以下「ガイドライン」という）では、株式の評価方法がまとめられている。

本章では、ガイドラインに従って、非上場株式の評価方法について解説を行うこととする。

I 取引目的の株式評価と裁判目的の株式評価

日本公認会計士協会が公表したガイドラインでは、株式評価の方法を、取引目的の株式評価と裁判目的の株式評価とに分類している。すなわち、取引目的の株式評価は交渉や意思決定の参考にするために行われるのに対し*1、裁判目的の株式評価は裁判所に提出する目的で行われる*2。また、課税所得の計算を目的とする評価ではないため、ガイドラインでは、租税法上の株式評価は対象から除外されている。

このうち、取引目的の株式評価では、DCF 法等の企業価値評価理論だけでなく、提出先の納得感という要素も含まれる。例えば、交渉の材料として使われる場合には、相手の納得しやすい落としどころを探るための交渉術の要素が入るため、やや柔軟性の強いもの

＊1　日本公認会計士協会『企業価値評価ガイドライン（改訂版)』82 頁（日本公認会計士協会出版局、平成 25 年)。なお、同書では「企業価値評価」と表記されているが、本書の表現に合わせて「株式評価」と表記した。

＊2　日本公認会計士協会前掲＊1・120 頁。

になりがちである。具体的には、中小企業のM&Aでは、DCF法のほうが合理的な株式評価を行うことができたとしても、時価純資産価額に営業権として3～5年分の利益を加算して株式評価を行うことが多い[*3]。

この理由として、DCF法を算定するための基礎となる事業計画が作成できないからであるともいわれているが、それよりも、DCF法による評価方法はファイナンスの知識が必要となることから、中小企業にまで浸透させることが難しく、よりわかりやすい時価純資産法のほうが受け入れやすかったというのが実情であると思われる。

これに対し、上場企業において、社内意思決定の材料として使われる場合には、株主への説明責任を果たすために行われることが多い。そのため、上場企業が中小企業を買収する場合には、譲渡人の納得感のために時価純資産価額に3年分の営業利益を加算して譲渡価額の算定を行ったうえで、DCF法による評価額がそれを上回っているかどうかを別途検討することがある。買い手としては、DCF法による評価額よりも安い金額で買収できれば、社内意思決定のプロセスを尽くしたといえるからである。

もちろん、裁判目的の株式評価であっても、企業価値評価理論や実務慣行に依拠せざるを得ない。なぜなら、実務で行われている株式評価技法を無視したうえで、新たな株式評価技法を生み出すことはできないからである。しかしながら、裁判目的の株式評価では、適用される法規の趣旨を考慮しながら株式価値を算定する必要があ

＊3　山田ビジネスコンサルティング『よくわかる中堅中小企業のM&A活用法』38－39頁（日本経済新聞出版社、平成28年）、大山敬義『社長！あなたの会社、じつは……高く売れるんです‼（Kindle版）』No.642－645（すばる舎、平成24年）参照。なお、業種によって、2年～6年と解説するものとして、藤井一郎『トップM&Aアドバイザーが初めて明かす 中小企業M&A 34の真実（Kindle版）』No.480－505頁（東洋経済新報社、平成25年）参照。

る[*4]。例えば、取引目的の株式評価において、マイノリティ・ディスカウントや非流動性ディスカウントを考慮すべきであっても、これらのディスカウントが考慮されている理由が適用される法規の趣旨に反しているのであれば、その部分は修正される必要がある。さらに、適用される法規が異なる場合には、それぞれの趣旨が異なることから、異なる株式価値が算定されることもあり得る。

このように、裁判目的の株式評価では、取引目的の株式評価により算定される株式価値とその算定過程を理解するとともに、適用される法規の趣旨に反しているかどうかの判断が重要になる。

＊4　山本浩二「株価算定の手法」奈良輝久ほか編著『最新M＆A判例と実務』361頁（判例タイムズ社、平成21年）。

Ⅱ　支配株主にとっての株式価値と少数株主にとっての株式価値

非上場株式の評価を行う場合には、支配株主にとっての株式価値と少数株主にとっての株式価値のいずれを採用するのかという問題がある。例えば、配当還元法は、配当期待権のみを有する少数株主にとっての株式価値を算定するための手法であるといわれている*5。これに対し、支配株主は、会社の経営を支配することにより、利益を最大限にすることができるため、少数株主よりも高い価値を有していると考えられる*6。このように、支配株主にとっての株式価値と少数株主にとっての株式価値の違いは、会社に対する支配権の有無から生じるということがいえる。

しかし、株式をどれだけ保有すれば会社の経営を支配することができるかは明らかではない。さらに、支配株主と少数株主とに明確に分けることができない場合もあり、算定すべき株式価値が、支配株主にとっての株式価値と少数株主にとっての株式価値の中間的な位置に属する場合もある*7。**第３章**で解説するように、租税法上の評価では、画一性、明確性が求められるため、財産評価基本通達に明確に規定されているが、企業価値評価理論では、それをそのまま採用することはできない。

＊5　安達和人『ビジネスバリュエーション―評価の基本から最新技法まで』167 － 168 頁（中央経済社、平成 23 年）、日本公認会計士協会「株式等鑑定評価マニュアル（その２）」JICPA ジャーナル 463 号 107 － 108 頁（平成６年）。

＊6　安達前掲＊５・276 頁、谷山邦彦『バリュエーションの理論と応用』331 － 332 頁（中央経済社、平成 22 年）。

＊7　高橋義雄「支配株主と少数株主」日本公認会計士協会編『株式等鑑定評価マニュアルＱ＆Ａ』47 頁（商事法務研究会、平成７年）。

Ⅲ　評価目的と評価アプローチの選定

日本公認会計士協会が公表したガイドラインでは、具体的な評価方法として、①インカム・アプローチ、②マーケット・アプローチ、③ネットアセット・アプローチに分類されている[*8]。このうち、インカム・アプローチには、将来の収益獲得能力及び固有の性質並びに市場での取引環境を評価結果に反映させることができるという長所がある一方で、恣意性の排除が難しく、客観性に乏しいという短所がある[*9]。また、マーケット・アプローチ、ネットアセット・アプローチには、客観性に優れているという長所がある一方で、マーケット・アプローチには類似取引や類似会社が存在しない場合には評価が困難であるという短所があり[*10]、ネットアセット・アプローチには将来の収益獲得能力や市場での取引環境を反映させることができないという短所がある。

このように、いずれの評価方法を採用するにしても、一長一短が存在することから、総合評価の方法として、ガイドラインでは、単

＊8　日本公認会計士協会前掲＊1・39頁。

＊9　日本公認会計士協会前掲＊1・40頁、谷山前掲＊6・17頁。このほか、株式会社プルータス・コンサルティング『企業価値評価の実務Q＆A（第4版）』60頁（中央経済社、平成30年）、株式会社KPMGFAS『図解でわかる企業価値評価のすべて』42頁（日本実業出版社、平成23年）では、インカム・アプローチの1つであるDCF法の短所として、将来フリー・キャッシュ・フローの見積りの不確実性、割引率の設定の困難性により、大幅に誤った評価がなされてしまう危険性が指摘されている。

＊10　日本公認会計士協会前掲＊1・40頁、谷山前掲＊6・17頁。なお、プルータス・コンサルティング前掲＊9・62頁、KPMGFAS前掲＊9・171頁では、マーケット・アプローチに対して、類似取引や類似会社の選定において恣意性が介入しやすい危険性も指摘されている。

独法のほか、重複幅併用法や折衷法も紹介されている[*11]。このうち、重複幅併用法は、一定の幅をもって算出されたそれぞれの評価結果の重複等を考慮しながら評価結果を導く方法であり、いずれの評価方法においても算定される結果のレンジの範囲にあることから合理性が認められる。これに対し、折衷法は、それぞれの評価結果に一定の折衷割合により加重平均して算出する方法であり、その算定結果に何の意味もないことや[*12]、折衷割合を調整することにより恣意性を介入させることが可能であることから[*13]、合理的な手法とはいい難い。

市販の書籍の中には、合理的な折衷割合を分析しようと試みているものもあるが[*14]、ほとんどフィーリングに近いものであり、実務上は、評価者の望んでいる算定結果に近づけていくための作業をしているとしか思えない。このような状況でありながらも、**第2章**で解説するように、会社法における譲渡制限株式の株式売買価格決定申立事件では、折衷法が用いられている裁判例が多く、実務における妥協の産物として用いられているということがいえる。

＊11　日本公認会計士協会前掲＊1・44－46頁。

＊12　江頭憲治郎『株式会社法（第7版）』16頁（注2）（有斐閣、平成29年）では、「1つ1つが信頼に値しない数値を複数寄せ集めたからといって、信頼できる数値が算出されるわけのものではない」と指摘されている。

＊13　谷山前掲＊6・19頁。

＊14　日本公認会計士協会前掲＊1・80頁。

Ⅳ　具体的な評価方法

1　インカム・アプローチ

前述のように、ガイドラインでは、具体的な評価方法として、①インカム･アプローチ、②マーケット･アプローチ、③ネットアセット・アプローチをそれぞれ紹介している。ここでは、それぞれの評価方法について解説を行うこととする。

(1)　DCF法（ディスカウント・キャッシュ・フロー法）

ガイドラインでは、インカム・アプローチに分類される評価方法として5つの評価方法を紹介しており、その代表的な評価方法がDCF法である。

DCF法は、将来のフリー・キャッシュ・フローを割り引いて計算し*15、その後、余剰資金等の非事業用資産を加算し、有利子負債を減算する手法である*16。一般的に、5年間の事業計画を作成し、6年目以降のターミナルバリュー（残存価値）の算定を事業が永続的に続くと仮定した継続価値により計算することが多い。もちろん、清算が予定されているときは清算価値により残存価値を算定し、売却が予定されているときはマルチプルによる残存価値の算定を行う

＊15　日本公認会計士協会前掲＊1・47頁。

＊16　谷山前掲＊6・62－69頁、プルータス・コンサルティング前掲＊9・79頁、KPMGFAS前掲＊9・94－95頁。

が[*17]、それ以外の場合には、継続価値により評価を行うことが多いと思われる。

そして、“ターミナルバリューのお化け”といわれているように、企業価値のほとんどがターミナルバリューであることが少なくない。さらに、成長率を調整すれば、その合理性はともかくとして、一応は、どのような企業価値をも算定することが可能である。その結果、ターミナルバリューが極端に多額になることがあり、DCF法の信頼性を損ねている事案も少なくない。

DCF法は、会社全体のフリー・キャッシュ・フロー及び非事業用資産の処分権を有する者にとっての価値を前提とするものであることから、支配権プレミアムが加味された評価方法であると考えられる。そのため、少数株主にとっての株式価値を評価するためには、マイノリティ・ディスカウントを考慮する必要がある[*18]。

そして、非上場株式は上場株式に比べて流動性が低く、売買成立の困難性や追加的な取引コストの発生が考えられるため、上記により算定された結果に対して、非流動性ディスカウントを考慮することがある[*19]。さらに、一般的に、時価総額の小さい企業は時価総額の大きい企業よりもリスクプレミアムが大きいことから、サイズ・リスクプレミアムを考慮した割引率を用いることもある[*20]。

DCF法は、将来の収益獲得能力や固有の事情を考慮していることから、支配株主にとっての株式価値を算定するための評価方法として最も理論的な評価方法であるといわれている[*21]。そして、イ

＊17　KPMGFAS前掲＊9・142－143頁。

＊18　KPMGFAS前掲＊9・149－150頁、谷山前掲＊6・334頁。

＊19　谷山前掲＊6・327頁、KPMGFAS前掲＊9・149－150頁、プルータス・コンサルティング前掲＊9・246頁。なお、中村慎二「判批」経営財務3220号23頁（平成27年）にあるように、理論上は、非流動性ディスカウントを割引率に織り込むことも可能である。

＊20　プルータス・コンサルティング前掲＊9・334頁。

＊21　伊藤達哉「取引相場のない株式の評価方法選択のあり方」商事法務1892号41頁（平成22年）、広島地決平成21年4月22日・金商1320号49頁。

ンカム・アプローチに分類される他の評価方法である配当還元法と異なり、発行会社の資本構成を考慮することができるという利点もある[*22]。

しかし、DCF 法による評価額は、恣意性が高く、結論から逆算するかたちで事業計画や割引率を操作することが可能であるという問題がある[*23]。さらに、事業計画の信頼性が乏しい場合には、算定された評価額の信頼性も乏しくなってしまうという問題がある。

このように、DCF 法は、最も理論的な評価方法である反面、恣意性の高さと信頼性の低さという問題を抱えた評価方法であるということがいえる。

⑵　調整現在価値法

調整現在価値法は、無負債事業価値に節税効果の現在価値を加算することにより事業価値を算定する手法である[*24]。調整現在価値法の特徴として、DCF 法と異なり、資本構成が株式価値に与える影響を割引率に織り込むのではなく、節税効果として織り込むという点が挙げられる[*25]。すなわち、DCF 法では、負債の節税効果が全期間を通じて一定という想定で算定されるのに対し、調整現在価値法は、予測期間において資本構成が段階的に変化する場合であっても、それぞれの時点における節税効果を織り込むことができるため、評価対象会社の資本構成が変わる場合に適合した手法であるということがいえる[*26]。

＊22　石島博『バリュエーション・マップ』221 頁（東洋経済新報社、平成 20 年）では、負債がないと仮定した場合の DCF 法による評価額と配当還元法による評価額が一致することから、配当還元法よりも、DCF 法のほうがより一般的な枠組みであると指摘されている。

＊23　伊藤前掲＊21・41 頁。

＊24　日本公認会計士協会前掲＊1・50 頁、プルータス・コンサルティング前掲＊9・184 頁。

＊25　プルータス・コンサルティング前掲＊9・184 頁。

＊26　プルータス・コンサルティング前掲＊9・184 頁。

そのため、資本構成の変化が想定されていない場合には、DCF法による算定結果と調整現在価値法による算定結果は一致することになる[*27]。

(3) 残余利益法

残余利益法は、評価時点における総資産の簿価合計額に対し、将来における営業残余利益の期待値の現在価値を加算することにより事業価値を算定する手法である。この場合における営業残余利益とは、正常な利益（期首営業資産簿価×加重平均資本コスト）を上回る税引後営業利益であると説明される[*28]。

営業残余利益は、その企業の期首営業資産簿価に対して期待される利益を超えて獲得された利益の割引現在価値という意味で、会計上ののれんに相当するものである。そのため、これに評価時点における総資産の簿価合計額を合算することにより算定された事業価値は、予測が整合的である限り、DCF法により算定された事業価値と一致することになる[*29]。

(4) 配当還元法

① 特例的評価方式

配当還元法としてまず思い浮かぶものは、財産評価基本通達188－2に定められている特例的評価方式であり、実際の配当額を基礎に計算する評価方法である。この評価方法には、配当をほとんど行っ

＊27　プルータス・コンサルティング前掲＊9・184頁。

＊28　日本公認会計士協会前掲＊1・52頁。

＊29　プルータス・コンサルティング前掲＊9・190－191頁では、残余利益法を採用する意義として、①企業の収益性と事業価値の関係を明示的に分析しやすい、②事業価値に占める継続価値の割合が小さいため、継続価値に関する見積りの相違によって算定される事業価値が大きく変動するという現象が起こりにくいという点を挙げられている。

ていない場合にはきわめて低い評価額になってしまうという問題点がある*30。これに対し、実務上、従業員持株会の会員のような少数株主の間での売買では、当該特例的評価方式により算定された株式価値が用いられることが少なくない*31。このような特例的評価方式は、租税法上の問題を意識した評価方法であり、企業価値を正しく反映したものとはいい難い*32。

② ゴードン・モデル方式

これに対し、ガイドラインで紹介されている配当還元法は将来の配当の期待値を割り引いて計算する評価方法である。そして、配当成長を予測する評価方法としてゴードン・モデル方式も紹介されている*33。

配当還元法は、配当期待権しかない少数株主にとっての株式価値を評価する方法であるといわれている*34。さらに、ゴードン・モデル方式に基づく配当還元法が、少数株主にとっての株式価値を算定するための最も理論的な評価方法であるとする裁判例も公表されている*35。そのため、未だに会社法の学者の多くは、ゴードン・モデル方式に基づく配当還元法が、少数株主にとっての株式価値を算定するための最も理論的な評価方法であると考えているように思われる。

＊30　久保田安彦「判批」商事法務 2071 号 20 頁（平成 27 年）。

＊31　牧口晴一・齋藤孝一『事業承継に活かす従業員持株会の法務・税務（第３版）』36、142 － 143 頁（中央経済社、平成 27 年）。

＊32　ただし、例外的に少数株主にとっての株式価値により評価する場合には、特例的評価方式を採用する余地があるものとして、佐藤信祐「非上場株式の評価」慶應義塾大学大学院法学研究科博士論文 154 頁（平成 29 年）参照。

＊33　日本公認会計士協会前掲＊１・54 － 55 頁。

＊34　谷山前掲＊６・335 頁、プルータス・コンサルティング前掲＊９・193 頁、茂腹敏明『非上場株式鑑定ハンドブック』339 頁（中央経済社、平成 21 年）。

＊35　広島地決平成 21 年４月 22 日・前掲＊21、大阪高決平成元年３月 28 日・判時 1324 号 140 頁。

しかし、『株式等鑑定評価マニュアル』でも同様の見解が記載されていたものの[*36]、その後に公表されたガイドラインではその旨は記載されていない。

これに対し、実務上、少数株主にとっての株式価値を算定する場合には、DCF 法による評価額に対して、マイノリティ・ディスカウントを加味することにより算定する事案も少なくない。すでに、取引目的の株式評価を行う場合において、ゴードン・モデル方式に基づく配当還元法が少数株主にとっての株式価値を算定するための最も理論的な評価方法とする見解は、あまり採用されていないと思われる。

(5) 利益還元法（収益還元法）

収益還元法は、将来の予想純利益を一定の割引率で割り引くことにより株式価値を算定する手法である[*37]。そして、収益還元法は、評価対象企業の事業計画がない場合に用いられる手法であると説明されることがあり、過去の収益実績に基づいて将来の収益を想定することにより算定されるものである[*38]。

このように、収益還元法は、DCF 法の簡便法として位置付けられ、中小企業のように、事業計画がなかったり、事業計画の信憑性が乏しかったりする場合に利用されている手法であるということができる。

＊36　日本公認会計士協会前掲＊5・108 頁。
＊37　日本公認会計士協会前掲＊1・56 頁。
＊38　KPMGFAS＊9・132－133 頁。

2 マーケット・アプローチ

ガイドラインでは、マーケット・アプローチに分類される評価方法として、市場株価法、類似上場会社法、類似取引法及び取引事例法を紹介している[*39]。このうち、市場株価法は上場株式に対してのみに採用することができる手法であり、非上場株式に対しては採用することができない。そして、類似取引法は、類似取引の売買価格と財務数値に関する情報に基づいて算定する手法であるが[*40]、実際には、ほとんど情報が入手できないと考えられ、現実的な手法とはいい難い。

これに対し、財産評価基本通達により評価された株式価値で売買されている取引事例が存在することはあるため、取引事例法を検討することも想定される。しかし、このような取引事例は、租税法上の問題が生じないことを意識して株式価値が算定されていることから、企業価値を正しく反映したものとはいえない[*41]。そのため、取引事例法を採用できないことも多いと考えられる。

そして、類似上場会社法は、上場会社の市場価格と比較して非上場株式の評価をする方法であり、倍率法、乗数法ともいわれている[*42]。この評価方法の特徴は、類似する上場会社を選定した上で、１株当たりの利益や純資産等の財務数値を比較して倍率を計算し、

＊39　日本公認会計士協会前掲＊１・63－68頁。

＊40　日本公認会計士協会前掲＊１・67頁。

＊41　日本公認会計士協会前掲＊１・68頁でも、取引事例法を採用する場合には、利用する取引事例価額そのものが合理的な方法で評価されているかどうかを検討する必要がある旨が指摘されている。また、租税法の分野でも、大阪地判昭和61年10月30日・TAINS Z154－5816（第３章参照）では、同一会社の従業員と同族株主という限定された当事者間の合意に基づく価額は不特定多数の当事者間での自由な取引とはいい難いと判示している。

＊42　日本公認会計士協会前掲＊１・65頁。

当該上場会社の市場価格に当該倍率を乗じることにより算定する点にある。

さらに、類似上場会社法は、多数の小口取引に基づき形成される類似上場会社の市場価格に倍率を乗じて算定することから、経営権の異動に関する対価は含まれていないため、支配株主にとっての株式価値を評価するためには、支配権プレミアムを加算する必要がある*43。そのほか、DCF 法における非流動性ディスカウント、サイズ・リスクプレミアムと同様に、類似上場会社法でも、非流動性ディスカウント、小規模ディスカウント*44 を考慮することがある。なお、DCF 法と異なり、割引率に織り込むことはしないため、「サイズ・リスクプレミアム」ではなく、「小規模ディスカウント」と称されている。

ただし、類似上場会社法も、類似する上場会社が存在しない場合には算定することができないという問題がある。そのため、**第2章**、**第3章**で解説するように、会社法においても、租税法においても、裁判例ではほとんど採用されていない。

3 ネットアセット・アプローチ

ガイドラインでは、ネットアセット・アプローチの手法として、簿価純資産法及び時価純資産法を紹介するとともに、時価純資産法の簡便法としての修正簿価純資産法を紹介している*45。

このうち、簿価純資産法は、実際の時価と乖離していることが多いことから、検討に値するものは時価純資産法のみである。この場

*43 KPMGFAS 前掲＊9・81－84 頁、谷山前掲＊6・335 頁。
*44 日本公認会計士協会前掲＊1・66 頁。
*45 日本公認会計士協会前掲＊1・69 頁。

合における時価の考え方として、再調達時価と清算処分時価の２つが考えられる[*46]。株主からしてみると、清算処分時価よりも安い値段でしか株式の譲渡が行えないのであれば、清算をした上で、残余財産の分配を受けたほうが良いことから、清算処分価値が少数株主にとっての株式価値の最低限になるという程度の意味は存在する[*47]。

これに対し、再調達時価は、客観性には優れた評価方法であるといえるものの、M&A の実務において、のれんや負ののれんが加味されている実態を考えると、DCF 法に比べて理論的な評価方法とはいい難い。

さらに、経営者が設備投資を行う場合には、投資した資本が回収できるかどうかという点で判断することから、将来フリー・キャッシュ・フローをまったく考慮しない時価純資産法により合理的な株式価値を算定できるとは思えない。なぜなら、再調達時価により100 円で算定されたとしても、会社の収益に対して 100 円以上の貢献をするとは断言できないからである。

しかし、前述のように、中小企業のＭ＆Ａにおいて頻繁に利用されている手法であり、**第２章**で解説するように、会社法上の評価においても、DCF 法により算定された結果に違和感がある場合には、時価純資産法との折衷方式を採用している場合もある。

＊46　日本公認会計士協会前掲＊１・70 頁。

＊47　江頭憲治郎「取引相場のない株式の評価」『会社法の基本問題』155 頁（有斐閣、平成 23 年）、久保田安彦「判批」岩原紳作ほか編『会社法判例百選（第３版）』43 頁（有斐閣、平成 28 年）。

V　種類株式の評価

種類株主[*48]が普通株主よりも優先した権利を有している場合には、まず、種類株主に帰属する価値を差し引いた後の残余が普通株主に帰属する価値となる[*49]。そして、ガイドラインでは、普通株式の評価を基礎とする方法と将来キャッシュ・フローの期待値を見積もる方法の２つの方法を紹介している[*50]。

配当優先株式（又は劣後株式）、残余財産分配優先株式（又は劣後株式）は、普通株式との将来キャッシュ・フローの違いが推測しやすいことから、その算定は容易であると思われる。

さらに、現金での取得請求権や取得条項が付されている場合にも、取得されたときの払戻額がわかるため、その算定は容易であるように思われるが、取得請求権や取得条項が発動されない場合もあるため、そのような場合には、取得請求権や取得条項が発動されたときのシナリオを想定しないで株式価値の算定を行うことになる[*51]。

そのほか、議決権制限株式、黄金株については、議決権の差を評価に織り込むことが難しい。ガイドラインでは、議決権制限株式については、①市場価格の差異分析による方法と、②支配権を目的としたTOBプレミアム分析による方法を紹介しているが[*52]、非上場株式の評価では参考にならない。非上場株式に対して裁判目的の株

＊48　正確には、普通株式も種類株式の１つとして分類されるが、本書では、普通株式以外の株式を種類株式として表記することとする。
＊49　日本公認会計士協会前掲＊１・268頁。
＊50　日本公認会計士協会前掲＊１・273頁。
＊51　日本公認会計士協会前掲＊１・278頁。
＊52　日本公認会計士協会前掲＊１・275頁。

式評価を行う場合には、議決権制限株式を少数株主にとっての株式価値で評価することが精一杯であり、特殊な調整を行えない事案が多いと思われる。

第2章
会社法における非上場株式の評価

はじめに

本章では、会社法における非上場株式の評価について解説を行う。本章で解説する内容は、筆者の博士論文である「非上場株式の評価」と異なり、「実際に裁判になったときに、裁判所に受け入れられやすい評価方法」という視点からまとめたものである。

なお、博士論文は、慶應義塾大学学術情報リポジトリ（http://koara.lib.keio.ac.jp/xoonips/）で閲覧することができるため、興味のある読者は、そちらも参照されたい。

I　総　　論

会社法上、非上場株式の評価が問題となる場面として、譲渡制限株式の売買価格の決定（会社法144②）、第三者割当における有利発行の認定（会社法199③）、少数株主の締出しにおける公正な価格の決定（会社法172①、179の8①、182の4①）、組織再編における公正な価格の決定（会社法785①、797①、806①）の4つが挙げられる[*1]。

実務上、非上場株式の評価業務は、公認会計士や税理士が行うこ

＊1　このほか、譲渡制限の定めや全部取得条項（少数株主の締出しを目的とするものを除く）を付する定款変更に伴う株式買取請求（会社法116①一・二）、単元未満株式の買取請求（会社法192①）、相続人等に対する売渡請求（会社法176①）も問題となり得るが、上記の4つの事案を準用することが可能であることから、本章では検討を行わない。なお、相続人等に対する売渡請求については、第4章を参照されたい。

とが多い。そして、裁判例でも、公認会計士の鑑定意見書が用いられているものがある[*2]。さらに、裁判で争われた事案では、争いとなっている新株発行の前に、財産評価基本通達に定めのある「取引所の相場のない株式の評価」により評価した株式価値に基づいて、評価対象となっている非上場株式が売買されていた事案が公表されている[*3]。

このように、非上場株式の評価は、会社法の分野というよりも、会計学や租税法の分野に属するもののようにも思われるが、会社法の規定に基づいて裁判所で争われていることから、会社法の視点からの分析が必要である。

この点、上場株式を対象とした裁判例や論文は多数見受けられるものの、非上場株式を対象とした裁判例や論文はそれほど多くはない。そのため、この分野の研究は、まだ始まったばかりといえるであろう。興味のある読者は、筆者の博士論文を読んでいただきたいが、ところどころに追加的に研究すべき問題がある。

まず、本博士論文では、譲渡制限株式の売買価格の決定において、支配株主にとっての株式価値で評価すべきであり、マイノリティ・ディスカウント、非流動性ディスカウントを考慮すべきでないとした[*4]。しかし、博士論文を読んだ人から、そもそも少数株主にとっての株式価値で取得をしておきながら、譲渡するときになって支配株主にとっての株式価値で評価をすることが、法学の見地から公正といえるのかについて、もう少し研究をしたほうが良かったのではないかというコメントをいただいた。

たしかに、その点についての研究は不十分であったように思われ

＊2　最一小決平成27年3月26日・民集69巻2号365頁、東京地決平成26年9月26日・金商1463号44頁。

＊3　最一小判平成27年2月19日・民集69巻1号51頁。

＊4　佐藤信祐「非上場株式の評価」慶應義塾大学大学院法学研究科博士論文24－35頁（平成29年）。

る。それでも、10 年前に支配株主から少数株主にとっての株式価値で取得したことが明らかであっても、支配株主が変わっているのであれば、支配株主にとっての株式価値で評価すべきということになると思われる。

しかし、支配株主が変わっていないということであれば、支配株主からすれば、少数株主にとっての株式価値で譲渡をしておきながら、支配株主にとっての株式価値で買い戻さなければならないということになり、支配株主としては納得できるものとはいい難い。そして、支配株主が相続により変わっているのであれば、支配株主が変わっていない場合と同視すべきかどうかという点も検討すべきであろう。

このように、少数株主にとっての株式価値で取得した者から支配株主にとっての株式価値で買い戻させることが、法学の見地から公正であるのかどうかについて、より深く研究をする必要があったと思われる。

そして、本博士論文では、サイズ・リスクプレミアム、小規模ディスカウントを考慮すべきでないと結論づけた*5。これは、サイズ・リスクプレミアム、小規模ディスカウントの理論的な裏付けがないという批判*6や、その存在を否定する実証研究*7もあるからである。当然のことながら、サイズ・リスクプレミアム、小規模ディス

＊5　佐藤前掲＊4・35 頁。

＊6　プルータス・コンサルティング『企業価値評価の実務Ｑ＆Ａ（第４版）』337、341 頁（中央経済社、平成 30 年）。

＊7　砂川伸幸・加藤政仁「近年のわが国における CAPM 型サイズプレミアム」神戸大学ディスカッションペーパー 2015·04 号１－４頁（平成 27 年）、久保田敬一・竹原均「Fama-French ファクターモデルの有効性の再検証」現代ファイナンス 22 号３－23 頁（平成 19 年）。

＊8　例えば、Ibbotson Associates（イボットソン・アソシエイツ）では、海外のみならず、我が国におけるサイズ・リスクプレミアムのデータを販売しており、今後、このようなデータを利用してサイズ・リスクプレミアムを裁判目的の株式評価において使用することができるかどうかにつき、議論を広げていく必要があると考えられる（https://www.nikkeimm.co.jp/profile/ibbotsondata/、日経メディアマーケティング）。

カウントの理論的な裏付けやその存在を肯定する実証研究が積み重ねられていけば、サイズ・リスクプレミアム、小規模ディスカウントを考慮すべきであるという結論になってもおかしくはない[*8]。

さらに、本博士論文では、具体的な評価方法についての詳細な分析をほとんど行っていない。例えば、DCF法において、取引目的の株式評価と裁判目的の株式評価で同一のWACC（加重平均資本コスト）を用いることができるのかという点は検討していない。そもそも自己資本比率が変動すれば、WACCも変動することから、取引目的の株式評価と裁判目的の株式評価で異なるWACCになったとしても不思議なことではない。

そして、時価純資産法において、資産除去債務や繰延税金資産及び負債をどのように考慮すべきかという点もほとんど検討していない。取引目的の株式評価ではこれらを考慮すべきという結論になったとしても、裁判目的の株式評価では異なる結論になる可能性もあることから、この点について追加的な検討が必要になろう（とりあえずの結論として、後述Ⅶ「時価純資産法における税効果会計の適用」を参照されたい）。

そのほか、種類株式、属人的株式の評価方法、新株予約権の評価方法など、今後の裁判例が積み重なっていけば、当然に研究をすべき分野も残されている。

このように、非上場株式の評価については、まだまだ研究の余地が残されている。会社法の分野で、非上場株式の評価についての研究をすることの面白さは、経済学や会計学の理論と法学の理論を組み合わせることにより、まだまだ発展させていける余地があるという点である。

本書は実務書であることから、「実際に裁判になったときに、裁判所に受け入れられやすい評価方法」という視点から解説を行うが、あくまでも基本的な部分しか解明できておらず、細かなところについては、今後の裁判例、学説の発展を見守る必要があるという点にご留意されたい[*9]。

＊9　博士論文を仕上げてわかったことは、この分野はまだまだ研究の余地があり、公認会計士や税理士の立場からすると、博士論文が書きやすい分野であるということである。

ちなみに、筆者の実務経験のほとんどは税務であり、FAS 業務の経験はそれほど多くはない。会社法の観点から行われる非上場株式の評価は、FAS 業務の一環として行われることが多いため、FAS 業務の経験のある公認会計士であれば、より良い博士論文を仕上げることができる可能性もある。財務会計や租税法ではなく、会社法の分野において、上場株式又は非上場株式の評価を研究する公認会計士が増えてくれることを願っている。

なお、この分野に興味がある読者には、安達和人『ビジネスバリュエーション』（中央経済社、平成 23 年）、飯田秀総『株式買取請求権の構造と買取価格算定の考慮要素』（商事法務、平成 25 年）、池谷誠『論点詳解　係争事案における株式価値評価（第２版）』（中央経済社、令和２年）、石塚明人「上場会社組織再編または企業買収にかかる会社法株式価格決定裁判における『公正な価格』及び『公正な取得価格』の統一的算定手法」青山学院大学大学院法学研究科博士論文（平成 29 年）をお勧めしたい。いずれも、筆者の博士論文が発展途上であり、まだまだ研究の余地が残されていることを再認識させてくれる良書である。

Ⅱ　譲渡制限株式の譲渡

譲渡制限株式とは、株式会社がその発行する全部又は一部の株式の内容として譲渡による当該株式の取得について当該株式会社の承認を要する旨の定めを設けている場合における当該株式をいう（会社法２十七）。譲渡制限株式には、定款により、株式会社が発行する全部の株式について譲渡制限を課しているものもあれば（会社法107①一・②一）、種類株式の内容として譲渡制限を課しているものもある（会社法108①四・②四）。

譲渡制限株式は、発行会社の承認がない場合には、株主名簿の名義書換えを行うことができないため（会社法134）、当該承認を得ないで、譲渡制限株式を譲渡したとしても、当事者間では有効であるものの、発行会社に対して権利行使することはできない。そのため、現行会社法では、譲り渡そうとする株主からの承認請求（会社法136）と譲渡制限株式を取得した株式取得者からの承認請求（会社法137）がそれぞれ規定されている。

譲渡制限株式の制度趣旨は、閉鎖型のタイプの会社では人的な信頼関係のある者に株主を限定したかったからであるといわれている*10。そのような制度趣旨からも、事前に発行会社が指定した者に対して譲渡するのであればともかく、それ以外の者に譲渡しようとした時点で、発行会社が別の者を買取人として指定することのほうが多いと思われる。すなわち、実務上は、株主が株式を譲渡したい場合には、譲受人となる者を発行会社に探させるということのほうが多く、株主のほうから譲受人を探してきた時点で、ほぼ揉めて

＊10　江頭憲治郎『株式会社法（第７版）』233頁（有斐閣、平成29年）。

いる案件である可能性が高いと思われる（もちろん、会社法上、発行会社が譲受人となる者を探す義務はないものの、前述の承認請求が行われるのも困るので、発行会社が譲受人となる者を探すことも少なくない）。

会社法上、譲渡制限株式の譲渡に係る手続きは、同法136条から145条までにおいて定められている。もし、当事者間で売買価格の合意がなされれば、**第3章**で解説する租税法上の問題はともかくとして、会社法上は、その合意した価格で譲渡したとしても、特段の問題にならない。これに対し、当事者間で売買価格の合意がなされない場合には、裁判所に対して売買価格決定の申立てをする必要がある（会社法144②）。

その場合における具体的な売買価格の決定方法として、会社法上、「資産状態その他一切の事情」を考慮することとしているものの（会社法144③）、「資産状態」は単なる例示に過ぎず、裁判所の裁量によりさまざまな事情を考慮して売買価格を決定する必要があると解されている[*11]。そのため、実際の裁判例ではさまざまな手法により売買価格が算定されており、必ずしも統一された手法は存在しない。

1　裁判例の傾向

(1)　概　要

我が国の株式売買価格決定申立事件における最近の裁判例の傾向

*11　小出一郎「第144条」江頭憲治郎ほか編『論点体系会社法1―総則、株式会社Ⅰ』479頁（第一法規、平成24年）。

*12　小出前掲*11・480頁では、「近時の裁判例では、売手の立場と買手の立場を区分して議論し、複数の評価手法を採用することを根拠づけようとするものが散見される」と指摘されている。

として、経営権の異動に準じて取り扱うことができるかを検討しているものが多いということがいえる[*12]。すなわち、経営権の異動に準じて取り扱うことができる場合（譲渡人が旧支配株主であり、譲受人が支配株主になる場合）には、支配株主にとっての株式価値により評価を行い[*13]、譲受人（指定買取人）と譲渡人の双方が少数株主であるときは、少数株主にとっての株式価値により評価を行い[*14]、譲受人が支配株主であり、譲渡人が少数株主であるときは、支配株主にとっての株式価値と少数株主にとっての株式価値を１対１の折衷割合により評価を行う[*15]という裁判例が公表されている[*16]。実務上、譲渡制限株式の売買価格の決定が問題となるのは、譲受人が支配株主であり、譲渡人が少数株主である場合がほとんどであることから、本書でも、この点について解説を行うこととする。

従来の学説では、譲受人が支配株主であり、譲渡人が少数株主である場合に、支配株主にとっての株式価値で評価すべきであるとす

＊13　東京高決平成 20 年 4 月 4 日・金商 1295 号 49 頁、福岡高決平成 21 年 5 月 15 日・金商 1320 号 20 頁。

＊14　大阪高決平成元年 3 月 28 日・判時 1324 号 140 頁、大阪地決平成 27 年 7 月 16 日・金商 1478 号 26 頁。

＊15　札幌高決平成 17 年 4 月 26 日・判タ 1216 号 272 頁、広島地決平成 21 年 4 月 22 日・金商 1320 号 49 頁。

＊16　大阪地決平成 25 年 1 月 31 日・金商 1417 号 51 頁は、譲渡人が経営に影響を与える可能性も残されていたという理由により、収益還元法 80%、配当還元法 20%の折衷割合で算定している。そして、千葉地決平成 3 年 9 月 26 日・判時 1412 号 140 頁は、譲受人が会社の役員として経営に参加できる可能性があることから、配当のみを期待する一般投資家の場合とはやや異なる面があることを理由として、役員報酬を配当金の変形とした配当還元法による株式価値と時価純資産法による株式価値の平均値により算定している。さらに、東京地決平成 26 年 9 月 26 日・金商 1463 号 44 頁は、譲渡人が支配株主と一般株主の中間的な立場に位置する株主であるという理由により、譲渡人にとっての株式価値を配当還元法 60%、DCF 法 20%、時価純資産法 20%の折衷割合で算定した後に、当該譲渡人にとっての株式価値と譲受人にとっての株式価値とを 1 対 1 の割合で折衷している。これらは「経営権の異動に準じて取り扱うことができる」場合と「譲受人が支配株主であり、譲渡人が少数株主である」場合の中間的な裁判例であるといえる。

る見解*[17]と、少数株主にとっての株式価値で評価すべきとする見解*[18]があった。

これに対し、広島地決平成21年4月22日・金商1320号49頁では、「株式の売買を相対で行う場合には、通常は、いずれか一方の交渉力が他方を上回るのが一般的であるが、本件は、会社法の規定により株式の買取価格を決定するものであるから、双方対等の立場で評価すべきものであると解される」という理由により、支配株主にとっての株式価値と少数株主にとっての株式価値を１対１の割合で折衷している。譲渡制限株式の譲渡では、売買価格が高くなれば譲渡人が利益を得て、同額が指定買取人の負担になるというゼロ和ゲームが成立する。そのため、売買価格決定の申立てがなされずに、譲渡人である少数株主と指定買取人である支配株主が交渉を行う場合には、両者の期待する価格の間のどこかで落とし所を探る必要がある。これに対し、売買価格決定の申立てがなされた場合には、両者が対等の立場で交渉を行い、かつ、交渉力に差がないことが前提となる。そのため、１対１の割合での折衷方法は、まったく根拠がないというわけではない*[19]。

租税法の観点からは、譲受人では支配株主にとっての株式価値で評価し、譲渡人では少数株主にとっての株式価値で評価するという一物二価の考え方を採用することができるが、会社法の観点からは、そのような考え方を採用するわけにはいかず、どこか１つの価格を

＊17　関俊彦『株式評価論』298 − 304 頁（商事法務研究会、昭和 58 年）、宍戸善一「紛争解決局面における非公開株式の評価」岩原紳作編『現代企業法の展開』423 頁（有斐閣、平成２年）、佐藤前掲＊４・25 − 28 頁。

＊18　江頭憲治郎「判批」江頭憲治郎ほか編『会社法判例百選（第２版）』45 頁（有斐閣、平成 23 年）。

＊19　山本浩二「株価算定の手法」奈良輝久ほか編著『最新Ｍ＆Ａ判例と実務』361 頁（判例タイムズ社、平成 21 年）では、取引目的の株式評価を前提として、支配株主と少数株主とが独立した対等の立場で交渉したとすれば、理論的にはそれぞれの評価額の中間値で価格が決定されるとの指摘がある。

決定する必要がある。そのような場合に、支配株主にとっての株式価値と少数株主にとっての株式価値とを1対1の割合で折衷するという評価方法は、理論的な問題はともかくとして、裁判例の傾向として理解しておく必要があると考えられる。

(2) 少数株主にとっての株式価値で算定した事例

譲受人と譲渡人の双方が少数株主であるとして、少数株主にとっての株式価値で算定した事例として、大阪高決平成元年3月28日・判時1324号140頁、大阪地決平成27年7月16日・金商1478号26頁がある。

このうち、大阪地決平成27年7月16日は、非上場株式を対象とした株式投資を行う投資事業有限責任組合（投資ファンド）を買取人として指定した事案であり、支配株主を買取人として指定することができたにもかかわらず、少数株主を買取人として指定したことを理由として少数株主にとっての株式価値で評価をするのは、取締役会に売買価格を引き下げる選択肢を与えているに等しく、本来であれば、少数株主にとっての株式価値を売買価格として決定すべきではなかったと思われる*20。

他方で、大阪高決平成元年3月28日では、支配株主が存在しないという特殊事案であるため、かかる特殊性を考慮して、少数株主にとっての株式価値で評価を行う合理性が認められる。

このように考えると、譲受人と譲渡人の双方が少数株主であるとして、少数株主にとっての株式価値を売買価格として決定すべき事案はきわめて稀であると思われる。また、経営権の異動に準じて取り扱うことができる場合において、裁判所に売買価格を決定してもらわなければならないほど揉める事案というのもかなり限られた事

*20　佐藤前掲＊4・151－153頁。

案であると思われる。

そのため、実務上は、譲受人が支配株主であり、譲渡人が少数株主である場合における裁判例の傾向を理解しておけば、とりあえずは事足りるということがいえる。

(3) 国税庁方式の問題点

後述するように、かつては国税庁方式を採用した裁判例も多かったが、現在ではほとんど採用されていない。そして、M&AやFASの専門家の中でも、財産評価基本通達で適正な評価額が算定できると考えている者はほとんどいない。特に、特例的評価方式は実際配当還元法に近い評価方法となっているが、配当をほとんど行っていない場合には、1株当たりの資本金等の額の2分の1の金額というきわめて低い評価額になるという問題がある[*21]。

それでは、原則的評価方式であれば、支配株主にとっての株式価値を算定するための合理的な手法と認められるのかといえば、純資産価額方式において、不良債権であっても、法的整理等に至らない場合には、券面額で評価がなされたり（財基通204、205)、賞与引当金、退職給付引当金、債務保証損失引当金のような負債性引当金の計上が認められなかったりするため(財基通186、相基通14－3)、そもそも合理的な時価であると考えることはできない。

そして、類似業種比準方式についても、江頭憲治郎教授が、①類似業種を上場会社の中から選定することには相当な困難性がある、②簿価純資産価額を比較することに実質的な意味はないとして批判

＊21　久保田安彦「判批」商事法務2071号20頁（平成27年）参照。そのほか、江頭憲治郎「取引相場のない株式の評価」『会社法の基本問題』138－139頁（有斐閣、平成23年）では、①直前期末以前2年間という期間の根拠に必然性がない、②無配の期間につき2円50銭の配当を行ったものとする根拠も不明である、③割引率は経済情勢や会社の状態により異なるはずであるのに画一的に10％としているといった問題点を挙げられている。

されている[*22]。このうち、前者の批判については、類似上場会社法にも存在する問題である。さらに、関俊彦教授も、簿価純資産価額の計算で時価を考慮していないことや、期間損益思考に基づく分類がされていないことを批判されている[*23]。そのほか、筆者の博士論文でも、①株式価値の引下げの容易性、②単体ベースの評価、③株価上昇時の歪みという問題を指摘させていただいた[*24]。

このように、国税庁方式により会社法上の時価を算定することは困難であり、裁判例の傾向からしても、学説の傾向からしても、認められない可能性が高いと考えられる。

2　非流動性ディスカウント

非上場株式は上場株式に比べて流動性が低く、売買成立の困難性や追加的な取引コストの発生が考えられる。そのため、**第1章**で解説したように、取引目的の株式評価では、非流動性ディスカウントを考慮することがある。そして、株式売買価格決定申立事件でも、非流動性ディスカウントを考慮した裁判例が公表されている[*25]。

少数株主にとっての株式価値を評価する場合に、非流動性ディスカウントを考慮すべきであるということに争いはないと思われる。

＊22　江頭前掲＊21・150頁。なお、江頭教授は、配当金額、年利益金額及び簿価純資産価額の斟酌割合の合理性についても批判されていた。

＊23　関前掲＊17・138頁。なお、前掲＊22と同様に、斟酌割合についての批判もされている（関前掲＊17・138－139頁）。

＊24　佐藤前掲＊4・13－15頁。

＊25　大阪高決平成元年3月28日・前掲＊14、大阪地決平成25年1月31日・前掲＊16、広島地決平成21年4月22日・前掲＊15、東京高決平成29年1月26日判例集未登載（弥永真生「会社法判例速報」ジュリスト1504号2－3頁（平成29年））参照。なお、財産評価基本通達188－2で用いられている割引率（10%）をそのまま採用することにより、実質的に非流動性ディスカウントが加味されていると推測できる裁判例として、東京高決平成20年4月4日・前掲＊13、札幌高決平成17年4月26日・前掲＊15、千葉地決平成3年9月26日・前掲＊16もある。

そもそも取引目的の株式評価において、非流動性ディスカウントを考慮することは一般的だからである。

これに対し、取引目的の株式評価において、支配株主にとっての株式価値を算定する場合には、非流動性ディスカウントを考慮しなくてもよいとする見解[*26]と、少数株主にとっての株式価値を算定する場合に比べてディスカウント率を低く設定しても構わないものの、非流動性ディスカウントを考慮すべきであるという見解がある[*27]。

裁判目的の株式評価では、この点についての議論がまだ不十分であり、どちらの評価も可能であるように思われる[*28]。

3 評価方法の選定

我が国の株式売買価格決定申立事件における裁判例の傾向として、かつては、国税庁方式[*29]により評価した価格を重視する傾向が強かったものの[*30]、その後の大まかな傾向としては、マーケット・アプローチが比較的よく用いられ、近時はインカム・アプローチのDCF法の採用が多くなっている[*31]。すなわち、最近の裁判例の傾向として、国税庁方式は採用されておらず、租税法と会社法とでは目的が異なることから、今後も採用されるべきではないと考えられ

＊26　KPMGFAS『図解でわかる企業価値評価のすべて』149 − 150 頁（日本実業出版社、平成 23 年）、谷山邦彦『バリュエーションの理論と応用』337 頁（中央経済社、平成 22 年）。

＊27　安達前掲＊9・331 頁。

＊28　私見ではあるが、支配株主にとっての株式価値で評価する場合には、非流動性ディスカウントを考慮すべきでないとする見解として、佐藤前掲＊4・34 − 35 参照。

＊29　財産評価基本通達に定められている「取引所の相場のない株式の評価」による評価方法をいう。

＊30　江頭前掲＊18・44 頁。

＊31　山本爲三郎「第 144 条」山下友信編『会社法コンメンタール３ - 株式(1)』419 頁（商事法務、平成 25 年）。

る。これに対し、マーケット・アプローチが排除されているのは、そもそも類似企業が存在しないことから、類似上場会社法を採用することができないというのが最大の理由であるが、このような安易な結論は、取引目的の株式評価では採用されておらず、裁判目的の株式評価でも採用すべきではないため、将来において、異なる裁判例が公表される可能性がないとは断言できない。

このように、最近の裁判例では、支配株主にとっての株式価値の評価方法として、DCF法の採用が増えているが、東京高決平成20年4月4日・金商1295号49頁は、事業計画案が提出されなかったことから、DCF法ではなく、過去の経常利益の実績を基礎にした収益還元法が採用されている。

これに対し、少数株主にとっての株式価値を算定する場合には、配当還元法を採用している裁判例がほとんどである*32。

しかし、これらによって算定された株式価値に違和感がある場合には、何かしらの修正が必要になってくる。そのため、現在の裁判例では、支配株主にとっての株式価値についてはDCF法（又はその代替としての収益還元法）、少数株主にとっての株式価値については配当還元法を採用するものの、これらによって得られる株式価値に違和感がある場合には、時価純資産法との併用を行うという傾向がある*33。

さらに、裁判例の傾向として、少数株主にとっての株式価値を算定する場合であっても、配当性向が低すぎるときは、配当還元法はなじまないと考えているようである。例えば、広島地決平成21年

＊32　大阪高決平成元年3月28日・前掲＊14、札幌高決平成17年4月26日・前掲＊15、広島地決平成21年4月22日・前掲＊15、大阪地決平成27年7月16日・前掲＊14。

＊33　柴田和史「非上場株式の評価」浜田道代・岩原伸作編『会社法の争点』61頁（有斐閣、平成21年）。なお、反対株主の株式買取請求に対する株式買取価格決定申立事件であるが、東京高決平成28年9月14日・判タ1433号134頁では、支配株主にとっての株式価値をDCF法の評価のうち修正簿価純資産法による評価を下支えとした価格により評価を行っている。

４月22日・金商1320号49頁では、上場会社の配当性向と比較した上で、ゴードン・モデル方式を用いることに不合理はないとしている。これに対し、札幌高決平成17年４月26日・判タ1216号272頁では、配当性向が低いことを理由として時価純資産法との折衷を行っている。さらに、大阪地決平成27年７月16日・金商1478号26頁では、配当性向が低いことを理由として、予想配当性向として、①同業種である非鉄金属・金属製品工業の上場会社の平均値と②東証１部上場会社の５年間平均値によって求められた配当還元法に基づく評価額の中間値を採用している。

FAS業務を行っている公認会計士の方々と話すと、このような裁判例の傾向は、FAS業務の実務慣行と整合的ではないようである。この多くは、取引目的の株式評価と裁判目的の株式評価の目的の違いによるものではなく、企業価値評価理論の発展に裁判所が追い付いていないだけのように思われる。そのため、ここで紹介した内容は、あくまでも裁判例の傾向に過ぎず、今後、異なる裁判例が公表される可能性もあるという点に留意されたい。

＜参考事例＞

⑴　広島地決平成21年４月22日・金商1320号49頁

広島地裁は「裁判所が決定すべき譲渡制限株式の売買価格とは、譲渡等承認請求の時におけるその客観的な交換価値であるが、他方で、譲渡制限株式については取引相場がないことから、対象会社の『資産状況その他一切の事情』を考慮することにより妥当な交換価値を探求すべきものと解される。したがって､株式評価の材料と認められる限り､対象会社の収益状況、１株当りの収益又は配当額、将来の事業の見通し、配当政策・配当能力、業界の状況など、対象会社内外の一切の事情を斟酌することを要することとなる」と判示した。すなわち、会社法上、「資産状態その他一切の事情」と規定されていることから（会社法144③)、純資産価額のみならず、さまざまな事情を考慮する必要があることがわかる。

さらに、広島地裁は「継続企業としての価値の評価に相応しい評価方法は、収益方式の代表的手法であるDCF法ということができ」とした上で、他の評価方法を考慮することができるか否かについて検討を行っている。まず、時価純資産法については「一時点の純資産に基づいた価値評価を前提とするため、判断将来の収益能力又は市場での取引環境の反映は難しく、企業の有する将来の収益獲得能力を適正に評価し切れず、事業継続を前提とする会社において、その企業価値を評価する方法ではないと解される」という理由により、単独で採用すべきではないとされ、さらに、他の手法との折衷方式が可能かどうかについても、「(1)Yは相応の規模を有する企業であって、もとより解散等が予定されているものでもないこと、(2)同社が相当程度の遊休資産を有しており、かつ、これを売却するような事情も窺われないこと、そして、(3)Xらは、Yの解散決議を行うだけの議決権を有するものではなく、また、Xらの代表者である乙野がYの代表取締役を解任された経緯、過去の同社における株主総会の決議内容等に照らしても、XらがYの経営支配力を有するものとはおよそ言い難いといった事情に照らせば、本件において純資産方式によって株価を算定し、またその算定に当たって同方式を考慮することは、結局、株式に現実的な経済的価値以上の価額を付することになる以上、相当ではないと解される」とした。本事件では、DCF法による評価額が2,038円から2,640円であるのに対し*34、時価純資産法による評価額が4,052円であったことから、「株式に現実的な経済的価値以上の価額を付することになる」とされているのが特徴的である。

このように、解散を予定しておらず、相当程度の遊休資産が存在するわ

---

*34　なお、少数株主側では、DCF法による評価額を5,481円から6,097円であると主張していた。支配株主側が主張したDCF法による評価額の差異は、市場リスクプレミアム、非流動性ディスカウント、負債コスト、永久成長率の当否によるものであるが、そのすべてにおいて、広島地裁は支配株主側の主張を認めたことから、広島地裁が認定したDCF法による評価額は2,038円から2,640円となった。

けでもないといった理由により、時価純資産法を採用すべきでないとしたことについては同意するものの、経営支配力を有しないという理由により、時価純資産価額よりも安く算定されたDCF法による評価額が相当であるというのは、解散をしたほうが少数株主にとって望ましいにもかかわらず、あえて解散を行わずに会社を存続させるということを意味する。このように、いくつかの裁判例では、具体的な評価方法まで調べてみると、かなり問題があることが少なくない。そのため、裁判例の検討では、今後の実務の反映できる部分とそうでない部分とがあるという点に留意が必要である。本事件でも、少数株主側が、時価純資産法が少数株主にとっての株式価値及び支配株主にとっての株式価値の下限であると主張することも可能であったと思われる[*35]。

さらに、広島地裁は、配当還元法の一形態であるゴードン・モデル方式について「一般に、配当還元法については継続企業の価値を評価する方法の１つであるが、他方で、同方式が配当の状況及び配当政策の影響を受けやすいこと（すなわち、多額の欠損が生じているために当面において配当できない企業、配当が見込めない成長企業については株主価値の計算が困難であり、また、配当が低位安定しているような企業は過小評価しやすいこと）に配慮すべきものと解されていること、また、同方式のうちゴードン・モデル方式については、計算式において特定の条件が成立することが必要で、かつ、企業は永久に同じ割合で成長するという前提で成り立っているモデルであることが指摘されているところ、本件においては、Ｙに上記のような事情があれば、本件における評価において同方式を採用することについては慎重な検討が必要となる」としたものの、「Ｙの直近の決算期３年度の配当性向（配当で支払う金額を当期利益で除したものを百分率で示し

---

*35　もちろん、DCF法による評価額が時価純資産法（清算価値）による評価額よりも高いというのであれば、時価純資産法（継続価値）による評価額よりも安かったとしても、合理性があることもあり得る。支配株主側からすれば、時価純資産法（清算価値）による評価額を裁判所に提出することにより、DCF法による評価額が不当に安く評価されているわけではないと主張することも可能である。

たもの）は16.4パーセントであり、平成15年度から平成19年度における国内取引所に上場している全銘柄の配当性向に照らしても特に不合理とは考えられないことに照らせば、本件においてゴードン・モデル方式を採用することについて、特段、支障はないものと考えられる」と判示している。

その結果、「売り手の立場からすれば、株式の売買は株主の投資回収の方法であり、主として経済的利益の補償という観点からその算定方式を考慮すべきであるところ、株式の売買は、売り手がこれまで顕在的に行使していた利益配当請求権と潜在的に有している残余財産配当請求権（原文ママ）を換価するという側面があるものの、先に見たとおり、Yは清算等を予定しておらず、他方で、Xらが経営支配力を有していないのであるから、株主であるXらが当分の間、残余財産の分配を受けることは困難であることからすれば、売り手の立場から最も合理的な評価方式は、配当還元方式によることとなる」「買い手の立場からは、本件株式の買い手はY自身（もっとも、本件では甲山も買い手となっているが〔第6号事件、第8号事件〕、本件における事実経過等に照らせば、Yと同視しても差し支えないものと解する。）であり、配当を期待するものではないから、配当還元方式を採用することも相当ではなく、結局、継続企業の動的価値を現す最も理論的な方法であるDCF方式によらざるを得ないものと解される」という理由により、「売主の立場から相当な評価方式と買主の立場からの評価方式を1対1で評価価格に反映させるのが相当である」として、DCF法による評価額の平均値である2,339円とゴードン・モデル式による評価額の平均値である411円の中間である1,375円が売買価格であると判示している。

このように、本事件は、少数株主には配当期待権しか存在しないという前提の下で、支配株主にとっての株式価値であるDCF法による評価額と少数株主にとっての株式価値であるゴードン・モデル方式による評価額を1対1の割合で折衷を行っているという特徴がある。

⑵　札幌高決平成17年4月26日・判タ1216号272頁

札幌高裁では、配当還元法：時価純資産法：DCF法を25：25：50の割合で組み合わせる決定が行われた。第一審（札幌地決平成 16 年 4 月 12 日判タ 1216 号 274 頁）では、「売手の立場からは、株式の売買は株主の投資回収の方法であり、主として経済的利益の補償という観点からその算定方式を考慮すべきであるところ、株式の売買は、売手がこれまで顕在的に行使していた利益配当請求権と潜在的に有している残余財産配当請求権を換価するという側面がある。そこで、売手の立場から最も合理的な評価方式は、配当方式と純資産方式の併用方式であり、この方式に差をつける合理的な根拠は見出しにくいため、それぞれの平均値とするのが相当である」としている。これだけ見ると、すべての事案に対して時価純資産法を折衷すべきかのように思えるが、抗告審（札幌高決平成 17 年 4 月 26 日）では、「抗告人がこれまで高い利益率を確保しながら、利益配当を定額に抑えてきたことなどを考慮すれば、売手である相手方の立場からする本件株式の価格の評価は、配当還元法による配当方式と純資産方式の中間値を採用するのが相当である」とされている。すなわち、配当性向が低いことが時価純資産法との併用を行った根本的な理由であるということができる。ただし、配当還元法の算定では、時価純資産法との併用により、内部留保をすでに考慮していることを理由として、ゴードン・モデル方式ではなく、実際配当還元方式が採用されている。

さらに、時価純資産法の具体的な算定方法として、「本件株式の売手である相手方の残余財産分配請求権を反映させるものとして純資産方式を採用するのであれば、純資産の算定は会社財産の清算価値によるべきである」との抗告人の主張に対し、「抗告人のように、近い将来における会社の清算を予測させる事情のない、いわゆる継続企業の純資産を評価するに当たり、会社の清算を前提とする評価方法を用いるのは妥当でなく、再調達時価純資産法を用いるのが相当と判断される」とされた。すなわち、配当還元法と折衷すべき時価純資産法は再調達時価によるべきであるということがわかる。

これに対し、「買手の立場からは、静的な評価方式である純資産方式を採用するのは妥当ではない。また、本件株式の買手は申請人自身であり（自己株式を取得することになる。)、配当を期待するものではないから、配当方式を採用することも相当ではない。継続企業の動的価値を現す最も理論的な方法は、収益方式であり、買手の立場からは収益法を適用して評価するのが相当である。評価が将来収益に全面的に依拠しており、その根拠が不確実になる欠点を持っているため、評価会社の過去の財務数値を慎重に検討した上で、買手の立場からは収益法を適用して評価するのが合理的である」とされた。

このように、配当性向が低いことを理由として時価純資産法との併用を行っているのに対し、大阪地決平成27年7月16日・金商1478号26頁では、配当性向が低いことを理由として、予想配当性向として、①同業種である非鉄金属・金属製品工業の上場会社の平均値と、②東証1部上場会社の5年間平均値によって求められた配当還元法に基づく評価額の中間値を採用していることから、時価純資産法との折衷を行うのが裁判例の傾向とまではいい難い。少数株主にとっての株式価値の算定における時価純資産法との折衷は、まさにケース・バイ・ケースということがいえる。

(3) 東京地決平成26年9月26日・金商1463号44頁

東京地裁は、支配株主と一体の立場にある譲受人にとっての株式価値の算定に当たって、「本件株式の価格は、継続企業としての価値を求める収益方式の一つであるDCF法と、企業の静的価値を求める純資産法を併用し、各方式によって算出された価格を0.5対0.5の割合で加重平均して求めた価格とするのが相当である」と判示した。本事件では、譲受人にとっての株式価値を支配株主にとっての株式価値により評価することとしたところ、事業継続性について疑義が生じるような事実は認められず、清算に至るという事態は想定されないことを理由として、DCF法を中心的な評価方法としながらも、企業規模や事業リスクのあることを理由として、時価純資産法との折衷が行われている。これに対し、譲渡人にとっての株式価値の算定では、支配株主と一般株主の中間的な立場に位置する株主であることを理由として、「一般株主が保有する株式の評価に適切な評価方法である配当還元法とともに、上記買主の立場からする本件株式の評価方法であるDCF法及び純資産法を併用すべきであり、各方式によって算出された価格を、配当還元法0.6、DCF法0.2、純資産法0.2の割合で加重平均して求めた価格をもって本件株式の価格とするのが相当である」と判示した。その上で、具体的な売買価格については、「売主の立場からの相当な評価方式と買主の立場からの評価方式を1対1で反映させ、DCF法0.35、純資産法0.35、配当還元法0.3の割合で加重平均して求めた価格をもって本件株式の価格とするのが相当である」と判示している。

そして、本件では、DCF法の算定において30％の非流動性ディスカウントが行われている。これに対し、配当還元法では、DCF法の算定で用いた資本還元率（4.634％）をそのまま用いているため、非流動性ディスカウントは行われていない。この点については、整合性という観点からの問題がある[*36]。

さらに、本決定のように、事業リスクが高いと判断するのであれば、企業の将来性に対する不確実性が高くなるため、DCF法における割引率の算定では、個別企業リスクプレミアムを考慮することを検討すべきである[*37]。しかし、個別企業リスクプレミアムの問題点として、客観的な手法により合理的な数値を求めることが困難であることが挙げられている[*38]。そのため、実務上、時価純資産法との折衷を行わざるを得ない場合は少なくないであろうし、裁判例の傾向からもそのような傾向が見受けられる。

本決定では、DCF法による評価額が845円、時価純資産法による評価額が997円となっており、時価純資産法のほうが高い評価額となっている。その結果、時価純資産法との折衷により、個別企業リスクプレミアムを考慮しないDCF法よりも高い評価額を売買価格として決定している。これに対し、個別企業リスクプレミアムを考慮したDCF法による評価額は、個別企業リスクプレミアムを考慮しないDCF法による評価額よりも低い

＊36　佐藤前掲＊4・145頁。
＊37　池谷前掲＊9・127－133頁。
＊38　池谷前掲＊9・128頁。

金額になるはずである。すなわち、企業規模が小さく、事業リスクがあることを理由にしながら、個別企業リスクプレミアムを考慮しないDCF法による評価額よりも高い金額になっているのは、明らかな矛盾があるということがいえる[*39]。

このように、具体的な評価方法まで調べてみると、かなり問題がある裁判例であるということがいえる。すなわち、DCF法による評価額に違和感がある場合には、DCF法による評価額と時価純資産法による評価額とを折衷するという裁判例の傾向のみを理解しておけば十分であると思われる。

そのほか、福岡高決平成21年5月15日・金商1320号20頁は、発行済株式総数の47％が対象となった事件であることから、支配株主にとっての株式価値により評価が行われている。そして、第一審（福岡地決平成20年4月8日・金商1320号27頁）では、対象会社の事業が介護事業であり、将来収支の予測や割引率の算定が困難であり、正確性に欠けるという理由によりDCF法を採用せず、かつ、直前期の決算（平成18年3月期）が株主総会において未承認であるという理由により、直前々期の決算（平成17年3月期）に基づく時価純資産法と直前期の決算に基づく時価純資産法の中間値である7万5,000円が売買価格として決定された。これに対し、抗告審では、「DCF法は、継続企業価値の把握という面では正しいものを含んでいることは明らかであって、本件株価の算定にあたって、これを全面的に無視することは許されないといわなければならない」として、直前期の決算（平成18年3月期）による時価純資産法による評価額を7とし、DCF法による評価額を3とする折衷割合により売買価格が算定されている。すなわち、福岡高決平成21年5月15日も、支配株主にとっての株式価値をDCF法により評価することに違和感があることから、時価純資産法による評価額とを折衷した裁判例であるということがいえる。

＊39　佐藤前掲＊4・147頁。

＜参考法令・通達＞

●会 社 法

（売買価格の決定）

第144条　第141条第１項の規定による通知があった場合には、第140条第１項第２号の対象株式の売買価格は、株式会社と譲渡等承認請求者との協議によって定める。

2　株式会社又は譲渡等承認請求者は、第141条第１項の規定による通知があった日から20日以内に、裁判所に対し、売買価格の決定の申立てをすることができる。

3　裁判所は、前項の決定をするには、譲渡等承認請求の時における株式会社の資産状態その他一切の事情を考慮しなければならない。

4　第１項の規定にかかわらず、第２項の期間内に同項の申立てがあったときは、当該申立てにより裁判所が定めた額をもって第140条第１項第２号の対象株式の売買価格とする。

5　第１項の規定にかかわらず、第２項の期間内に同項の申立てがないとき（当該期間内に第１項の協議が調った場合を除く。）は、一株当たり純資産額に第140条第１項第２号の対象株式の数を乗じて得た額をもって当該対象株式の売買価格とする。

（以下略）

Ⅲ　募集株式の発行等

非上場会社は、非公開会社[*40]である場合と公開会社（会社法2五）である場合が考えられる。そして、会社法上、非公開会社が、第三者割当により募集株式の発行又は自己株式の処分（以下「募集株式の発行等」という）をする場合には、原則として、株主総会の特別決議が必要となる（会社法199①・②、309②五）。さらに、有利発行に該当する場合には、取締役は株主総会で有利発行を必要とする理由を説明しなければならない（会社法199③）。その結果、非公開会社である非上場会社において、有利発行に該当するにもかかわらず、有利発行を必要とする理由の説明がなされない場合には、後述する取締役の損害賠償責任等の問題が生じる。

これに対し、公開会社では取締役会決議により第三者割当を行うことができるが、有利発行に該当する場合に限り、株主総会の特別決議によらなければならない（会社法201①）。そして、非公開会社と同様に、取締役は株主総会で有利発行を必要とする理由を説明しなければならない。その結果、公開会社である非上場会社において、有利発行に該当するにもかかわらず、取締役会決議のみで募集株式の発行等が行われる場合には、後述する取締役の損害賠償責任等の問題が生じる。

このように、有利発行に該当するにもかかわらず、これらの手続きが行われない場合があるため、会社法上、第三者割当が行われる前の株主に対する救済手段として、募集株式の発行等をやめることを請求できる制度（以下「差止請求」という）が用意されている（会

＊40　会社法２五に規定する公開会社に該当しない株式会社をいう。

社法 210)。しかし、非上場会社では、募集株式の発行等が行われてから、既存株主がその事実を知ることが少なくないため、差止請求は現実的な株主に対する救済手段となり得ない。

そして、第三者割当が行われた後の株主に対する救済手段として、募集株式の発行等の無効の訴えが用意されている。ただし、当該訴訟の提起が、募集株式の発行等の効力が生じた日から6か月以内(非公開会社にあっては、1年以内)に限られているだけでなく(会社法 828 ①二・三)、有利発行であることを理由とする募集株式の発行等の無効の訴えが認められない可能性がある*41。

そのため、取締役の損害賠償責任(会社法 423 ①、429 ①)、通謀引受人の責任(会社法 212 ①一)のみが、現実的な株主に対する救済手段になることが多いと思われる。このような場合には、そもそも有利発行に該当するかどうかが重要な論点となる。すなわち、有利発行の判断基準である公正な払込金額をどのように算定するのかという点が重要になる。

1 直接損害説と間接損害説

従来の学説では、取締役の損害賠償責任を追及する場合において、有利発行により損害が生じるのは、発行会社とする考え方*42(以

---

*41 最二小判昭和 40 年 10 月 8 日·民集 19 巻 7 号 1745 頁、最二小判昭和 46 年 7 月 16 日·判時 641 号 97 頁参照。

*42 河本一郎「商法二六六条ノ三第一項の『第三者』と株主」加藤勝郎ほか編『商法学における論争と省察ー服部栄三先生古稀記念』254 頁(商事法務研究会、平成 2 年)、青竹正一「新株の不公正発行と取締役の損害賠償責任(下)」判タ 998 号 79 − 80 頁(平成 11 年)、今井宏「判批」竹内昭夫編『新証券・商品取引判例百選』40 − 41 頁(有斐閣、昭和 63 年)、福島洋尚「新株の有利発行と取締役の責任」南山法学 22 巻 1 号 33 − 34 頁(平成 10 年)、龍田節「判批」商事法務 1425 号 37 − 38 頁(平成 8 年)、北川徹「判批」ジュリスト 1245 号 210 頁(平成 15 年)。

下「間接損害説」という）と既存株主とする考え方[*43]（以下「直接損害説」という）がある。その場合に適用すべき条文は、直接損害説によれば、発行会社に損害が生じていないことから会社法429条のみとなり、同法423条を適用することはできない。これに対し、間接損害説を採用した場合には、同条を適用することが原則であるが、間接的とはいえ、既存株主にも損害が生じていることから、同法429条を適用することは妨げられない[*44]。

そして、公正な払込金額を支配株主にとっての株式価値で評価するのか、少数株主にとっての株式価値で評価するのかにつき、裁判例では、引受人が経営参加を意図しているか否かにより評価方法が分かれている[*45]。具体的には、引受人が経営参加を意図している場合には支配株主にとっての株式価値により評価が行われ[*46]、一般投資家の立場である場合には少数株主にとっての株式価値により評価が行われている[*47]。

このような裁判例の傾向は、間接損害説の立場から説明することができる。なぜなら、間接損害説では、公正な払込金額により同じ株式数の募集株式の発行等をした場合に調達できていた金額との差額が発行会社の損害となり、その結果として、既存株主の間接損害が生じるからである。すなわち、支配株主が引受人になる場合には、

＊43　吉本健一「新株の有利発行と取締役の責任」『新株発行のメカニズムと法規制』335－340頁（中央経済社、平成19年）、杉田貴洋「新株の有利発行と会社の損害」法学政治学論究42号430－432頁（平成11年）。

＊44　李艶紅「判批」早稲田法学89巻4号206頁（平成26年）、杉田貴洋「新株の有利発行（有利募集）を理由とする損害賠償請求訴訟に関する総合的判例研究」尚美学園大学総合政策研究紀要11号80頁（平成18年）参照。これに対し、間接損害説の立場から同条の適用を否定する立場として、河本前掲＊42・254頁参照。

＊45　東京地方裁判所商事研究会『類型別会社訴訟Ⅱ（第3版）』576頁（判例タイムズ社、平成23年）、金子勲「非公開株式の評価」判タ814号75頁（平成5年）。

＊46　佐賀地判昭和51年4月30日・判時827号107頁、東京地判昭和56年6月12日・判時1023号116頁。

＊47　大阪地判昭和47年4月19日・判時691号74頁、大阪地判昭和48年11月29日・判時731号85頁、東京地判平成6年3月28日・判時1496号123頁。

支配株主にとっての株式価値で引き受けることに経済合理性があることから、発行会社は支配株主にとっての株式価値で資金調達を行うことができる。そのため、少数株主にとっての株式価値を払込金額とした場合には、支配株主にとっての株式価値との差額が損害として発行会社に生じる。そして、少数株主が引受人になる場合には、支配株主にとっての株式価値で引き受けることに経済合理性がなく、少数株主にとっての株式価値でないと引き受けることができない。そのため、少数株主にとっての株式価値を払込金額としたとしても、発行会社に損害は生じていないといえる。

これに対し、直接損害説では、既存株主が支配株主であった場合には支配株主にとっての株式価値により評価し、既存株主が少数株主であった場合には少数株主にとっての株式価値により評価すべきであると考えられる*48。なぜなら、既存株主が支配株主である場合において、少数株主にとっての株式価値で募集株式の発行等が行われたときは、支配株主にとっての株式価値が引き下げられてしまうため、既存株主に損害が生じたといえるからである。

このように、裁判例の傾向としては、引受人が支配株主になるのか、少数株主になるのかで評価方法を変えているが、今後の裁判例では、既存株主が支配株主であったのか、少数株主であったのかにより評価方法が変わる可能性があるといえる。

2 募集株式の消化可能性

上場株式に対しては、株式を消化し資金調達の目的を達成するために、公正な払込金額を引き下げることができるという判例*49が

*48 佐藤前掲*4・51－52頁。
*49 最三小判昭和50年4月8日・民集29巻4号350頁。

あり、学説でも、募集株式の発行等が成功する限度において、旧株主にとって最も有利な価額を公正な払込金額とする見解がある[*50]。

これに対し、非上場株式に対しては、募集株式の消化可能性を考慮したディスカウントは馴染まないように思われるが、実際には、ディスカウントを認めた裁判例が公表されている[*51]。しかし、前述のように、有利発行を行いたければ、株主総会の特別決議を行えばよいのであり、上場会社のように株主が多数であればともかくとして、非上場会社において、公正な払込金額を引き下げなければならない事情があるとは思えない。アカデミックには、直接損害説なのか、間接損害説なのかを検討した上で、ディスカウントを行ったことにより、既存株主又は発行会社に損害が生じたかどうかを検討すべきであるが[*52]、実務上は、そもそもそのような事情が認められないことが多いことから、ディスカウントを認めるべきではないことが多いと思われる。

3　特殊な論点

上場株式に対しては、第三者割当の決定直前に市場価格が高騰した場合に、これを公正な払込金額の算定で排除すべきかどうかという論点がある[*53]。非上場株式には市場価格が存在しないものの、代表取締役への就任による役員報酬や私的便益の期待により、実際の株式価値よりも高い価格で株式の買い集めが行われる場合が考えられる。また、引受人と発行会社との間にシナジーがある場合には、

＊50　大森忠夫「第二八〇条の二」大森忠夫ほか編『注釈会社法（5）』52頁（有斐閣、昭和43年）。

＊51　東京地決昭和52年8月30日・金商533号22頁。

＊52　佐藤前掲＊4・51－55、57－58頁参照。

＊53　小林敏明「第212条」江頭憲治郎ほか編『論点体系会社法２ - 株式会社Ⅱ』150－151頁（第一法規、平成24年）、吉本前掲＊43・16－17頁。

第三者割当の結果として1株当たりの株式価値が増加することも考えられる。

そのため、①実際の株式価値よりも高い価格で株式が買われている場合において、取締役会が当該買取価格よりも安い金額で、他の者に対して募集株式の発行等を行ったときに、有利発行に該当するかどうか、②第三者割当後にシナジーにより発行会社の株式価値が増加することが見込まれている場合に、当該シナジーを考慮した上で公正な払込金額を算定すべきかどうかが問題となる。

この点については、ほとんどが学説では触れられていないため、実際に裁判になったときに、裁判所がどのような判断をするのかは不明である*[54]。

4 少数株主を締め出すための第三者割当

後述するように、平成26年会社法改正により、少数株主の締出しのための手法として、全部取得条項付種類株式を利用した手法、株式併合を利用した手法がそれぞれ整備されるとともに、特別支配株主の株式等売渡請求（以下「株式等売渡請求」という）が導入された。全部取得条項付種類株式又は株式併合を利用して少数株主を締め出すためには、株主総会の特別決議を要し(会社法309②三・四・十一、171①、466、180②)、株式等売渡請求により少数株主を締め出すためには、議決権総数の90%を支配する必要がある（会社法179①)。そのため、これらの要件を満たすために、第三者割当により持分比率を増加させる可能性が想定される*[55]。会社法上、

*54　私見につき、佐藤前掲*4・58－61頁参照。

*55　三笘裕ほか「株式等売渡請求制度の概要とトップ・アップ・オプションの活用可能性」経理情報1328号29－31頁（平成24年)、石綿学ほか「トップ・アップ・オプションの法的枠組みと我が国への導入可能性（上)」金商1481号7頁（平成28年)。

このような第三者割当や少数株主の締出しが認められるかどうかは、当然に問題になろう。そして、このような第三者割当が行われた場合における公正な払込金額についても、同様に問題となると思われる。

この点につき、後述するように、非上場会社の少数株主の締出しにおける公正な価格は、支配株主にとっての株式価値により決定すべきであると考えられる。しかし、少数株主にとっての株式価値により第三者割当が行われてしまうと、少数株主の締出しの段階では、支配株主にとっての株式価値が減少しているという問題が生じる。これを解決するためには、第三者割当と少数株主の締出しが一連の取引と認められる場合には、第三者割当が行われなかったと仮定した上で、公正な価格を決定すべきであると考えられる。

さらに、少数株主にとっての株式価値により第三者割当が行われた場合には、既存の少数株主が締め出された時点で交付を受ける金銭が減少していることから、当該既存の少数株主に損害が生じているということがいえる。そのため、有利発行に伴う取締役の損害賠償責任、通謀引受人の責任においても、支配株主にとっての株式価値を公正な払込金額として算定すべきであると考えられる。

5 最近の裁判例

最近の裁判例として、「客観的資料に基づく一応合理的な算定方法によって発行価額が決定されていたといえる場合には、その発行価額は、特別の事情のない限り、『特ニ有利ナル発行価額』には当たらないと解するのが相当である」としたものが公表された*56。

本判決に対しては、取締役の過失が否定されることにより取締役

＊56 最一小判平成27年2月19日・民集69巻1号51頁。

の損害賠償責任も否定され、その事実により、通謀引受人の責任に対しても通謀の事実が否定されることから、有利発行に該当するか否かを論じる必要はなかったという批判がある[*57]。これに対し、上告審は「取締役会が、新株発行当時、客観的資料に基づく一応合理的な算定方法によって発行価額を決定していたにもかかわらず、裁判所が、事後的に、他の評価手法を用いたり、異なる予測値等を採用したりするなどして、改めて株価の算定を行った上、その算定結果と現実の発行価額とを比較して『特ニ有利ナル発行価額』に当たるか否かを判断するのは、取締役らの予測可能性を害することになり、相当ではないというべきである」とした上で、有利発行に該当しないものと判断しているが、これを根拠とするのであれば、前述の指摘のように、取締役の過失を否定すべきであったと思われる。

いずれにせよ、公正な払込金額の考え方には争いがあるが、外部専門家による鑑定意見書を入手しておけば、取締役に故意又は重大な過失がない限り、損害賠償責任が免責される可能性が高いということで、実務上は、外部専門家による鑑定意見書を入手しておく必要があると考えられる[*58]。

＊57　鳥山恭一「判批」法学セミナー725号119頁（平成27年）、久保田安彦「判批」商事法務2071号23－24頁（平成27年）、黒沼悦郎「判批」金商1471号15－16頁（平成27年）。

＊58　東京地判平成9年9月17日・判時1640号160頁でも、「取締役が専門家による株価計算の結果に基づいて判断した場合、右株価計算の方法及び結果が明らかに不合理であるなどの特段の事情がない限り、取締役は免責されると解すべきである。専門家の計算を求めることで既存株主の利益は一応担保され得る一方で、取締役に対し、一義的に明らかであるとはいい難い株価の計算方法の当否の判断を要求することはできないと考えられるからである」と判示されている。

＜参考法令・通達＞

●会 社 法

（募集事項の決定）

第199条　株式会社は、その発行する株式又はその処分する自己株式を引き受ける者の募集をしようとするときは、その都度、募集株式（当該募集に応じてこれらの株式の引受けの申込みをした者に対して割り当てる株式をいう。以下この節において同じ。）について次に掲げる事項を定めなければならない。

一　募集株式の数（種類株式発行会社にあっては、募集株式の種類及び数。以下この節において同じ。）

二　募集株式の払込金額（募集株式一株と引換えに払い込む金銭又は給付する金銭以外の財産の額をいう。以下この節において同じ。）又はその算定方法

三　金銭以外の財産を出資の目的とするときは、その旨並びに当該財産の内容及び価額

四　募集株式と引換えにする金銭の払込み又は前号の財産の給付の期日又はその期間

五　株式を発行するときは、増加する資本金及び資本準備金に関する事項

2　前項各号に掲げる事項（以下この節において「募集事項」という。）の決定は、株主総会の決議によらなければならない。

3　第1項第2号の払込金額が募集株式を引き受ける者に特に有利な金額である場合には、取締役は、前項の株主総会において、当該払込金額でその者の募集をすることを必要とする理由を説明しなければならない。

（以下略）

（公開会社における募集事項の決定の特則）

第201条　第199条第3項に規定する場合を除き、公開会社における同条第2項の規定の適用については、同項中「株主総会」とあるのは、「取締役会」とする。この場合においては、前条の規定は、適用しない。

（以下略）

（株主総会の決議）

第309条　（略）

2　前項の規定にかかわらず、次に掲げる株主総会の決議は、当該株主総会において議決権を行使することができる株主の議決権の過半数（3分の1以上の割合を定款で定めた場合にあっては、その割合以上）を有する株主が出席し、出席した当該株主の議決権の3分の2（これを上回る割合を定款で定めた場合にあっては、その割合）以上に当たる多数をもって行わなければならない。この場合においては、当該決議の要件に加えて、一定の数以上の株主の賛成を要する旨その他の要件を定款で定めることを妨げない。

一～四　（略）

五　第199条第2項、第200条第1項、第202条第3項第4号、第204条第2項及び第205条第2項の株主総会

六～十二　（略）

（以下略）

Ⅳ　少数株主の締出し

平成26年改正会社法では、少数株主の締出しのための手法として、全部取得条項付種類株式を利用した手法、株式併合を利用した手法がそれぞれ整備されるとともに、株式等売渡請求が導入された。そのため、非上場会社においても、少数株主の締出しを行うことが可能かどうかという質問は少なくない。

会社法上、少数株主の締出しは上場会社や公開会社に限定されていないため、非上場会社や非公開会社であっても、少数株主の締出しは可能である。しかしながら、締出価格について、会社法上、特段の規定は存在しないため、その分析が必要になる。

1　非上場株式の時価が問題になる場面

会社法上、少数株主の保護のために、全部取得条項付種類株式を利用した手法に対しては、取得価格決定の申立て（会社法172）、株式併合を利用した手法に対しては、反対株主の株式買取請求（会社法182の4、182の5）、株式等売渡請求を利用した手法に対しては、売買価格決定の申立て（会社法179の8）がそれぞれ認められている。そのため、これらが行われたときに、裁判所が決定すべき公正な価格がそれぞれ問題となる。

そして、東京高判平成25年4月17日・判時2190号96頁のように、取締役の損害賠償責任が問題になることがあるが、最一小決平成28年7月1日・民集70巻6号1445頁では、意思決定過程が恣意的になることを排除するための措置が講じられ、かつ、一般に公正と認められる手続きにより公開買付けが行われた場合において、その後に公開買付価格と同額で全部取得条項付種類株式を取得したときは、特段の事情がない限り、公開買付価格を取得価格とすることが相当であるとしている。当該判例を参考にすれば、外部専門家の鑑定評価を入手しており、かつ、取締役に故意又は重大な過失がない場合には、損害賠償責任が負わされる可能性は少ないと考えられる。これは、前述の募集株式の発行等における判例（最一小判平成27年2月19日・民集69巻1号51頁）と整合的である。

株式等売渡請求を利用した手法を採用するためには、議決権総数の90%を支配する必要があるが（会社法179①）、この比率には、親族等が保有している株式は含まれない。そして、全部取得条項付種類株式を利用した手法は、平成26年改正会社法施行前に、株式併合を利用した手法を利用できなかった時代の遺物であり、現在はほとんど利用されていない。そのことから、事業承継の場面で現実的に利用され得る手法は株式併合を利用した手法のみであると考えられる。

そして、全部取得条項付種類株式を利用した手法、株式併合を利用した手法は、いずれも少数株主が保有している株式を1株に満たない端数にした上で締め出す手法である。会社法234条2項に規定する1株に満たない端数の処理では、競売の方法に代えて、裁判所の許可を得て売却することができることが明らかにされているが、東京地方裁判所民事第8部（商事部非訟係）が公表している端数相当株式任意売却許可申立書の書式[*59]では鑑定評価書を付すことを要請していることから、不当に安い価格で少数株主を締め出すことはできない。

すなわち、少数株主が反対株主の株式買取請求を行った場合に、明らかに公正な価格として認められない株式価値で「端数相当株式

＊59　https://www.courts.go.jp/tokyo/vc-files/tokyo/file/minji8-syosiki31.pdf

任意売却許可申立書」を提出したときに、裁判所が何かしらの指摘をしてくる可能性も否めない（実際に指摘をされた事例は聞いたことがないが、あまりにいい加減な評価である場合には、指摘される可能性がゼロとはいい難い）。そのため、たとえ少数株主が反対株主の株式買取請求を行わない場合であっても、裁判例で問題となっている「公正な価格」を意識せざるを得ない。明らかに公正な価格と認められない鑑定意見書を作成した専門家に対しては、締め出された少数株主に対する損害賠償責任が課されるリスクが想定されるからである。

2　裁判例の傾向

少数株主の締出しの事案は、上場会社では多数存在するものの、非上場会社ではほとんど存在しない。そのため、まずは上場会社の裁判例を紹介した上で、非上場会社の少数株主の締出しにおける公正な価格について解説を行うこととする。

(1)　株式買取価格決定申立事件

①　公正な価格

まず、全部取得条項付種類株式の取得価格決定申立事件を紹介する前に、組織再編における株式買取価格決定申立事件を紹介する。現金交付型株式交換と取引実態が実質的に変わらないことから*60、株式取得価格決定申立事件の「取得価格」を株式買取価格決定申立

*60　山下友信『会社法コンメンタール４―株式(2)』109頁（商事法務、平成21年）、加藤貴仁「判批」商事法務1876号５頁（平成21年）。また、レックス・ホールディングス事件の特別抗告・許可抗告審（最三小決平成21年５月29日・金商1326号35頁）における田原裁判官の補足意見でも、同趣旨の記載がある。

事件の「公正な価格」と同様に解している裁判例が多いからである。

株式買取請求権が行使された場合の対価として、平成17年改正前商法では「決議ナカリセバ其ノ有スベカリシ公正ナル価格」（平成17年改正前商法408ノ3①）とされていたのに対し、平成17年に制定された会社法では単に「公正な価格」と定められた（会社法785①、797①、806①）。この点につき、当時の立案担当者は、「通常であれば、株式買取請求権の効力発生時における時価が基準となり、組織再編行為等により株価が下落した場合には、組織再編行為等がなかったものと仮定した場合の価格となり、組織再編行為等によりシナジー効果が生じて株価が上昇した場合には、そのシナジーを織り込んだ価格となるものと解される」[*61]と解説されている[*62]。

このように、「公正な価格」は、組織再編により市場価格が下落した場合には、組織再編がなかったものと仮定した場合の価格となり、組織再編によりシナジーが生じて市場価格が上昇した場合には、そのシナジーを織り込んだ価格となる。本書では、前者を「ナカリセバ価格」、後者を「シナジー価格」と表記することとする。

②　裁判例で検討されている論点

実際の上場会社の裁判例では、市場価格の存在する上場会社ならではの論点もあるが、非上場会社のケースを検討する場合であっても、「ナカリセバ価格」「シナジー価格」をどのように捉えているかという点については参考にすることができる。この点につき、「ナ

＊61　相澤哲ほか『論点解説　新・会社法』682頁（商事法務、平成18年）。

＊62　神田秀樹「株式買取請求権制度の構造」商事法務1879号6頁（平成21年）でも、同様の説明がされている。これに対し、反対株主のうち、組織再編を行うこと自体に反対した者に対しては、ナカリセバ価格のみを補償し、組織再編を行うこと自体には賛成であるが、組織再編比率が不公正であると考えて株式買取請求をした者に対しては、シナジー価格のみを補償すべきであるとする見解として、黒沼悦郎「株式買取請求権に関する一省察」黒沼悦郎・藤田友敬編『企業法の進路　江頭憲治郎先生古希記念』417頁（有斐閣、平成29年）がある。

カリセバ価格」「シナジー価格」に対する第三者機関の株式評価は参考程度に利用されており、最終的には、市場価格を基礎に算定している裁判例が多い*63。なぜならば、組織再編によるシナジーが認められるのであれば、組織再編計画を公表した直後には、当該シナジーを織り込んだ上で市場価格が形成されるからである。

すなわち、企業価値又は株式価値が増加した場合には「シナジー価格」が市場価格となることから、「ナカリセバ価格」と「シナジー価格」を比較したとしても、「ナカリセバ価格」はシナジーの発生を確認するものでしかない*64。そのため、裁判例のほとんどは、まず、企業価値又は株式価値が毀損しているか否かを判断し、毀損していると認められる場合に「ナカリセバ価格」を「公正な価格」としている*65。そして、毀損していないと認められる場合には、組織再編の対価の比率が公正ではないと認められる特段の事情が存在するか否かを判断し、そのような特段の事情が認められなければ、市場価格を「シナジー価格」としている*66。

これは、株式交付型組織再編が行われた場合の特徴であると思われる。なぜなら、吸収合併を行う場合において、存続会社株式を交付するときは、合併比率さえ正しければ、存続会社の株式価値の上昇に伴い、消滅会社の株式価値が上昇するはずだからである。

これに対し、非上場株式には市場価格がないことから、このような上場会社の裁判例の傾向は修正される必要があるのは間違いな

---

*63　最三小決平成23年4月19日・民集65巻3号1311頁、最三小決平成23年4月26日・判時2120号126頁、最二小決平成24年2月29日・民集66巻3号1784頁。

*64　鳥山恭一「判批」金商1391号4頁（平成24年）。

*65　鳥山前掲*64・4頁、大井悠紀・石川智也「株式対価型組織再編における株式買取請求権」神田秀樹・武井一浩編『実務に効くＭ＆Ａ・組織再編判例精選』173頁（有斐閣、平成25年）、谷川達也「株式買取請求における公正な価格（第三者型）」岩原紳作・小松岳志編『会社法施行5年　理論と実務の現状と課題』114－115頁（有斐閣、平成23年）。

*66　鳥山前掲*64・4頁、谷川前掲*65・114頁。ただし、大井・石川前掲*65・173頁では、シナジー等の要因により発行会社の企業価値の増加が生じているものをシナジー価格とし、企業価値の増加が生じていないものをナカリセバ価格としている。

い。しかし、「ナカリセバ価格」と「(公正な組織再編比率に基づく)シナジー価格」のいずれか高い金額により公正な価格が決定される可能性が高いという点については、非上場会社でも変わらないと思われる。

さらに、組織再編を行う前に公開買付けが行われている事件として、東京地決平成21年3月31日・金商1315号26頁が挙げられる。本事件では、公開買付価格と株式交換比率の算定における完全子会社株式の基準価格が同じ価格であったことから、裁判所は、「株式買取価格決定の際の『公正な価格』は、原則として、当該公開買付価格及び当該基準価格を下回ることはないと解するのが相当である」と判示した。これは、「組織再編行為前に、その前提として、株式の公開買付けが行われた場合には、その買付価格は、組織再編行為のシナジーを織り込んだ価格であると推認されるから、公開買付けの成功により、買付者が支配プレミアムを取得したため、株価が下落したとしても、『公正な価格』は、通常、その買付価格より下回ることはないものと解される」[*67]とした立案担当者の解説と整合的である。すなわち、非上場会社においても、事前に株式を買い集めた場合には、当該買い集めた価格が公正な価格の下限になるリスクが考えられる。

これに対し、大阪地決平成24年2月10日・判時2152号139頁では、公開買付価格が1,110円であったのに対し、「パナソニック電工の企業価値は、東日本大震災の発生により、少なからぬ影響を受け、そのために市場株価が低下したとみることができる」として、裁判所は、株式買取請求日の直前1か月間の出来高加重平均値である967円を公正な価格とした。また、大阪地決平成24年4月27日・判時2172号122頁でも、公開買付価格が138円であったのに対し、公開買付けから約8か月が経過していたことにより、買付価格が公

---

*67　相澤ほか前掲*61・682頁。

表された時点において、交換比率が明らかでなかったことから、裁判所は、買取請求日前1か月間の終値の平均値である117円を公正な価格とした。

このように、事前に株式を買い集めたとしても、その後の市場価格の変動が合理的なものであれば、必ずしも買い集めた価格に縛られることはないという意味で、非上場会社の少数株主の締出しにおいても参考にすることができるのかもしれない。

しかしながら、実務の安全性を考えた上では、大阪地決平成24年2月10日、大阪地決平成24年4月27日は、東日本大震災による被害を具体的に受けた特殊事例と考えるべきである。すなわち、買い集めるためのインセンティブとして、特定の株主から時価よりも高い価格で買い集めた場合には、当該買い集めた価格を公正な価格ではないと主張することも十分に可能であるが、裁判所が異なる判断をしてくる可能性も否めない。このようなリスクを回避するために、理論的にはともかくとして、実務上は、事前に買い集めた価格が公正な価格の下限になるリスクを考慮した上で対応すべきであると考えられる。

(2) 株式取得価格決定申立事件

① 取得価格

株式取得価格決定の申立てについて最初に争われた東京高決平成20年9月12日・金商1301号28頁では、本規定の制度趣旨を「その対価に不服のある株主に、裁判所に対して自らが保有する株式の取得価格の決定を求める申立権を認め、強制的に株式を剥奪されることになる株主の保護を図ること」とした。そして、価格決定の具体的な方法については、「取得日における当該株式の客観的価値に加えて、強制的取得により失われる今後の株価の上昇に対する期待を評価した価額」により算定するものとした。そして、特別抗告・

許可抗告審決定（最三小決平成21年5月29日・金商1326号35頁）における田原裁判官の補足意見では、「強制的取得により失われる今後の株価の上昇に対する期待を評価した価額」は「MBOの実施によって増大が期待される価値のうち株主が享受してしかるべき部分」の価額（以下「増加価値分配価格」という）と同義であると指摘されている。そして、その後の裁判例でも、当該補足意見に近い解釈が採用されていることから、このような整理の仕方には特段の争いがないと考えられ、非上場株式に対しても同様の整理を行うべきであると考えられる。

このように、株式買取価格決定申立事件と同様に、株式取得価格決定申立事件でも、MBOの実施により上昇した株式価値に基づいて「取得価格」を算定している。しかし、経済産業省が平成19年9月に公表した「企業価値の向上及び公正な手続確保のための経営者による企業買収（MBO）に関する指針」（以下「MBO指針」という）で指摘されているように、「相乗効果（いわゆるシナジー）は発生しない」ことを前提としていることから、シナジー部分を「増加価値分配価格」と表現しているという点が異なる。

なお、MBO指針では、MBOに際して実現される価値を、①MBOを行わなければ実現できない価値と、②MBOを行わなくても実現可能な価値の2つに整理している。そして、後者については、締め出される少数株主が受け取るべきものであるとしたのに対し、前者については、締め出す支配株主が受け取るべき部分と締め出される少数株主が受け取るべき部分の双方が含まれるものと整理しているものの*68、具体的に、少数株主に分配する方法については、統一見解は存在しない。

*68　MBO指針では、「締め出す支配株主」を「取締役」と、「締め出される少数株主」を「株主」と表記している。

②　裁判例で検討されている論点

前述のように、株式取得価格決定申立事件の裁判例では、「公正な価格」を「客観的価値」と「増加価値分配価格」とに整理している。この場合における客観的価値とは、取得日に株式を売却した場合に実現される価値のことをいい、増加価値分配価格とは、MBOの実施によって増大が期待される価値のうち株主が享受すべき部分の価格をいう。

具体的な裁判例として、最三小決平成22年2月23日・資料版商事法務312号123頁を紹介したい。なぜなら、その抗告審（大阪高決平成21年9月1日・資料版商事法務307号200頁）において、「株式の客観的価値に加え、⑴MBOにより支配権を強化することのできる経営者側が支配権を手に入れるため追加的に支払う取得対価(支配プレミアム)、⑵株主が全部取得条項を付されて株式を強制的に取得されることにより投資機会を失い（スクイーズアウト）、あるいは投資の流動性を奪われる対価として支払われる金銭（スクイーズアウトプレミアム)」を考慮すべきであるとしているからである。すなわち、裁判例の傾向として、少数株主にとっての株式価値により少数株主を締め出すことを容認していないことがわかる。

その後の事件では、ＤＣＦ法により公正な価格を算定する裁判例[*69]が見られるようになった。さらに、大阪地決平成24年4月13日・金商1391号52頁、東京地決平成25年7月31日・資料版商事法務358号148頁では、MBOの実施によって増大が期待される価値を1対1で分配すべきとしている。

これに対し、非上場株式には市場価格が存在しないことから、「客観的価値」を「MBOを前提としない株式価値」により算定すべき

＊69　札幌高決平成22年9月16日・金商1353号64頁、東京高決平成25年10月8日・金商1429号56頁、東京高決平成25年11月8日・ウエストロー・ジャパン文献番号2013WLJPCA10086002。

である。そして、DCF 法により株式価値を算定する場合において、MBO を前提としたフリー・キャッシュ・フローが MBO を前提としないフリー・キャッシュ・フローよりも大きいのであれば、「MBO を前提とした株式価値」と「MBO を前提としない株式価値」が異なるため、その差額から「増加価値分配価格」を算定することは可能である。

これらに対し、最一小決平成 28 年 7 月 1 日・民集 70 巻 6 号 1445 頁、東京高決平成 28 年 3 月 28 日・金商 1491 号 32 頁では、意思決定過程が恣意的になることを排除するための措置が講じられ、かつ、一般に公正と認められる手続きにより公開買付けが行われた場合には、特段の事情がない限り、公開買付価格を取得価格と決定すべきであるとされた。しかし、非上場会社において同様の手続きを要請することは困難であり、裁判所としては、具体的な株式価値の算定過程を検証せざるを得ないと思われる。

(3) 公正な価格の決定方法

このように、上場会社の裁判例では、株式買取価格決定申立事件及び株式取得価格決定申立事件のいずれも公正な価格により買い取ることを要求している。そして、株式買取価格決定申立事件では、ナカリセバ価格よりも、シナジー価格のほうが高い場合には、シナジー価格を公正な価格としており、株式取得価格決定申立事件では、客観的価値に増加価値分配価格を加算した金額を公正な価格としている。

これに対し、非上場株式には市場価格が存在しないことから、上場会社の裁判例をそのまま非上場会社の事案に当てはめることはできない*70。ここでは、非上場会社の少数株主の締出しにおける公

＊70　東京地決平成 30 年 1 月 29 日・金商 1537 号 30 頁では、以下のように判示しており、

正な価格をどのように算定すべきかについて解説を行う。

① マイノリティ・ディスカウント

客観的価値を算定するに当たっては、まず、マイノリティ・ディスカウントを考慮すべきかどうかという点が問題となる。前述のよ

東京高決平成31年2月27日・金商1564号14頁でも同様の判断を行っている。

「(1) 前記前提事実及び認定事実のとおり、本件売渡請求は、利害関係参加人と対象会社の間の本件経営統合契約を前提として、利害関係参加人による対象会社の発行済株式の全部を対象とする公開買付けに引き続き実施されたものであるところ、利害関係参加人は、本件経営統合ないし本件公開買付けに至るまで、対象会社の株式を一切保有しておらず、対象会社との間に何らの資本関係がなかったことが認められる。

相互に特別の資本関係がない会社間において、一方の会社が他方の会社と経営統合するための手続として株式の公開買付けを行い、その後に当該会社の株式について会社法179条1項に基づく特別支配株主による株式売渡請求をして、当該会社の株式の全部を取得する場合においては、いわゆる独立当事者間において企業間取引がされた場合と同様に、それぞれの会社において忠実義務を負う取締役が当該会社及びその株主の利益にかなう契約内容や買付価格を決定することが期待できるというべきである。そして、公開買付けに応募しなかった株主の保有する株式も公開買付けに係る買付け等の価格と同額で取得する旨が明示されているなど、一般に公正と認められる手続により経営統合の手段たる公開買付けが行われ、その後に公開買付けに係る買付価格と同額で株式売渡請求がされた場合には、株主が公開買付けに応じるか否かを適切に判断することが期待できる以上、上記の手続において基礎となった事情に予期しない変動が生じたなどの特段の事情がない限り、裁判所は、株式売渡請求に係る株式の売買価格を公開買付けに係る買付価格と同額とするのが相当である。

(2) また、このような理は、公開買付けの対象となる株式が市場株価を有する上場株式である場合のみならず、非上場株式である場合にも等しく当てはまるというべきである。

この点、申立人は、道東ＳＦＦ最高裁決定をもって、非上場株式の価格が争われる事案においては、一般に公正と認められる手続によって公開買付けが行われたかどうかにかかわらず、裁判所は、株式価値を具体的に算定して株式の価格を定めなければならない旨主張する。

しかし、道東ＳＦＦ最高裁決定は、非上場のグループ会社間における組織再編の事案において、当該組織再編がされなかった場合の株式買取請求に係る株式の公正な価値について、鑑定がされた場合の評価手法に関して判断したものであり、非上場株式一般について、裁判所が常に鑑定を行って株式価値を具体的に算定しなければならないとしたものではないから、本件とは事案を異にするものであるといえる。

よって、申立人の上記主張を採用することはできない。」

しかし、本判決の対象会社は資本金の額が1,672億8,001万円である生命保険業を主たる目的とする会社であり、非上場会社であるとはいえ、上場会社と同様の手続きが実施できた事案である。同様の手続きを実施するためには、かなりのコストがかかってしまうため、通常の非上場会社では、参考にすることができないと思われる。

うに、DCF法により株式価値を算定する場合には、DCF法が支配株主にとっての株式価値を評価する方法であると考えられるため、少数株主にとっての株式価値を評価するためには、マイノリティ・ディスカウントを考慮する必要がある。

このようなマイノリティ・ディスカウントを、譲渡制限株式の売買価格決定申立事件で考慮すべきかどうかについては、従来から議論されていた。このうち、マイノリティ・ディスカウントを考慮すべきでないとする説を採用すれば、客観的価値を支配株主にとっての株式価値により評価すべきということになり、マイノリティ・ディスカウントを考慮すべきであるとする説を採用すれば、少数株主にとっての株式価値により評価すべきということになる。

もっとも、いずれの説に立ったとしても結論は変わらない。すなわち、少数株主の締出しにより支配株主が強制的に取得した株式は、締出し後には、支配株主にとっての株式価値を有することになる。このような少数株主にとっての株式価値から支配株主にとっての株式価値に変わったことによる株式価値の向上は、支配株主の経営努力によるものとはいい難い。そのため、支配株主と少数株主の双方に分配されるものとはいい難く、少数株主に分配されるべき性質のものであると考えられる。その結果、客観的価値の算定においてマイノリティ・ディスカウントを考慮したとしても、増加価値分配価格には減額されたマイノリティ・ディスカウントが含まれることから、最終的な公正な価格はマイノリティ・ディスカウントを行う前の価格となる。

このように、いずれの説を採用したとしても、支配株主にとっての株式価値で締め出す必要があるという結論になる。

② 非流動性ディスカウント

前述のように、非上場株式は上場株式に比べて流動性が低く、売買成立の困難性や追加的な取引コストの発生が考えられるため、株式価値の算定において、非流動性ディスカウントを考慮することがある。そして、少数株主の締出しにおいても、非流動性ディスカウントを行うべきかどうかについての検討が必要になる。

非上場会社の株式買取価格決定申立事件として公表されているもののうち、重要なものとして、最一小決平成27年3月26日・民集69巻2号365頁と東京高決平成22年5月24日・金商1345号12頁が挙げられる（このうち、会社法施行後の事件は、最一小決平成27年3月26日のみである）。

東京高決平成22年5月24日では、「本件の株式買取請求権は、少数派の反対株主としては株式を手放したくないにもかかわらずそれ以上不利益を被らないため株式を手放さざるを得ない事態に追い込まれることに対する補償措置として位置付けられるものであるから、マイノリティ・ディスカウント（非支配株式であることを理由とした減価）や非流動性ディスカウント（市場価格のないことを理由とした減価）を本件株式価値の評価に当たって行うことは相当でないというべきである」と判示された。

そして、最一小決平成27年3月26日では、「反対する株主に会社からの退出の機会を与えるとともに、退出を選択した株主には企業価値を適切に分配するものであることをも念頭に置くと、収益還元法によって算定された株式の価格について、同評価手法に要素として含まれていない市場における取引価格との比較により更に減価を行うことは、相当でないというべきである」と判示された。

このうち、最一小決平成27年3月26日は、収益還元法であるから非流動性ディスカウントが認められないのか、株式買取価格決定申立事件であるから非流動性ディスカウントが認められないのかが明らかでない。この点については、後述**V**で解説するように、採用する評価方法にかかわらず、非流動性ディスカウントを考慮すべきではないと考えられる。

このような結論は、株式取得価格決定申立事件においても同様であり、裁判所は、非流動性ディスカウントを容認しない可能性が高いと考えられる。

③　増加価値分配価格

前述のように、MBO 指針では、MBO に際して実現される価値を、(イ) MBO を行わなければ実現できない価値と、(ロ) MBO を行わなくても実現可能な価値の２つに整理している。そして、後者については、締め出される少数株主が受け取るべきものとしたのに対し、前者については、締め出す支配株主が受け取るべき部分と締め出される少数株主が受け取るべき部分の双方が含まれるものと整理している。

このうち、MBO を行わなくても実現可能な価値は、上場会社と異なり、市場価格が存在しないことから、客観的価値の算定が適正であれば、ほとんど存在しない。なぜなら、MBO 指針では、MBO を行わなくても実現可能な価値として、多額の含み益を有する遊休資産の売却により得られる利益や、MBO を行わなくても実現可能な事業提携を例示しているが、いずれも、DCF 法におけるフリー・キャッシュ・フローの算定で考慮されるべきものである。すなわち、非上場会社における少数株主の締出しでは、MBO を行わなくても実現可能な価値をすべて織り込んだ上で、客観的価値の算定が行われることから、増加価値分配価格の算定において、MBO を行わなくても実現可能な価値を考慮する必要はないと考えられる。

すなわち、前述のように、非上場株式の増加価値分配価格は、少数株主を締め出す前の株式価値と少数株主を締め出した後の株式価値の差額として算定することができる。これを実務に当てはめると、少数株主としては、少数株主の締出しにより、発行会社のフリー・キャッシュ・フローが増加することを主張してくる可能性が考えられる。もし、少数株主がそのような主張をしてこなければ、そもそも増加価値分配可能価格の存在は争点となり得ないため、特に気にする必要はない。さらに、少数株主の主張が妄想に基づくものであれば、ひとつひとつ丁寧に反論していけばよいため、この点も問題にならない。

非上場会社における増加価値分配価格は、それぞれの事案によって異なるし、少数株主側の立証能力に依拠することが多いことから、一概にここで述べることはできない。むしろ、発行会社側が、少数株主を締め出した場合におけるフリー・キャッシュ・フローの増加を立証できない場合には、少数株主側からすればなおさら立証することはできないため、増加価値分配価格がないものとして締出価格を算定した上で、株式取得価格決定の申立てや反対株主の株式買取請求が行われた場合にだけ対応するというのも、ひとつの選択肢であると考えられる。

④ 債務超過会社における少数株主の締出し

全部取得条項付種類株式の取得価格決定申立事件であるが、大阪地決平成27年12月24日・ウエストロー・ジャパン文献番号2015WLJPCA12246003では、債務超過会社が発行している株式の取得価格を0円であると決定している。そして、全部取得条項付種類株式による少数株主の締出しが、実質債務超過か否かを問わず、反対株主に株式買取請求権を付与することで多数決によって既存株主を一掃することができる一般的な制度として設計されたことから、客観的価値を保障しなくてもよいとすることには無理があるとしながらも、100%減資を行わない限り、倒産手続きに入ることが確実であるといった事情まで認定できれば、客観的価値を0円であると解することは可能であるとする見解もある*71。

これに対し、本博士論文では、実質債務超過会社である場合にお

---

*71 藤田友敬「新会社法における株式買取請求権制度」黒沼悦郎・藤田友敬編『企業法の理論（上巻）江頭憲治郎先生還暦記念』308頁（注90）（商事法務、平成19年）。

いて、客観的価値に増加価値分配価格を加算したとしても０円である場合には、公正な価格を０円とすべきであると結論づけた*72。

なお、株式等売渡請求の手法を用いた場合には、売渡株主等との間で売買契約の成立と同種の法律関係が生じるものとされているのに対し、取得価格を０円としてしまうと、売買ではなく、贈与になってしまうことから、０円にすることはできないとする見解もあるという点に留意されたい*73。

<参考法令・通達>

●会 社 法

（裁判所に対する価格の決定の申立て）

第172条　第171条第１項各号に掲げる事項を定めた場合には、次に掲げる株主は、取得日の20日前の日から取得日の前日までの間に、裁判所に対し、株式会社による全部取得条項付種類株式の取得の価格の決定の申立てをすることができる。

一　当該株主総会に先立って当該株式会社による全部取得条項付種類株式の取得に反対する旨を当該株式会社に対し通知し、かつ、当該株主総会において当該取得に反対した株主（当該株主総会において議決権を行使することができるものに限る。）

二　当該株主総会において議決権を行使することができない株主

2　株式会社は、取得日の20日前までに、全部取得条項付種類株式の株主に対し、当該全部取得条項付種類株式の全部を取得する旨を通知しなければならない。

3　前項の規定による通知は、公告をもってこれに代えることができる。

---

*72　佐藤前掲*４・136頁（注56）。

*73　代宗剛『Q&A 株式・組織再編の実務１－キャッシュ・アウト制度を中心に』16頁（商事法務、平成27年）。

4　株式会社は、裁判所の決定した価格に対する取得日後の法定利率による利息をも支払わなければならない。
5　株式会社は、全部取得条項付種類株式の取得の価格の決定があるまでは、株主に対し、当該株式会社がその公正な価格と認める額を支払うことができる。

（反対株主の株式買取請求）
第182条の4　株式会社が株式の併合をすることにより株式の数に一株に満たない端数が生ずる場合には、反対株主は、当該株式会社に対し、自己の有する株式のうち一株に満たない端数となるものの全部を公正な価格で買い取ることを請求することができる。
2　前項に規定する「反対株主」とは、次に掲げる株主をいう。
一　第180条第2項の株主総会に先立って当該株式の併合に反対する旨を当該株式会社に対し通知し、かつ、当該株主総会において当該株式の併合に反対した株主（当該株主総会において議決権を行使することができるものに限る。）
二　当該株主総会において議決権を行使することができない株主
（以下略）

（株式の価格の決定等）
第182条の5　株式買取請求があった場合において、株式の価格の決定について、株主と株式会社との間に協議が調ったときは、株式会社は、効力発生日から60日以内にその支払をしなければならない。
2　株式の価格の決定について、効力発生日から30日以内に協議が調わないときは、株主又は株式会社は、その期間の満了の日後30日以内に、裁判所に対し、価格の決定の申立てをすることができる。
3　前条第6項の規定にかかわらず、前項に規定する場合において、効力発生日から60日以内に同項の申立てがないときは、その期間の満了後は、株主は、いつでも、株式買取請求を撤回することができる。

4　株式会社は、裁判所の決定した価格に対する第１項の期間の満了の日後の法定利率による利息をも支払わなければならない。

5　株式会社は、株式の価格の決定があるまでは、株主に対し、当該株式会社が公正な価格と認める額を支払うことができる。

（以下略）

（売買価格の決定の申立て）

第179条の8　株式等売渡請求があった場合には、売渡株主等は、取得日の20日前の日から取得日の前日までの間に、裁判所に対し、その有する売渡株式等の売買価格の決定の申立てをすることができる。

2　特別支配株主は、裁判所の決定した売買価格に対する取得日後の法定利率による利息をも支払わなければならない。

3　特別支配株主は、売渡株式等の売買価格の決定があるまでは、売渡株主等に対し、当該特別支配株主が公正な売買価格と認める額を支払うことができる。

V　株式交付型組織再編

組織再編が行われた場合には、当該組織再編に反対する株主は、発行会社に対して「公正な価格」で買い取ることを請求することができる（会社法785①、797①、806①、816の6①）。そして、株式買取請求があった場合には、当該反対株主と発行会社との協議により買取価格が決定されるのが原則である（会社法786①、798①、807①、816の7①）。しかし、協議が調わない場合には、反対株主又は発行会社は、裁判所に対し、価格決定の申立てをすることができる（会社法786②、798②、807②、816の7②）。そのため、価格決定の申立てが行われた場合には、裁判所は、公正な価格を決定する必要があるが、この場合における公正な価格とは、前述のように、ナカリセバ価格と「(公正な組織再編比率に基づく）シナジー価格」のうち、いずれか高い金額であると解されている。

現金交付型組織再編における公正な価格は、少数株主の締出しと同様に考えるべきである。そのため、ここでは、株式交付型組織再編に限定して解説を行う。

1　裁判例の傾向

上場会社の株式買取価格決定申立事件は多数公表されているが、非上場会社の事件はほとんど公表されていない。会社法が施行された後の事件として公表されている裁判例のうち確認できたものは最一小決平成27年3月26日・民集69巻2号365頁と東京高決平成28年9月14日・判タ1433号134頁のみである（このうち、東京高決平成28年9月14日は、評価方法自体に争いはなく、その算定に当たっての前提条件が争点となっているため、本書では解説を行わない)。また、平成17年改正前商法の営業譲渡の事件であるが、東京高決平成22年5月24日・金商1345号12頁も公表されている。

東京高決平成22年5月24日では、「本件の株式買取請求権は、少数派の反対株主としては株式を手放したくないにもかかわらずそれ以上不利益を被らないため株式を手放さざるを得ない事態に追い込まれることに対する補償措置として位置付けられるものであるから、マイノリティ・ディスカウント（非支配株式であることを理由とした減価）や非流動性ディスカウント（市場価格のないことを理由とした減価）を本件株式価値の評価に当たって行うことは相当でないというべきである」と判示された。

そして、最一小決平成27年3月26日でも、第一審[*74]、抗告審[*75]では、非流動性ディスカウントを考慮すべきであるとされたが、許可抗告審では、「反対する株主に会社からの退出の機会を与えるとともに、退出を選択した株主には企業価値を適切に分配するものであることをも念頭に置くと、収益還元法によって算定された株式の価格について、同評価手法に要素として含まれていない市場における取引価格との比較により更に減価を行うことは、相当でないというべきである」と判示された。しかし、この判旨だと、株式買取価格決定申立事件であるから非流動性ディスカウントが認められないのか、収益還元法を採用したから非流動性ディスカウントが認められないのかが明らかではない。

この点については、インカム・アプローチにおいて非流動性ディスカウントを加味する手法は、株式の流動性の欠如に対するリスクプレミアムを割引率に織り込む手法と、その簡便法として、当該リスクプレミアムを加味せずに計算した後に一定の非流動性ディスカ

---

*74　札幌地決平成26年6月23日・金商1466号15頁。
*75　札幌高決平成26年9月25日・金商1466号14頁。

ウントを行う手法が挙げられる[*76]。このうち、前者は「市場における取引価格との比較」を加味した手法に該当することに疑いはないが、後者の手法を採用したとしても、前者の簡便法に過ぎないことから、算定される計算結果に変わりがないはずである。そのため、非流動性ディスカウントを考慮することができるかどうかに差異を設けることはできない[*77]。すなわち、最高裁判所は、収益還元法の計算モデルを勘違いした可能性が高く、「同評価手法に要素として含まれていない市場における取引価格との比較により更に減価を行うこと」という判旨は明らかに間違いである。

しかし、平成17年改正前商法であっても、現行会社法であっても、シナジーの有無の考え方は異なるとしても、マイノリティ・ディスカウント、非流動性ディスカウントの考え方に違いはない。そのため、東京高決平成22年5月24日を参考にすれば、裁判所が、公正な価格の算定において、どのような評価方法を採用したとしても、マイノリティ・ディスカウント、非流動性ディスカウントを考慮すべきでないと判断する可能性が高いと思われる。

さらに、最一小決平成27年3月26日の第一審では、シナジーの有無についても争われている。第一審決定では、「非独立当事者間における組織再編行為等においては、少なくとも独立第三者間の合併のように、誰が見てもシナジー効果を推認できるような明確なものは見受けられない」とした鑑定人の判断を尊重し、ナカリセバ価格により公正な価格を算定している。しかしながら、非独立当事者間における組織再編であっても、シナジー効果が推認できる場合に

＊76　中村慎二「判批」経営財務3220号23頁（平成27年）。

＊77　収益還元法を採用したことは、非流動性ディスカウントが認められない理由にはならないとする見解として、中村前掲＊76・23頁、滝琢磨「判批」経理情報1415号43頁（平成27年）、奈良輝久「判批」法の支配179号138－139頁（平成27年）、星明男「判批」ジュリスト1492号（平成27年度重要判例解説）108頁（平成28年）、柳明昌「判批」民商法雑誌151巻3号302頁（平成27年）、飯田秀総「判批」岩原紳作ほか編『会社法判例百選（第3版）』185頁（有斐閣、平成28年）、宮崎裕介「判批」金商1501号6頁（平成28年）、山下徹哉「判批」金法2059号51頁（平成29年）参照。

は、積極的にシナジー価格に織り込むべきであると裁判所が判断する可能性は否めない。

このように、非上場会社の組織再編における公正な価格の算定では、マイノリティ・ディスカウント、非流動性ディスカウントのほか、シナジーの算定も論点となる。

2 基本的な考え方

前述のように、現在の会社法では、反対株主からの株式買取価格が「公正な価格」と定められたことに伴い、「ナカリセバ価格」と「シナジー価格」のいずれか高い金額により評価されることになった。

そのため、非上場会社の公正な価格の算定でも、まずはナカリセバ価格の算定が必要となる。ここで問題が生じるのは、非上場会社の組織再編では、租税法上の問題が生じないようにするために、国税庁方式により評価した株式価値に基づいて組織再編比率が算定されることがあるという点である。なぜなら、国税庁方式により評価した株式価値は、租税法上の問題が生じないことのみを目的としており、会社法上の論点を何ら検討していないことから、公正な価格の算定においてそのまま使用できない場合が考えられるからである。さらに、組織再編の当事会社が組織再編比率を決定する際に、それぞれの当事会社の株式価値を同一の手法により算定しているのであれば、両当事会社の株式価値のいずれも割高又は割安である場合が考えられる。そのため、組織再編比率が公正であると認められたとしても、株式価値が公正であると認められない場合もあり得る。このような場合には、組織再編比率に用いられた株式価値をそのままナカリセバ価格とするのではなく*78、組織再編比率を決定する際の評価方法とは異なる評価方法によりナカリセバ価格を算定する必要がある。

なお、理論上、非上場会社の株主が反対株主の株式買取請求を行う事案として、他方の当事会社が上場会社である場合と当事会社のすべてが非上場会社である場合が考えられる。このうち、実務上は、後者の事案について問題になることが多いと思われるため、本書では、当事会社のすべてが非上場会社である場合についてのみ解説を行う。

3　ナカリセバ価格

組織再編の当事会社のすべてが非上場会社である場合には、市場価格を参考にすることができない。**第1章**で解説したように、その場合の評価方法として、日本公認会計士協会が公表した『企業価値評価ガイドライン（改訂版）』では、①インカム・アプローチ、②マーケット・アプローチ、③ネットアセット・アプローチがそれぞれ紹介されている。いずれの評価方法を採用するにせよ、株式買取請求権を行使する者が少数株主であることから、マイノリティ・ディスカウントを考慮すべきか否かが問題となり、対象となる株式が非上場株式であることから、非流動性ディスカウントを考慮すべきか否かが問題となる。

この点につき、少数株主の締出しを行った場合には、支配株主が強制的に取得した株式はマイノリティ・ディスカウントや非流動性ディスカウントを加味しない株式価値と同等の価値を有する。マイノリティ・ディスカウント、非流動性ディスカウントの解消による株式価値の増加は支配株主の経営努力によるものとは考えにくく、

＊78　最一小決平成27年3月26日・民集69巻2号365頁でも、合併の当事会社が合併比率を決定する際には、財産評価基本通達に定める類似業種比準方式により各当事会社の株式価値を算定しているものの、裁判所が公正な価格を決定する際には、収益還元法により株式価値を算定している。

少数株主に分配すべき利益であるため、これらを加味しない株式価値で公正な価格を決定すべきであると考えられる。そして、組織再編の当事会社が反対株主から株式を買い取る場合も同様に、マイノリティ・ディスカウント、非流動性ディスカウントを認めてしまうと、当該当事会社の株式価値が増加してしまうため、反対株主以外の株主が棚ぼたの利益を享受するという問題が生じる。反対株主が株式買取請求権を行使する場合には、株式を手放さざるを得ない事態に追い込まれた少数株主と多数派株主との間の取引と同視することができることからも、少数株主の締出しと同様に考えるべきであると考えられる。

さらに、マイノリティ・ディスカウント、非流動性ディスカウントは、株式の売りにくさを示す要因に過ぎず、会社の企業価値に影響を与えるものではない[*79]。もし、組織再編が行われずに反対株主が残存していれば、会社に生じるフリー・キャッシュ・フローは、将来の剰余金の配当や残余財産の分配を通じて、当該反対株主に分配されていたはずである[*80]。すなわち、これらのディスカウントを考慮してしまうと、株式を手放さざるを得なくなり、やむを得ず株式買取請求権を行使した反対株主に対して損害を与えてしまうという不合理な結果となる。そのため、反対株主の株式買取請求が行われた場合には、これらのディスカウントを考慮しない株式価値で

---

*79　滝前掲*77・43頁では、「株式の流動性が低いからといって（株式価値ではなく）企業価値の減価がただちに導かれるものではないことを踏まえると、企業価値の適切な分配機能を発揮させるという法の目的を達成するためには、非流動性ディスカウントを考慮すべきではないこととなるのではないか」と指摘されている。この観点からは、マイノリティ・ディスカウントも、少数株主であることを理由とする株式価値の下落は、直ちに企業価値の下落に繋がらないため、同様に取り扱われるべきであると考えられる。

*80　神田前掲*62・5頁では、「株式買取請求権制度は、第一義的には、①『部分解散』による株主の退出の機会を保障するものであり、第二義的には、これに加えて、②資本多数決に基づいて忠実義務違反の組織再編行為がなされたことによって反対株主が被った『損害』の填補を一定の範囲で認める趣旨をも有する、と解すべきである」とされている。このような株式買取請求権制度を部分解散とする立場に立っても、マイノリティ・ディスカウントや非流動性ディスカウントを認めるべきではないと考えられる。

公正な価格を決定すべきであると考えられる。

このような考え方は、東京高決平成22年5月24日とも整合的であり、裁判所が、マイノリティ・ディスカウント、非流動性ディスカウントを認めない可能性が高いと考えるべきであろう。

4 公正な組織再編比率

前述のように、非上場会社の組織再編における公正な価格の算定では、シナジーの総額だけでなく、公正な組織再編比率の算定も必要になる。そのため、不公正な組織再編比率が用いられていた場合には、公正な組織再編比率に修正した上でシナジー価格を算定する必要がある。ただし、組織再編によりシナジーが生じることが明らかな場合に限定されており、シナジーが生じていない場合には、ナカリセバ価格がそのまま公正な価格となる。

実際に、シナジーが生じているかどうかは、それぞれの事案によって異なるし、反対株主側の立証能力に依拠することが多いことから、一概にここで述べることはできない。むしろ、発行会社側が、組織再編によるシナジーを立証できない場合には、反対株主側からすればなおさら立証することはできないため、シナジーがないと仮定して、ナカリセバ価格をそのまま公正な価格であるとして買取価格の交渉を行うのも、ひとつの選択肢であると考えられる。

ただし、拠点の統廃合によるコストの削減、繰越欠損金を利用した節税効果のようなわかりやすいシナジーは、反対株主側がシナジー価格としての上乗せを要求してくる可能性もあるため、留意が必要である*81。

＊81 佐藤前掲＊4・102－107頁参照。

5 事前に株式の買集めが行われていた場合

さらに、前述のように、組織再編を行う前に公開買付けが行われている事件として、東京地決平成21年3月31日が挙げられる。そして、非上場会社においても、事前に株式を買い集めた後に、組織再編を行う場合が考えられる。

大阪地決平成24年2月10日、大阪地決平成24年4月27日のように、合理的な理由がある場合には、事前に株式を買い集めたとしても、必ずしも買い集めた価格に縛られることはないと主張することは可能かもしれないが、実務の安全性を考えると、事前に買い集めた価格が公正な価格の下限になるリスクを考慮した上で対応すべきであると考えられる[*82]。

＊82　前掲＊70にあるように、「一般に公正と認められる手続により経営統合の手段たる公開買付けが行われ、その後に公開買付けに係る買付価格と同額で株式売渡請求がされた場合には、株主が公開買付けに応じるか否かを適切に判断することが期待できる以上、上記の手続において基礎となった事情に予期しない変動が生じたなどの特段の事情がない限り、裁判所は、株式売渡請求に係る株式の売買価格を公開買付けに係る買付価格と同額とするのが相当である」とした判決があるものの、同様の手続きを実施するためには、かなりのコストがかかってしまうため、通常の非上場会社では、参考にすることができない。そのため、実務上は、事前に買い集めた価格が公正な価格の下限になるリスクのみを考慮しておくべきであると考えられる。

＜参考法令・通達＞

●会 社 法

（反対株主の株式買取請求）

第785条　吸収合併等をする場合（次に掲げる場合を除く。）には、反対株主は、消滅株式会社等に対し、自己の有する株式を公正な価格で買い取ることを請求することができる。

一　第783条第2項に規定する場合

二　第784条第2項に規定する場合

2　前項に規定する「反対株主」とは、次の各号に掲げる場合における当該各号に定める株主（第783条第4項に規定する場合における同項に規定する持分等の割当てを受ける株主を除く。）をいう。

一　吸収合併等をするために株主総会（種類株主総会を含む。）の決議を要する場合　次に掲げる株主

イ　当該株主総会に先立って当該吸収合併等に反対する旨を当該消滅株式会社等に対し通知し、かつ、当該株主総会において当該吸収合併等に反対した株主（当該株主総会において議決権を行使することができるものに限る。）

ロ　当該株主総会において議決権を行使することができない株主

二　前号に規定する場合以外の場合　全ての株主（第784条第1項本文に規定する場合における当該特別支配会社を除く。）

（以下略）

（株式の価格の決定等）

第786条　株式買取請求があった場合において、株式の価格の決定について、株主と消滅株式会社等（吸収合併をする場合における効力発生日後にあっては、吸収合併存続会社。以下この条において同じ。）との間に協議が調ったときは、消滅株式会社等は、効力発生日から60

日以内にその支払をしなければならない。

2　株式の価格の決定について、効力発生日から30日以内に協議が調わないときは、株主又は消滅株式会社等は、その期間の満了の日後30日以内に、裁判所に対し、価格の決定の申立てをすることができる。

3　前条第7項の規定にかかわらず、前項に規定する場合において、効力発生日から60日以内に同項の申立てがないときは、その期間の満了後は、株主は、いつでも、株式買取請求を撤回することができる。

4　消滅株式会社等は、裁判所の決定した価格に対する第1項の期間の満了の日後の法定利率による利息をも支払わなければならない。

5　消滅株式会社等は、株式の価格の決定があるまでは、株主に対し、当該消滅株式会社等が公正な価格と認める額を支払うことができる。

（以下略）

（反対株主の株式買取請求）

第797条　吸収合併等をする場合には、反対株主は、存続株式会社等に対し、自己の有する株式を公正な価格で買い取ることを請求することができる。ただし、第796条第2項本文に規定する場合（第795条第2項各号に掲げる場合及び第796条第1項ただし書又は第3項に規定する場合を除く。）は、この限りでない。

2　前項に規定する「反対株主」とは、次の各号に掲げる場合における当該各号に定める株主をいう。

一　吸収合併等をするために株主総会（種類株主総会を含む。）の決議を要する場合　次に掲げる株主

イ　当該株主総会に先立って当該吸収合併等に反対する旨を当該存続株式会社等に対し通知し、かつ、当該株主総会において当該吸収合併等に反対した株主（当該株主総会において議決権を行使することができるものに限る。）

ロ　当該株主総会において議決権を行使することができない株主

二　前号に規定する場合以外の場合　全ての株主（第796条第1項本

文に規定する場合における当該特別支配会社を除く。）
（以下略）

（株式の価格の決定等）

第798条　株式買取請求があった場合において、株式の価格の決定について、株主と存続株式会社等との間に協議が調ったときは、存続株式会社等は、効力発生日から60日以内にその支払をしなければならない。

2　株式の価格の決定について、効力発生日から30日以内に協議が調わないときは、株主又は存続株式会社等は、その期間の満了の日後30日以内に、裁判所に対し、価格の決定の申立てをすることができる。

3　前条第7項の規定にかかわらず、前項に規定する場合において、効力発生日から60日以内に同項の申立てがないときは、その期間の満了後は、株主は、いつでも、株式買取請求を撤回することができる。

4　存続株式会社等は、裁判所の決定した価格に対する第1項の期間の満了の日後の法定利率による利息をも支払わなければならない。

5　存続株式会社等は、株式の価格の決定があるまでは、株主に対し、当該存続株式会社等が公正な価格と認める額を支払うことができる。

（以下略）

（反対株主の株式買取請求）

第806条　新設合併等をする場合（次に掲げる場合を除く。）には、反対株主は、消滅株式会社等に対し、自己の有する株式を公正な価格で買い取ることを請求することができる。

一　第804条第2項に規定する場合

二　第805条に規定する場合

2　前項に規定する「反対株主」とは、次に掲げる株主をいう。

一　第804条第1項の株主総会（新設合併等をするために種類株主総会の決議を要する場合にあっては、当該種類株主総会を含む。）に先立って当該新設合併等に反対する旨を当該消滅株式会社等に対し通知し、かつ、当該株主総会において当該新設合併等に反対した株主（当該株主総会において議決権を行使することができるものに限る。）

二　当該株主総会において議決権を行使することができない株主

（以下略）

（株式の価格の決定等）

第807条　株式買取請求があった場合において、株式の価格の決定について、株主と消滅株式会社等（新設合併をする場合における新設合併設立会社の成立の日後にあっては、新設合併設立会社。以下この条において同じ。）との間に協議が調ったときは、消滅株式会社等は、設立会社の成立の日から60日以内にその支払をしなければならない。

2　株式の価格の決定について、設立会社の成立の日から30日以内に協議が調わないときは、株主又は消滅株式会社等は、その期間の満了の日後30日以内に、裁判所に対し、価格の決定の申立てをすることができる。

3　前条第7項の規定にかかわらず、前項に規定する場合において、設立会社の成立の日から60日以内に同項の申立てがないときは、その期間の満了後は、株主は、いつでも、株式買取請求を撤回することができる。

4　消滅株式会社等は、裁判所の決定した価格に対する第1項の期間の満了の日後の法定利率による利息をも支払わなければならない。

5　消滅株式会社等は、株式の価格の決定があるまでは、株主に対し、当該消滅株式会社等が公正な価格と認める額を支払うことができる。

（以下略）

（反対株主の株式買取請求）

第816条の6　株式交付をする場合には、反対株主は、株式交付親会社に対し、自己の有する株式を公正な価格で買い取ることを請求することができる。ただし、第816条の4第1項本文に規定する場合（同項ただし書又は同条第2項に規定する場合を除く。）は、この限りでない。

2　前項に規定する「反対株主」とは、次の各号に掲げる場合における当該各号に定める株主をいう。

一　株式交付をするために株主総会（種類株主総会を含む。）の決議を要する場合　次に掲げる株主

イ　当該株主総会に先立って当該株式交付に反対する旨を当該株式交付親会社に対し通知し、かつ、当該株主総会において当該株式交付に反対した株主（当該株主総会において議決権を行使することができるものに限る。）

ロ　当該株主総会において議決権を行使することができない株主

二　前号に掲げる場合以外の場合　全ての株主

(以下略)

(株式の価格の決定等)

第816条の7　株式買取請求があった場合において、株式の価格の決定について、株主と株式交付親会社との間に協議が調ったときは、株式交付親会社は、効力発生日から60日以内にその支払をしなければならない。

2　株式の価格の決定について、効力発生日から30日以内に協議が調わないときは、株主又は株式交付親会社は、その期間の満了の日後30日以内に、裁判所に対し、価格の決定の申立てをすることができる。

3　前条第7項の規定にかかわらず、前項に規定する場合において、効力発生日から60日以内に同項の申立てがないときは、その期間の満了後は、株主は、いつでも、株式買取請求を撤回することができる。

4　株式交付親会社は、裁判所の決定した価格に対する第1項の期間の満了の日後の法定利率による利息をも支払わなければならない。

5　株式交付親会社は、株式の価格の決定があるまでは、株主に対し、当該株式交付親会社が公正な価格と認める額を支払うことができる。

（以下略）

Ⅵ　従業員持株会

建前上、従業員持株会の設立目的は、従業員の財産形成、従業員の勤労意欲・経営参加意識の向上、安定株主の形成等であるといわれている[*83]。たしかに、上場会社や上場準備会社であれば、このような目的はあるのかもしれない。

しかし、世の中の多くの非上場会社では、このような目的で従業員持株会を設立することは考えにくい。多くの非上場会社にとって、従業員持株会を設立する目的が相続税対策であることは、相続税対策の書籍に従業員持株会が説明されていることからも疑いのない事実である[*84]。そのため、後述するように、従業員持株会の規約では、入会時に財産評価基本通達に定められている特例的評価方式により評価した価額で取得するものの、退会時に同じ価額で買戻しが強制されていることも少なくない。

裁判例の傾向としては、東京地判平成4年4月17日・判タ806号169頁[*85]を除き、そのような規約を有効と解するものが多く、最三小判平成7年4月25日・集民175号91頁でも「本件合意は、商法204条1項[*86]に違反するものではなく、公序良俗にも反しないから有効」であると判示した[*87]。そして、その後の最三小判平

＊83　前田雅弘「判批」岩原紳作ほか編『会社法判例百選（第３版）』44頁（有斐閣、平成28年）。

＊84　税理士法人プライスウォーターハウスクーパース『事業承継・相続対策の法律と税務（5訂版）』482－485頁（税務研究会出版局、平成30年）、牧口晴一・齋藤孝一『事業承継に活かす従業員持株会の法務・税務（第３版）』8－9頁（中央経済社、平成27年）等。

＊85　ただし、第一審では従業員側が勝訴したものの、東京高判平成5年6月29日・金商932号28頁で従業員側が敗訴している。

＊86　定款による株式の譲渡制限について定めた規定であり、現行会社法の譲渡制限株式（会社法2十七、108①四・②四）に相当する規定である。

＊87　前田前掲＊83・44頁。

成21年2月17日・集民230号117頁、東京地決平成27年11月12日・金商1517号54頁でも同様の判断がなされている。これに対し、札幌地判平成14年2月15日・労働判例837号66頁では、労働裁判がゆえの特殊性もあり、やや異なる判断がなされている。

1　相続税対策と従業員持株会

(1)　相続税対策としての株式分散

例えば、会社全体の株式価値が10億円であるとする。会社を支配するために、発行済株式のうち70％を保有していれば十分であると判断したとする。その場合、30％を従業員や取引先に分散させることで、支配株主が保有する株式価値を7億円まで引き下げることが可能になる。このような相続税対策が可能なのは、贈与税の課税所得の計算上、株式価値を原則的評価方式により評価するのか、特例的評価方式により評価するのかは、贈与を受けた側の贈与直後の状態で判定されるからである[*88]。

すなわち、株式を取得した従業員は少数株主であることから、特例的評価方式により評価した価額が実際に支払った金額を超える場合に限り、贈与税の課税対象となる。そして、特例的評価方式では、年配当金額[*89]を10％で割り戻した金額により評価を行う（財基通188－2）。その結果、資本金等の額が1,000万円であり、純資産価額が10億円である場合において、毎年100万円の配当を行っているときは、特例的評価方式により評価した株式価値は1,000万円となる。このうち、30％を従業員に分散するため、従業員全体が300

＊88　加藤千博『株式・公社債評価の実務』123－124頁（大蔵財務協会、平成31年）。

＊89　ただし、1株当たりの資本金等の額を50円とした場合に、2円50銭未満の配当であった場合には、2円50銭の配当を行ったものとして計算する。

万円を支払えば贈与税は課税されない[*90]。

さらに、例えば、10人の従業員に対して3％ずつ分散させる場合には、たとえ無償で譲渡したとしても、贈与税は課税されない。なぜなら、贈与税の計算上、110万円の基礎控除が認められているからである（措法70の2の4①）。

(2) 従業員持株会を用いる理由

前述のように、従業員持株会を設立する目的は相続税対策に過ぎない。また、従業員に直接に保有させずに、従業員持株会という制度を用いるのは、①退職時に買戻しを容易にすること及び②従業員の議決権行使を制限することを目的としている[*91]。まず、①退職時に買戻しを容易にする理由は、社外に株式を分散させないためである。そのため、従業員持株会の規約には、退職時に自動的に退会させ、現金で買い戻すことが定められていることが多い。その場合に、従来は旧額面金額で買い戻すことが規定されていたものが多かったが、最近は、財産評価基本通達に定める特例的評価方式を参考にして理事会が買戻価格を決定するように定めているものが多いようである[*92]。ただし、配当金額を固定化すれば、特例的評価方式による評価額も固定されてしまうため、取得時の価額で買い戻すという実態は何ら変わらない。このような旧額面金額や特例的評価方式といった低廉な価額で買戻価格を決定している理由としては、従業員持株会が株式を買い戻すにしても、新たな会員に拠出してもらう必要があるため、旧額面金額や特例的評価方式でないと従業員

＊90　株式譲渡のみでなく、第三者割当増資を含めた解説として、税理士法人プライスウォーターハウスクーパース前掲＊84・482－485頁参照。
＊91　牧口・齋藤前掲＊84・167頁。
＊92　牧口・齋藤前掲＊84・146頁。

持株会が成立しないからである[*93]。すなわち、従業員持株会は支配株主と一体的に議決権を行使する株主であるとはいえ、従業員持株会を成立させるためには、支配株主にとっての株式価値ではなく、少数株主にとっての株式価値で拠出させ、かつ、退会時にも同額で買い戻させる必要があるという特殊な実態がある。

そして、②従業員の議決権行使を制限するためには、従業員持株会の規約に理事長が議決権を行使する旨を規定することにより実現される[*94]。もちろん、会員が議決権の行使について特別の指示を理事長に対して与えることができる特例は定めるものの、そのような指示を与える者はほとんどいないであろうから、理事長が従業員持株会の議決権を実質的に行使することには変わりはない。

このように、従業員持株会を設立する目的は相続税対策に過ぎないことから、株式が社外に分散したり、従業員が経営に参加したりすることは想定されていない。さらに、従業員持株会を維持するためには、退会する従業員に対してキャピタルゲインを認めるわけにはいかない。しかし、従業員としては、株式を保有している間に会社の純資産が大きくなれば、多少のキャピタルゲインを認めてもらいたいと考えるようになる。それがゆえに、このような従業員持株会の規約が無効ではないかという主張が裁判においてなされることになる。

2　従来の学説

かつての学説では、株式譲渡を定款ではなく、契約で制限することについては、会社が契約の当事者になる場合には、平成 17 年改

＊93　牧口・斎藤前掲＊84・143 頁。
＊94　牧口・齋藤前掲＊84・167 － 168 頁。

正前商法 204 条 1 項に反し、原則として無効であるものの、その契約内容が株主の投下資本の回収を不当に妨げない限り、例外的に有効であると解されていた。そして、会社が契約の当事者にならないのであれば、原則として有効であるが、会社が契約の当事者となる契約の脱法手段として用いられる場合には、例外的に無効であると解されていた[*95]。

これに対し、最近は、会社が当事者になる契約についても契約自由の原則が適用され、民法 90 条に規定されている公序良俗違反に該当する場合に限り、無効になるとする見解が主張されており[*96]、裁判例の傾向としても、平成 17 年改正前商法 204 条 1 項ではなく、民法 90 条に該当するか否かを検討するようになっているように思われる[*97]。

3 最高裁判所の判断

前述のように、本件についての最初の最高裁判決である最三小判平成 7 年 4 月 25 日では、「本件合意は、商法 204 条 1 項に違反するものではなく、公序良俗にも反しないから有効」であると判示した。それまでの下級審判決の傾向を踏襲するものであり、従業員持株会の規約による譲渡制限は平成 17 年改正前商法 204 条 1 項に違反しないという裁判所の立場が確定した。この立場は、現行会社法でも

＊95　大隅健一郎·今井宏『会社法論（上巻）（第３版）』434 頁（有斐閣、平成３年）、石井照久·鴻常夫『会社法第１巻』222 頁（勁草書房、昭和 52 年）、田中誠二『会社法詳論（上巻）（３全訂版）』387 頁（勁草書房、平成５年）。

＊96　河本一郎ほか『従業員持株制度のすべて』別冊商事法務 11 号 320 頁（昭和 45 年）。

＊97　加藤修「株式制度の想定外利用と従業員持株制度」法学研究 81 巻 12 号 81 頁（平成 20 年）では、「株式制度および株式への投資資本回収の手段としての株式譲渡について、関係当事者間で合意があり、その合意が関係当事者に不利益でないならば、それらの仕組が本来想定した形とは相違した形で利用されても不都合はなく、契約事由の範囲内とも解される」と指摘されている。

引き継がれていると考えられる。

そうなると残る問題は、民法90条に規定されている公序良俗違反の問題であるが、裁判例の傾向としては、従業員持株会の建前上の設立目的である「従業員の財産形成」を重視しているように思われる。具体的には、比較的高率による剰余金の配当が従業員の福祉に寄与しており、公序良俗違反に該当しないと判断している裁判例も見受けられる[*98]。これに対し、留保利益を株主に分配するといっても、配当性向100％というのは現実的ではなく、どの程度であれば、「比較的高率の剰余金の配当」と考えることができるのかという問題は残されている[*99]。ただし、特例的評価方式によれば、従業員による取得価額の10％に相当する金額を毎期配当していれば、取得価額と特例的評価方式による評価額は等しくなる。すなわち、配当利回りの観点から見てみると、10％も配当していれば、公序良俗に反する規約とまではいい難い状態になる。そして、東京地決平成27年11月12日では、５％程度の配当利回りであっても同様の判断をしており、現在の低金利の状態を考慮すると当然のことであるようにも思われる。こうなると、さらに引き下げて、１～２％程度の配当利回りでも可能なのかという議論も出そうであるが、この点については、参考になる裁判例もないことから慎重に対応すべきであると思われる。

そして、最三小判平成21年２月17日は、日本経済新聞社の従業員持株会であり、日刊新聞紙の発行を目的とする株式会社の株式の譲渡の制限等に関する法律１条により、定款をもって、同社株式の譲受人を同社の事業に関係のある者に限る旨の定めをすることができたという特殊な事件である。そのため、株主が個人的理由により株式を譲渡する必要が生じた場合には、従業員持株会が旧額面金額

＊98　京都地判平成元年２月３日・判時1325号140頁、神戸地判平成３年１月28日・判時1385号125頁、東京地判平成10年８月31日・判時1689号148頁。

＊99　江頭前掲＊10・245－246頁。

で買い戻すことができるように定められていた。そして､裁判所は、「被上告会社は非公開会社であるから、もともとＹ１株式には市場性がなく、本件株式譲渡ルールは、株主である従業員等が被上告人Ｙ２にＹ１株式を譲渡する際の価格のみならず、従業員等が被上告人Ｙ２からＹ１株式を取得する際の価格も額面額とするものであったから、本件株式譲渡ルールに従いＹ１株式を取得しようとする者としては、将来の譲渡価格が取得価格を下回ることによる損失を被るおそれもない反面、およそ将来の譲渡益を期待し得る状況にもなかったということができる。そして、上告人Ｘ２は，上記のような本件株式譲渡ルールの内容を認識した上、自由意思により被上告人Ｙ２から額面額で本件株式を買い受け、本件株式譲渡ルールに従う旨の本件合意をしたものであって、被上告会社の従業員等がＹ１株式を取得することを事実上強制されていたというような事情はうかがわれない。さらに、被上告会社が、多額の利益を計上しながら特段の事情もないのに一切配当を行うことなくこれをすべて会社内部に留保していたというような事情も見当たらない」として、「会社法107条及び127条の規定に反するものではなく，公序良俗にも反しないから有効というべきである」と判示した。

このように、裁判所の立場としては、従業員が自由意思で従業員持株会に加入しており、かつ、十分な配当を行っている限り、取得価額をもって買戻価額とすることに違法性がないとしていると考えられる。

4 札幌地判平成14年2月15日

これに対し、札幌地判平成14年2月15日では、依願退職した原告が請求を起こした裁判であり、①不支給とされた退職金の支払、②退職に伴う従業員持株会退会による精算金の支払が争点となっている。

このうち、後者については、(イ)従業員持株会退会に伴う精算金を会社が負うか否か、(ロ)退職時に売却強制される株式の評価額が、従業員持株会の規約により、理事会一任とされて減額されたことについて妥当か否かがそれぞれ争われている。

(イ)については、形式的には、独立した民法上の組合とする規約が存在するものの実質的には会社の一部局であることから、会社に精算金を負う義務があると判示された。そして、(ロ)については、理事会に一任することは、合理的な算定方法に基づく合理的な金額の範囲内において有効であると判示された。

しかしながら、本事件では、上記(ロ)につき、従来からキャピタルゲインを精算時に認めていたにもかかわらず、突如として、精算金の価格を３分の１に引き下げたため、退職した従業員の既得権を侵害するものであると判示されている。そのため、取得価額と買戻価額を同額とする規約を設けている従業員持株会に対しては射程が及ばないと考えられる。

5　小　括

このように、裁判例の傾向を見てみると、十分な配当を行っている限り、財産評価基本通達に定める特例的評価方式を参考にして理事会が買戻価格を決定するという規約は有効であり、実質的に取得価額による買戻しが可能であると考えられる。

Ⅶ　時価純資産法における税効果会計の適用

過去の裁判例では、事業の継続を前提としていることを理由として税効果会計の適用を否定したものとして、最二小判昭和54年2月23日・民集33巻1号125頁、千葉地決平成3年9月26日・判時1412号140頁、事業の継続を前提としてないことを理由として税効果会計の適用を肯定したものとして、東京高決平成2年6月15日・金商853号30頁、東京地決平成7年4月27日・判時1541号130頁が挙げられる。この裁判例の傾向から、再調達時価に基づく時価純資産法であれば税効果会計の適用が否定され、清算処分時価に基づく時価純資産法であれば税効果会計の適用が肯定されると思われる。

これに対し、大阪地決平成27年7月16日・金商1478号26頁では、「ＢがＡに対する投資を回収するためには、Ａ株式を譲渡するよりほかなく、Ｂの株主は、譲渡益課税後のＢの手取額から配分を受けることとなるから、株式譲渡までの含み益に対する課税分はＢが負担することになる。したがって、譲渡価格の基礎となる時価純資産額を算定するに当たっては、含み益に関する税効果を考慮することが相当である」とした。本決定では、事業会社Ａ社の株主である資産管理会社Ｂ社に対して時価純資産法を適用した上で、含み益に対して税効果会計を適用している。このような裁判所の判断は、税効果会計が浸透した最近の状況を反映したものと考えることができる。

我が国において税効果会計が導入されたのは、平成11年4月1日以後開始する事業年度からである。すなわち、現在、公表されている裁判例のほとんどは税効果会計が適用される前のものであり、大阪地決平成27年7月16日は、税効果会計が適用された後の時価純資産法に対する判断を示したものとして、貴重な裁判例であるということがいえる。しかし、私見ではあるが、本判決に対しては、B社がA社に対する投資を回収する手段として、受取配当等の益金不算入（法法23）や適格合併による抱合せ株式の消却（法法61の2③）が適用される手法を採用することもできたため、それを考慮した上で、子会社株式の含み益に対する税効果会計を否定すべきであったように思われる[*100]。すなわち、子会社株式の含み益に対する税効果会計の適用は、今後の裁判において否定される可能性もあれば、肯定される可能性もある。

それ以前の問題として、そもそも時価純資産法において税効果会計を適用すべきかどうかという点が問題となる。もし、清算処分時価により時価純資産法を採用するのであれば、繰延税金負債の計上は認められるものの、繰延税金資産の計上は認められないということになろう。会社が清算すれば、将来減算一時差異等や資産の含み損があったとしても、事業から生じる利益との相殺はできないからである。

これに対し、前述のように、株式売買価格決定申立事件の裁判例では、支配株主にとっての株式価値についてはDCF法（又はその代替としての収益還元法）、少数株主にとっての株式価値については配当還元法を採用するものの、これらによって得られる株式価値に違和感がある場合には、時価純資産法との併用を行うという傾向がある。この場合における時価純資産法は、再調達時価により算定されるため、資産の含み損益に対する税効果を考慮せずに株式価値を算定するという考え方もあり得る。

この点については、私見ではあるが、最近のM&Aでは、資産

＊100　佐藤前掲＊4・155頁。

の含み損益に対する税効果を考慮している事例が多いことから[*101]、再調達時価であっても税効果を考慮して株式価値を算定すべきであるように思われる。ただし、前述のように、それでも子会社株式に対する税効果は考慮すべきではないと思われる。この点については、裁判所が異なる判断をする可能性もあるため、留意されたい。

＊101　例えば、大山敬義『社長！あなたの会社、じつは……高く売れるんです!!』Kindle版 No.621－626（すばる舎、平成24年）参照。

第3章
租税法における非上場株式の評価

はじめに

本章では、租税法における非上場株式の評価について解説を行う。非上場株式の評価が問題となる租税法として、相続税法、法人税法及び所得税法があるが、それぞれの通達で定められている評価方法が異なるため、ケースに分けた上で、租税法の分析を行う必要がある。

I 概　　要

まず、租税法では、低廉譲渡が行われた場合の課税関係が問題となる。むろん、M&Aのように、利害の対立する第三者間の売買であれば、租税法上も時価として取り扱うことが一般的である*1。しかし、親族、従業員、取引先などとの売買であれば、お手盛りによる価額で取引を行うことも考えられるため、低廉譲渡が行われやすい。そのため、第三者間取引と認められない場合は、租税法上の問題が生じないように、財産評価基本通達に定める評価額で売買されることが少なくない。

租税法上、譲渡人、譲受人が個人であるのか、法人であるのかにより適用される法律が異なる。まず、譲渡人と譲受人の双方が個人である場合には、取引価額が時価を下回る部分の金額について、譲受人において贈与税が課されるかどうかが問題となる（相法7）。

＊1　佐藤友一郎編著『法人税基本通達逐条解説（九訂版）』798頁（税務研究会出版局、令和元年）、三又修ほか編『平成29年版所得税基本通達逐条解説』718頁（大蔵財務協会、平成29年）、森富幸『取引相場のない株式の税務（第4版）』125頁（日本評論社、平成30年）、佐藤信祐・松村有紀子『企業買収・グループ内再編の税務』63頁（中央経済社、平成22年）。

これに対し、譲渡人では取引価額が時価を下回ったとしても、実際の取引価額を収入金額として譲渡所得税の計算を行う。そして、支配株主から従業員や取引先に対して少数株主にとっての株式価値で譲渡をしたとしても、譲受人である従業員や取引先にとっては少数株主にとっての株式価値が時価であることから、贈与税の問題は生じない*2。しかし、少数株主に対して譲渡した株式を支配株主が買い戻す場合において、少数株主にとっての株式価値を取引価額としてしまうと、譲受人である支配株主において贈与税が課される*3。このように、少数株主にとっての株式価値により取得した者又はその相続人から買い戻す場合であっても、支配株主にとっての株式価値を取引価額としないと贈与税が課されてしまうという問題がある*4。

次に、譲渡人が個人であり、譲受人が法人である場合には、譲受人である法人で生じる受贈益に対して法人税が課されるかどうかが問題となる（法法22②）。さらに、譲受人も個人である場合と異なり、時価の２分の１に満たない価額で譲渡を行ったときは、時価で譲渡を行ったものとみなして、譲渡人である個人において譲渡所得税が課税される（所法59①二、所令169）。なお、同族会社等の行為計算の否認が適用される場合には、時価の２分の１以上の価額で

＊2　森前掲＊1・151頁、牧口晴一・齋藤孝一『非公開株式譲渡の法務・税務（第6版）』291頁（中央経済社、令和元年）。

＊3　森前掲＊1・152頁、牧口・齋藤前掲＊2・292－293頁。

＊4　仙台地判平成3年11月12日・税資187号64頁では、納税者が、同一の会社の株式について、当該株式の取得者が同族株主か否かにより異なる評価方法を採ることは法の前の平等に反すると主張したが、裁判所は、「会社の支配的同族株主は、会社の意思決定を左右する力をもち、株主総会の決議においてその支配的決定権を行使することにより会社の利益処分額等を決定できる等の実権を握っているのであって、同族株主か否かによってその株式を所有することの経済的実益が異なってくるのである（現に原告は本件株式を被告主張のような評価額でAに対し売却換金しているが、……それは原告のような立場の者であったからこそ可能であったのであり、一従業員ではありえなかったことであることが認められる。）から、株式の評価上同族株主か否かによって異なる評価方法をとることは株式を所有することの経済的実益に応じた税負担を求めるものであり、なんら公平の原則に反するものではない」と判示している。

譲渡を行ったときであっても、時価で譲渡を行ったものとみなして譲渡損益を認識する必要がある（所基通 59 − 3）。

そして、譲渡人が法人であり、譲受人が個人である場合には、譲受人である個人で生ずる受贈益に対して所得税が課されるかどうかが問題となる（所法 36①）。さらに、譲渡人が個人である場合と異なり、時価の２分の１以上の価額で譲渡を行ったときであっても、譲渡人である法人における法人税の計算上、時価で譲渡を行ったものとみなして譲渡損益を認識する必要がある（法法 61 の２①一）。

最後に、譲渡人と譲受人の双方が法人である場合には、前述のように、譲受人で生ずる受贈益、譲渡人で生ずるみなし譲渡益に対して、それぞれ法人税が課される。

このように、譲渡人、譲受人が個人であるのか、法人であるのかにより適用される法律が異なる。もっとも、財産評価基本通達は相続税法の通達であり、法人税法、所得税法の通達ではない。そのため、後述するように、法人税基本通達、所得税基本通達において、それぞれ財産評価基本通達を準用することができる旨が定められている。

＜参考法令・通達＞

●相続税法

（贈与又は遺贈により取得したものとみなす場合）

第７条　著しく低い価額の対価で財産の譲渡を受けた場合においては、当該財産の譲渡があつた時において、当該財産の譲渡を受けた者が、当該対価と当該譲渡があつた時における当該財産の時価（当該財産の評価について第３章に特別の定めがある場合には、その規定により評価した価額）との差額に相当する金額を当該財産を譲渡した者から贈与（当該財産の譲渡が遺言によりなされた場合には、遺贈）により取得したものとみなす。ただし、当該財産の譲渡が、その譲渡を受ける者が資力を喪失して債務を弁済することが困難である場合において、その者の扶養義務者から当該債務の弁済に充てるためになされたものであるときは、その贈与又は遺贈により取得したものとみなされた金額のうちその債務を弁済することが困難である部分の金額については、この限りでない。

●法人税法

第22条　（略）

2　内国法人の各事業年度の所得の金額の計算上当該事業年度の益金の額に算入すべき金額は、別段の定めがあるものを除き、資産の販売、有償又は無償による資産の譲渡又は役務の提供、無償による資産の譲受けその他の取引で資本等取引以外のものに係る当該事業年度の収益の額とする。

（以下略）

（有価証券の譲渡益又は譲渡損の益金又は損金算入）

第61条の2　内国法人が有価証券の譲渡をした場合には、その譲渡に係る譲渡利益額（第1号に掲げる金額が第2号に掲げる金額を超える場合におけるその超える部分の金額をいう。）又は譲渡損失額（同号に掲げる金額が第1号に掲げる金額を超える場合におけるその超える部分の金額をいう。）は、第62条から第62条の5まで（合併等による資産の譲渡）の規定の適用がある場合を除き、その譲渡に係る契約をした日（その譲渡が剰余金の配当その他の財務省令で定める事由によるものである場合には、当該剰余金の配当の効力が生ずる日その他の財務省令で定める日）の属する事業年度の所得の金額の計算上、益金の額又は損金の額に算入する。

一　その有価証券の譲渡の時における有償によるその有価証券の譲渡

により通常得べき対価の額（第24条第1項（配当等の額とみなす金額）の規定により第23条第1項第1号又は第2号（受取配当等の益金不算入）に掲げる金額とみなされる金額がある場合には、そのみなされる金額に相当する金額を控除した金額）

二　その有価証券の譲渡に係る原価の額（その有価証券についてその内国法人が選定した一単位当たりの帳簿価額の算出の方法により算出した金額（算出の方法を選定しなかつた場合又は選定した方法により算出しなかつた場合には、算出の方法のうち政令で定める方法により算出した金額）にその譲渡をした有価証券の数を乗じて計算した金額をいう。）

（以下略）

●所得税法

（収入金額）

第36条　その年分の各種所得の金額の計算上収入金額とすべき金額又は総収入金額に算入すべき金額は、別段の定めがあるものを除き、その年において収入すべき金額（金銭以外の物又は権利その他経済的な利益をもつて収入する場合には、その金銭以外の物又は権利その他経済的な利益の価額）とする。

（以下略）

（贈与等の場合の譲渡所得等の特例）

第59条　次に掲げる事由により居住者の有する山林（事業所得の基因となるものを除く。）又は譲渡所得の基因となる資産の移転があつた場合には、その者の山林所得の金額、譲渡所得の金額又は雑所得の金額の計算については、その事由が生じた時に、その時における価額に相当する金額により、これらの資産の譲渡があつたものとみなす。

一　贈与（法人に対するものに限る。）又は相続（限定承認に係るものに限る。）若しくは遺贈（法人に対するもの及び個人に対する包括遺贈のうち限定承認に係るものに限る。）

二　著しく低い価額の対価として政令で定める額による譲渡（法人に対するものに限る。）

（以下略）

●所得税法施行令

（時価による譲渡とみなす低額譲渡の範囲）

第169条　法第59条第1項第2号（贈与等の場合の譲渡所得等の特例）に規定する政令で定める額は、同項に規定する山林又は譲渡所得の基因となる資産の譲渡の時における価額の2分の1に満たない金額とする。

●所得税基本通達

（同族会社等に対する低額譲渡）

59－3　山林（事業所得の基因となるものを除く。）又は譲渡所得の基因となる資産を法人に対し時価の2分の1以上の対価で譲渡した場合には、法第59条第1項第2号の規定の適用はないが、時価の2分の1以上の対価による法人に対する譲渡であっても、その譲渡が法第157条《同族会社等の行為又は計算の否認》の規定に該当する場合には、同条の規定により、税務署長の認めるところによって、当該資産の時価に相当する金額により山林所得の金額、譲渡所得の金額又は雑所得の金額を計算することができる。

＜参考事例＞

●第三者間取引と認められなかった裁判例（大阪地判昭和61年10月30日・TAINS Z154－5816）

① 事実の概要

本事件は、原告らが、A社株式を従業員等から譲り受けた事件である。税務署長である被告は、譲り受けたA社株式の譲受価額が、財産評価基本通達に定める中心的な同族株主に該当し、かつ、大会社に該当するとした場合の評価額に比べて著しく低いことから、贈与税の対象とした。

これに対し、原告らは、「訴外会社は従業員持株制度を採用しているため、昭和52年証券会社に発行株式の売買適正価額の評価を委託する一方、従業員等を含む株主全員に対し売買希望額についてのアンケートを求めたところ、額面の3倍程度の価額が妥当であるとの意見が過半数であったことから、それ以降はおおむね額面の3倍の価額をもって、退社に伴い株式売却を希望する従業員とその取得希望者との仲介の労をとり現在に至っている。本件株式の譲受価額は売買当事者が対等で自由な立場に立ち、主張すべきところを主張し、双方の合意によって決定されたもので正常な売買に基づく適正な価額であるから、相続税法7条の著しく低い価額に該当しない。なお、有償取引行為を対象とする規定である同法7条の時価は、無償による財産の移転を前提とする同法22条の時価とその意義を異にするから、前者の評価は評価通達によるべきではなく、具体的事例に即し社会通念に従い、同法7条の目的に照らしてなされるべきである」と主張して、課税処分の取消しを求めた。

なお、控訴審（大阪高判昭和62年6月16日・TAINS Z158－5926）は第一審の判断をそのまま踏襲し、上告審（最一小判昭和63年7月7日・TAINS Z165－6134）では、上告が棄却されている。

② 裁判所の判断

・評価通達がこのように取引相場のない同族株主のいる大会社の株式について株式取得者の事実上の支配力の有無により評価方式を異にしている理由は、右会社のすべての株式価額は本来類似業種比準方式により算定されるべきであるが、これには多大の労力を要しかつ一般的に算定価額がかなり高額になることから、持株割合が僅少で会社に対する影響力を持たず、ただ配当受領にしか関心のないいわゆる零細株主が取得した株式について右方式により算定することは適当でないため、このような株主の取得する株式の評価は特例として簡便な配当還元方式によるものとしたことにあると考えられ、1つの評価対象会社につき2つの株価を認めた訳ではなく、あくまで当該株式の時価は類似業種比準方式により算定される価額によるものというべきである。
・原告らは、本件株式譲受価額は自由な立場に立つ売買当事者の合意に基づく適正な価額であると主張するが、同一会社の従業員と同族株主という限定された当事者間の合意に基づく価額は不特定多数の当事者間での自由な取引とはいい難く、また証券会社による評価価額が価額決定の参考とされていないことからしても、これをもって適正な価額であるということはできない。なお、相続税法7条の時価が同法22条の時価とその意義を異にするとの明文の規定は同法中に見当らず、かつそのように解すべき明白かつ合理的な理由も存しないから、両概念の内容が異なるとの原告らの主張は失当である。

③ 評　　釈

本事件は、個人から個人への譲渡であるため、譲渡人である零細株主において、所得税法59条1項2号に規定するみなし譲渡の問題はない。そのため、譲受人である中心的な同族株主の贈与税の議論のみであるため、一物二価の問題は生じない。

これに対し、譲渡人と譲受人の一方又は双方が法人である場合において、零細株主から中心的な同族株主への譲渡を行うときは、譲渡人では特例的評価方式、譲受人では原則的評価方式になるため、一物二価が問題になる事案が考えられる[*5]。また、中心的な同族株主から零細株主への譲渡を行うときも、譲渡人では原則的評価方式、譲受人では特例的評価方式になる

＊5　熊本地判平成 28 年 9 月 21 日・TAINS Z888 − 2079 では、譲渡人が個人であり、譲受人が法人であることから、譲受人の法人税について争われている。裁判所は、「株式の譲受人に発生した受贈益の額を算定する場合、譲受人が当該株式の譲受けによりいかなる利益を得たかを基準とすべきであるから、『中心的な同族株主』に当たるか否かは『譲受人』について判断するのが相当である。所得税基本通達 59 − 6 は、株式の譲渡人において生じた譲渡益に課税する場面における取扱いを示したものであって、場面を異にするから、株式の譲受人である法人の受贈益を算定する場面に類推するのは失当であり、原告の主張は採用できない」と判示している。後掲＊6では、譲渡人が個人であり、譲受人が法人であることから、譲渡人の所得税について争われた事件であることから、譲渡人が原則的評価方式を採用すべき法人である場合において、譲受人が特例的評価方式を採用すべき法人又は個人であることを理由として、譲渡人における課税所得の計算上、特例的評価方式を採用することができるかどうかについて、直接的に争われた事件は公表されていない。この点については、熊本地判平成 28 年 9 月 21 日を参考にすれば、譲受人である法人又は個人において特例的評価方式を採用することを理由として、譲渡人である法人において特例的評価方式を採用することは認められないと解するべきであると思われる。

＊6　東京地判平成 27 年 12 月 11 日・TAINS Z265 − 12769（控訴審：東京高判平成 28 年 9 月 8 日・TAINS Z888 − 2130）では、譲渡人が個人であり、譲受人が法人であることから、譲渡人の所得税について争われている。本事件では、「キャピタルゲインについて課税することを基本原則とするとしても、非上場株式の譲受人が、株式の譲受後においても『同族株主以外の株主』に該当し、当該株式について株主の権利を行使することはおよそ考えられず、配当による利益のみを享受するような財団法人（当時）である場合には、同株式を配当によって得られる利益と大幅にかけ離れた金額で譲り受けることを想定することは、現代社会における取引の実情からして、およそ常識に反し、不合理なものであって、このような場合には、より実情を直視し、同株式の時価を配当還元方式により評価することが相当である」という納税者の主張に対し、裁判所は、「所得税基本通達 59 − 6⑴は、評価通達 188⑴に定める『同族株主』に該当するかどうかは、株式を譲渡又は贈与した個人の当該譲渡又は贈与直前の議決権の数により判定することとしているのであって、本件においては、本件寄附の際の贈与者である原告について、その譲渡直前の議決権の数により判定することになるのであるから、原告の主張が上記所得税基本通達の定めの適用関係を争うものであれば、そもそも失当である」と判示している。後述するように大分地判平成 13 年 9 月 25 日・TAINS Z251 − 8982 では異なる判断をしているが、平成 12 年度改正により所得税基本通達 59 − 6 が規定される前の事件であることから、今後の実務では、大分地裁判決ではなく、東京地裁判決を参考にすべきであると考えられる。なお、後述する東京地判平成 29 年 8 月 30 日・TAINS Z888 − 2119 でも、譲渡人が個人であり、譲受人が法人である場合において、譲渡人である個人の譲渡所得の計算において、特例的評価方式の適用を認めておらず、平成 12 年度所得税基本通達が施行された後は、譲受人である法人において特例的評価方式を採用することを理由として、譲渡人である個人において特例的評価方式を採用することは認められていないと考えられる。

ため、一物二価が問題になる事案が考えられる*6。

本事件では、贈与税の議論とはいえ、零細株主から中心的な同族株主への譲渡につき、原則的評価方式によるべきことを明確に示している。本事件を参考にすれば、零細株主から中心的な同族株主が株式を買い集める際には、原則的評価方式によらないと贈与税の議論が生じることになる。

そして、原告の主張する「自由な立場に立つ売買当事者の合意に基づく適正な価額」という考え方は裁判所に否定されていないと思われるが、さすがに、従業員との取引においてそれを主張することには無理があったということがいえる。「自由な立場に立つ売買当事者の合意」というものを広く捉えようとする実務家も存在するが、社会通念を考えて慎重に判断する必要があるといえる。

なお、第三者間取引と認められなかった他の裁判例として、熊本地判平成28年9月21日・TAINS Z888－2079があるため、興味のある読者は参照されたい。

Ⅱ　相続税法上の評価

1　概　　要

財産評価基本通達では、原則的評価方式として同通達 178 ～ 187 に定めるとともに、同族株主以外の株主等が取得した株式に対しては同通達 188 ～ 188 － 2 において特例的評価方式を用いることを認めている。このうち、原則的評価方式は支配株主にとっての株式価値を評価する方法であり、特例的評価方式は少数株主にとっての株式価値で評価する方法であるといえる。そして、支配株主に該当するのか、少数株主に該当するのかは、贈与を受けた側の贈与直後の状態で判定される＊7。なお、同通達 189 ～ 189 － 7 では、「特定の評価会社の株式」として、①比準要素数 1 の会社の株式、②株式等保有特定会社の株式、③土地保有特定会社の株式、④開業後 3 年未満の会社等の株式、⑤開業前又は休業中の会社の株式、⑥清算中の会社の株式が定められている。

このうち、原則的評価方式は、発行会社の規模に応じて、大会社、中会社及び小会社に区別されており（財基通 178）、具体的な評価方法として、類似業種比準方式、純資産価額方式及び折衷方式がそれぞれ定められている（財基通 179 ～ 186 － 3）。

そして、大会社では、類似業種比準方式と純資産価額方式のいずれか低い評価額で評価し、中会社、小会社では、折衷方式と純資産価額方式のいずれか低い評価額で評価することになる（財基通

＊7　加藤千博編『株式・公社債評価の実務』123 － 124 頁（大蔵財務協会、平成 31 年）。

179)。

なお、折衷方式は、類似業種比準方式と純資産価額方式の折衷により算定されるが、規模が大きくなればなるほど、類似業種比準方式の折衷割合が大きくなるように定められている。

ただし、財産評価基本通達6項において、この通達の定めによって評価することが著しく不適当と認められる財産の価額は、国税庁長官の指示を受けて評価する旨が定められているという点に留意が必要である。

＜参考事例＞

●財産評価基本通達に基づかない売買価格を認めなかった裁判例（東京地判平成19年1月31日・TAINS Z257－10622）

① 事実の概要

本事件は、株式会社A（以下「A」という）の代表取締役である原告が、Aの複数の株主から額面金額の250％に相当する金額でA社株式を買い受けたところ、税務署長である被告が、上記株式の売買は、相続税法7条の「著しく低い価額の対価で財産の譲渡を受けた場合」に当たるとして、上記株式の譲渡の対価と当該譲渡があった時における上記株式の時価との差額に相当する金額を原告が贈与により取得したものとみなし、原告に対し、贈与税の決定処分及び無申告加算税の賦課決定処分をした事件である。

② 裁判所の判断

・同条の趣旨及び規定の仕方に照らすと、著しく低い価額の対価で財産の譲渡が行われた場合には、それによりその対価と時価との差額に担税力が認められるのであるから、税負担の公平という見地から同条が適用されるというべきであり、租税回避の問題が生じるような特殊な関係にあるか否かといった取引当事者間の関係及び主観面を問わないものと解するのが相当である。

・評価通達に定められた評価方法を画一的あるいは形式的に適用することによって、かえって実質的な租税負担の公平を著しく害し、相続税法あるいは評価通達自体の趣旨に反するような結果を招くというような特別な事情が認められない限り、評価通達に定められた評価方法によって画一的に時価を評価することができるというべきである。
・本件各譲受価額が取引当事者間の主観的事情に影響されたものでないことをうかがわせる特段の事情が存在するとはいえず、本件各譲受価額は本件各株式の本件各譲受日における客観的交換価値を正当に評価したものとはいえないため、本件において、評価通達に定められた評価方法を画一的あるいは形式的に適用することによって、かえって実質的な租税負担の公平を著しく害し、相続税法あるいは評価通達自体の趣旨に反するような結果を招くというような特別な事情は認められない。
・本件各譲渡人の中には、他にも原告から出資を持ち掛けられ、投資目的ではなく原告に協力する目的でAの株式を購入した者がいたであろうことがうかがわれる。
・原告と本件各譲渡人との間で本件各株式の売却に際し、売却価額等につき双方向の交渉があったことがうかがわれないことなどに照らすと、本件各譲受けは、主として原告の都合により進められ、買取りの申出から価額設定に至るまで、常に原告が主導的立場に立っていたのであって、本件各譲受価額は、原告が、本件各譲渡人の意向とは無関係に、一方的に決めた価額であるといわざるを得ない。
・本件における買取価額は、公認会計士や税理士等の専門家に相談して決めたものでも、評価通達に定められた評価方法を基に算定したものでもなく、原告の大体の感覚で決めた旨述べており、原告が買取価額の設定をする際に何らかの合理的な方法に基づく計算を行ったという事実は認められない。

③ 評　　釈

このように、特別な事情が認められない限り、財産評価基本通達に定める評価方式（本事件では、原則的評価方式）によるべきところ、額面金額の250％という低廉な譲渡価額であったため、低廉譲受という認定を受けている。

そして、「原告が提示した買取価額を基に、原告と本件各譲渡人との間のせめぎ合いにより形成された価額である」という原告の主張に対しても、明確に否定されている。なぜなら、第三者といえるかどうかは、血縁関係や支配関係がないというだけでは足りず、取引関係や雇用関係という合理的な譲渡価額の算定を歪める可能性のある利害関係が存在しないことが必要だからである。すなわち、従業員との取引だけでなく、取引先、仕入先、提携先、下請先などのように、譲渡価額が歪められかねない要素が含まれている場合には、純粋な第三者とはいえない。

また、本事件では、相続税法7条が、租税回避の問題が生じるような特殊な関係にある場合に限り適用すべきかどうかが争われている。この点については、前述のように、租税回避か否かを問わないこととしており、条文の文言解釈からすると当然のことといえる。このことは、所得税法、法人税法において類似の事案が生じた場合においても同様である。

さらに、本事件では、公認会計士や税理士等の専門家に相談して決めたものではないという点も問題視されている。すなわち、グループ内の売買であっても、財産評価基本通達に定める評価方法以外で売買がなされる事案は数多く存在し、とりわけ、外資系企業や上場会社では、自社の保有する非上場株式をDCF法などの評価方法により売買をしている事案も多い。このような事案は、財産評価基本通達に定める評価方法よりも高い金額になる場合だけでなく、安い金額になることも少なくない。そのような場合であっても、低廉譲渡として否認されるわけではなく、専門家による鑑定意見書が存在し、かつ、その計算過程に問題がないのであれば、租税法上も容認されることになる。そのため、財産評価基本通達に定める評価方法以外で売買を行う場合には、専門家による鑑定意見書を入手しておく必要があるということがいえる。

2 原則的評価方式

(1) 概　要

財産評価基本通達では、非上場会社（評価会社）を大会社、中会社及び小会社の３つに分類し、以下の方法により評価を行うこととされている（財基通179）。

① 大会社

類似業種比準方式と純資産価額方式のいずれか低い金額

② 中会社

以下のいずれか低い金額

・類似業種比準価額と純資産価額の折衷方式

・純資産価額方式

上記の「折衷方式」については、類似業種比準価額×Ｌ＋純資産価額×（１－Ｌ）により計算するが、算式中のＬの折衷割合については、総資産価額（帳簿価額によって計算した金額）及び従業員数又は直前期末以前１年間における取引金額に応じて、それぞれ図表－１に定める割合のうちいずれか大きいほうの割合によって計算する。

●図表－1

(イ) 総資産価額（帳簿価額によって計算した金額）及び従業員数に応ずる割合

卸売業	小売・サービス業	それ以外	割合
4億円以上（従業員数が35人以下の会社を除く）	5億円以上（従業員数が35人以下の会社を除く）	5億円以上（従業員数が35人以下の会社を除く）	0.90
2億円以上（従業員数が20人以下の会社を除く）	2億円5,000万円以上（従業員数が20人以下の会社を除く）	2億5,000万円以上（従業員数が20人以下の会社を除く）	0.75
7,000万円以上（従業員数が5人以下の会社を除く）	4,000万円以上（従業員数が5人以下の会社を除く）	5,000万円以上（従業員数が5人以下の会社を除く）	0.60

(ロ) 直前期末以前1年間における取引金額に応ずる割合

卸売業	小売・サービス業	それ以外	割合
7億円以上30億円未満	5億円以上20億円未満	4億円以上15億円未満	0.90
3億5,000万円以上7億円未満	2億円5,000万円以上5億円未満	2億円以上4億円未満	0.75
2億円以上3億5,000万円未満	6,000万円以上2億5,000万円未満	8,000万円以上2億円未満	0.60

③ 小会社

以下のいずれか低い金額

・類似業種比準価額と純資産価額の折衷方式

・純資産価額方式

上記の「折衷方式」については、類似業種比準価額×0.5＋純資産価額×0.5により計算する。

上記のように、規模が大きくなれば類似業種比準価額の折衷割合が大きくなる理由は、大会社が上場会社に匹敵する会社であることから、上場株式との整合性の高い類似業種比準価額を重視し、小会社は個人事業に匹敵する会社であることから、株式ではなく会社資産を直接に保有する個人事業との整合性の高い純資産価額を重視し、中会社はその中間に属する会社であることから、その整合性を図るために会社規模に応じて折衷割合を変える必要があったためであるといわれている*8。

(2) 会社規模の判定

財産評価基本通達において、評価会社が大会社、中会社又は小会社のいずれかに該当するのかについては、総資産価額、従業員数又は取引金額を判定基礎として、図表－２のとおり定められている(財基通178)。

このように、従業員数が70人以上であれば、すべて、大会社に該当するが、70人未満の場合には、図表－２に従って、大会社、中会社又は小会社のいずれに該当するのかを判定していくことになる。

＊8　宇野沢貴司『令和２年版　財産評価基本通達逐条解説』608頁（大蔵財務協会、令和２年）。

●図表－2

規模区分	区分の内容		総資産価額（帳簿価額によって計算した金額）及び従業員数	直前期末以前1年間における取引金額
大会社	従業員数が70人以上の会社又は右のいずれかに該当する会社	卸売業	20億円以上（従業員数が35人以下の会社を除く）	30億円以上
		小売・サービス業	15億円以上（従業員数が35人以下の会社を除く）	20億円以上
		その他	15億円以上（従業員数が35人以下の会社を除く）	15億円以上
中会社	従業員数が70人未満の会社で右のいずれかに該当する会社（大会社に該当する場合を除く）	卸売業	7,000万円以上（従業員数が5人以下の会社を除く）	2億円以上 30億円未満
		小売・サービス業	4,000万円以上（従業員数が5人以下の会社を除く）	6,000万円以上 20億円未満
		その他	5,000万円以上（従業員数が5人以下の会社を除く）	8,000万円以上 15億円未満
小会社	従業員数が70人未満の会社で右のいずれにも該当する会社	卸売業	7,000万円未満又は従業員数が5人以下	2億円未満
		小売・サービス業	4,000万円未満又は従業員数が5人以下	6,000万円未満
		その他	5,000万円未満又は従業員数が5人以下	8,000万円未満

(3) 類似業種比準方式

類似業種比準価額とは、類似業種の株価、1株当たりの配当金額、年利益金額及び簿価純資産価額を基礎とし、次の算式によって計算した金額をいう（財基通180）。なお、厳密には、1株当たりの資本金等の額を50円とした場合の金額として計算するが、簡便化のため、その処理については、以下では省略している。

（類似業種比準価額方式の計算）

$$A \times \frac{\frac{\text{Ⓑ}}{B}+\frac{\text{Ⓒ}}{C}+\frac{\text{Ⓓ}}{D}}{3} \times E$$

（各計算要素）

A：類似業種の株価

B：課税時期の属する年の類似業種の１株当たりの配当金額

Ⓑ：評価会社の１株当たりの配当金額

C：課税時期の属する年の類似業種の１株当たりの年利益金額

Ⓒ：評価会社の１株当たりの利益金額

D：課税時期の属する年の類似業種の１株当たりの簿価純資産価額

Ⓓ：評価会社の１株当たりの簿価純資産価額

E：大会社の場合には 0.7、中会社の場合には 0.6、小会社の場合には 0.5

上記のうち、類似業種の株価は、平成 29 年度の財産評価基本通達の改正により、「課税時期の属する月以前３か月間の各月の類似業種の株価のうち最も低いものとする。ただし、納税義務者の選択により、類似業種の前年平均株価又は課税時期の属する月以前２年間の平均株価によることができる」と定められた（財基通 182)。

また、会社規模によってディスカウント割合が異なるのは、評価会社の規模が小さくなるに従って、上場会社との類似性が希薄になっていくことが顕著になることが理由である[*9]。

そして、この場合における評価会社の配当金額、利益金額及び簿価純資産価額は、具体的に以下のように算定する（財基通 183)。

＊9　宇野沢前掲＊8・640 頁。

①　配当金額

1株当たりの配当金額＝剰余金の配当金額÷発行済株式総数

（注1）剰余金の配当金額は、直前期末以前2年間におけるその会社の剰余金の配当金額を平均した金額とする。

（注2）剰余金の配当金額からは、特別配当、記念配当等の名称による配当金額のうち、将来毎期継続することが予想できない金額を除いて計算する。

（注3）剰余金の配当金額には、資本金等の額の減少によるもの（具体的には、その他資本剰余金を原資とする配当）を除いて計算する必要がある。

（注4）自己株式を取得することにより、その株式を譲渡した法人にみなし配当の金額が生じたとしても、一般的には、将来毎期継続することが予想できない金額であることから、「1株当たりの配当金額」の計算上、そのみなし配当の金額を剰余金の配当金額に含める必要はない（国税庁HP質疑応答事例「1株当たりの配当金額Ⓑ－自己株式の取得によるみなし配当の金額がある場合」参照)。

（注5）現物分配を行ったとしても、一般的には、将来毎期継続することが予想できない金額であることから、「1株当たりの配当金額」の計算上、その現物分配の金額を剰余金の配当金額に含める必要はない（国税庁HP質疑応答事例「1株当たりの配当金額Ⓑ－現物分配により資産の移転をした場合」参照)。

②　利益金額

1株当たりの利益金額＝法人税の課税所得金額÷発行済株式総数

（注1）課税所得金額は、直前期末以前1年間における法人税の課税所得の金額を基礎に計算する。ただし、納税義務者の選択により、直前

期末以前２年間の各事業年度の法人税の課税所得金額の平均値とすることができる。

（注２）課税所得金額は、以下のように調整計算する必要がある。なお、下記の調整計算の結果、マイナスの金額になる場合には、１株当たりの利益金額を０として類似業種比準価額の計算を行う。

　　法人税の課税所得の金額
－）非経常的な利益の金額
＋）所得の計算上益金の額に算入されなかった利益の配当等の額（所得税額に相当する金額は除く）
＋）損金の額に算入された繰越欠損金の控除額

　　調整後の課税所得金額

（注３）課税所得金額の計算の基礎となった非経常的な損失の金額については、非経常的な利益の金額と異なり、特段の調整は必要ない。そのため、非経常的な損失を多額に発生させた場合には、利益金額を減少することができる。

（注４）しかし、（注２）の計算は、非経常的な利益の金額から非経常的な損失の金額を控除した金額により計算するという点に留意が必要である。具体的には、非経常的な利益が100、非経常的な損失が60の場合には、差額の40のみを課税所得金額から減算して計算を行う（国税庁HP「取引相場のない株式の評価明細書の記載方法等」第４表２⑶）。

（注５）東京地判令和元年５月14日・ウエストロー・ジャパン文献番号2019WLJPCA05148001では、「評価通達183⑵は、類似業種の利益金額と比較した評価会社の経常的収益力を適切に株価に反映させるために、偶発的な利益を除外することを定めたものというべきであるから、同通達183⑵が評価会社の『１株当たりの利益金額』の算定に際して除外される『非経常的な利益』として固定資産売却益や保険差益を挙げているのも、これらの利益が通常は偶発的な取引によるものであることからその例として示したものにすぎず、これらの利益は、飽くまでも偶発的な取引による非経常的な利益に当たる場合に除外されるものと解すべきである」とした上で、「固定資産売

却益であっても、毎期継続的に売買が繰り返されるような固定資産の売却益の場合には、その利益が会社の経常的収益力を構成することは明らかであるから、同通達183(2)について、固定資産売却益が常に非経常的な利益に当たることを定めたものと解することはできない」と判示している。

（注6） 平成20年6月26日裁決・裁事75号594頁では、「ある利益が経常的な利益に該当するか非経常的な利益に該当するかを判断するに当たっては、その利益が、評価会社の損益計算書上、『経常利益』又は『特別損益』のいずれに計上されているかだけで判断するのではなく、評価会社の事業の内容、その利益の発生原因、その発生原因たる行為の反復継続性又は臨時偶発性等を考慮して判断するのが相当である」とした上で、匿名組合契約から生じる利益については、そのすべてを本件会社の経常的な損益とすべきであると判示している。なお、類似の裁決例として、平成25年2月14日裁決・TAINS F0－3－344～346（非公開裁決例）を参照されたい。

（注7） グループ法人税制により繰り延べられた譲渡益は、「1株当たりの利益金額」の計算上、法人税の課税所得金額に加算する必要はない。これに対し、譲渡損益調整勘定の戻入益は、原則として、「1株当たりの利益金額」の計算上、非経常的な利益として法人税の課税所得金額から控除する必要がある。また、譲渡損益調整勘定の戻入益と戻入損の両方がある場合は、それぞれ他の非経常的な損益と合算の上、その損益を通算し、利益の金額があればその金額を課税所得金額から控除することになる（国税庁HP質疑応答事例「1株当たりの利益金額Ⓒ－譲渡損益調整資産の譲渡等があった場合」参照）。

（注8） 自己株式を取得することにより、その株式を譲渡した法人にみなし配当の金額が生じたとしても、一般的には、非経常的な利益の金額であることから、結果として、「1株当たりの利益金額」の計算上、そのみなし配当の金額を含める必要はない（国税庁HP質疑応答事例「1株当たりの利益金額Ⓒ－みなし配当の金額がある場合」参照）。

（注9） 適格現物分配により資産の移転を受けたことによる収益は、一般的には、非経常的な利益の金額であることから、結果として、「1株

当たりの利益金額」の計算上、その適格現物分配による収益の額を含める必要はない（国税庁 HP 質疑応答事例「1株当たりの利益金額Ⓒ－適格現物分配により資産の移転を受けた場合」参照）。

③　簿価純資産価額

1株当たりの簿価純資産価額＝

直前期末の簿価純資産価額÷発行済株式総数

（注1）　会計上の簿価純資産価額ではなく、法人税法上の簿価純資産価額により計算する。

（注2）　評価会社である完全支配関係にある親会社から内国法人である子会社に対して寄附があった場合、親会社の利益積立金額は、税務調整により寄附金に相当する金額だけ増加することとなるが、類似業種比準方式における「1株当たりの純資産価額」の計算上、利益積立金額が増加した分を減算するなどの調整を行う必要はない（国税庁 HP 質疑応答事例「1株当たりの純資産価額Ⓓ－寄附修正により利益積立金額が変動する場合の調整」参照）。

（注3）　簿価純資産価額がマイナスになる場合には、1株当たりの簿価純資産価額を0として類似業種比準価額の計算を行う。

上記により類似業種比準価額を計算した場合において、評価会社の株式が次に該当するときは、それぞれ次の算式により修正した金額をもって類似業種比準価額とすることになる（財基通 184）。

(イ)　直前期末の翌日から課税時期までの間に配当金交付の効力が発生した場合

上記により計算した価額－株式1株に対して受けた配当の金額

(ロ)　直前期末の翌日から課税時期までの間に株式の割当て等の効力が発生した場合

（上記により計算した価額＋割当てを受けた株式１株につき払い込んだ金額×株式１株に対する割当株式数）÷（１＋株式１株に対する割当株式数又は交付株式数）

(4)　純資産価額方式

純資産価額方式は、評価会社のすべての資産及び負債を財産評価基本通達に基づいて計算し、１株当たりの時価純資産価額を算定することにより計算する方法である（財基達185)。なお、含み益の37％については、「評価差額に対する法人税額等に相当する金額」として時価純資産価額から控除することができる（財基通186－２)。

例えば、時価純資産価額が500、簿価純資産価額が100である場合には、含み益が400であることから、その37％である148について、「評価差額に対する法人税額等に相当する金額」として取り扱われるため、純資産価額は352となる。

このように、純資産価額方式は、それぞれの資産及び負債を財産評価基本通達に基づいて評価する方法であるが、実務上、以下の点について問題になりやすいため、留意されたい。

(イ)　繰延税金資産には財産的価値がなく、繰延税金負債も確定債務とはいい難いことから、純資産価額の算定上、繰延税金資産及び負債を除外して計算を行う[＊10]。

(ロ)　株式の取得者とその同族関係者の有する議決権数が50％以下である場合は時価純資産価額の80％として算定する（財基通185ただし書)。これは、単独の同族関係者グループが会社に対する支配力を持っている場合とそうでない場合とでは、支

＊10　加藤前掲＊7・255頁。

配力に差があると認められるからである[*11]。この評価減は、小会社を想定して規定されたものの、中会社の折衷方式の算式中の「1株当たりの純資産価額」を求める場合にも認められている。ただし、大会社又は中会社が、類似業種比準価額に代えて1株当たりの純資産価額を求める場合には、認められていない[*12]。なお、東京高判平成28年4月21日・TAINS Z888－2043では、小会社に該当する場合において、同族会社以外の株主が存在していたとしても、それが名目的存在にすぎず、特定の一族が実質的に会社を支配しているような場合にまで適用すべきではないと判示している。本事件は、特例的評価方式を適用しようとして否認された事件であるが、同時に時価純資産価額の80％として算定することができる特例についても否認されている。

(ハ) 財産評価基本通達186－2(2)では、現物出資若しくは合併により著しく低い価額で受け入れた資産又は株式交換若しくは株式移転により著しく低い価額で受け入れた株式（以下「現物出資等受入れ資産」という）がある場合には、当該現物出資等受入れ資産に対する含み益の37％に相当する金額は、「評価差額に対する法人税等に相当する金額」として処理することができないことが明らかにされている。これは、平成13年度税制改正、平成18年度税制改正により、法人税法上、適格組織再編成と非適格組織再編成とに分けて整理される前からある規定であり、適格合併、適格現物出資、適格株式交換及び適格株式移転により取得した現物出資等受入れ資産についても含まれるように思えるが、同通達（注1）において、合併により合併法人が受け入れた帳簿価額と被合併法人における帳簿価額との差額のみが「評価差額に対する法人税等に相当する金額」から除外さ

＊11　加藤前掲＊7・194頁。
＊12　加藤前掲＊7・226頁。

れることが明らかにされている。そのため、結果として、平成13年度に組織再編税制が導入された後に、適格合併により取得した資産は両者の帳簿価額が一致するため、「評価差額に対する法人税額等に相当する金額」から除外されない。

そのため、現行法上、留意すべき取引としては、現物出資、株式交換及び株式移転の3つであると考えられる。

以下では、それぞれの資産及び負債の評価方法のうち、実務上、問題となりやすい点について解説を行うこととする。

① 棚卸資産

棚卸資産の評価は、財産評価基本通達133項で定められており、それぞれ次に掲げるところにより評価を行うこととされている。

(イ) 商品の価額は、その商品の販売業者が課税時期において販売する場合の価額から、その価額のうちに含まれる販売業者に帰属すべき適正利潤の額、課税時期後販売までにその販売業者が負担すると認められる経費（以下「予定経費」という）の額及びその販売業者がその商品につき納付すべき消費税額（地方消費税額を含む。以下同じ）を控除した金額によって評価する。

(ロ) 原材料の価額は、その原材料を使用する製造業者が課税時期においてこれを購入する場合の仕入価額に、その原材料の引取り等に要する運賃その他の経費の額を加算した金額によって評価する。

(ハ) 半製品及び仕掛品の価額は、製造業者がその半製品又は仕掛品の原材料を課税時期において購入する場合における仕入価額に、その原材料の引取り、加工等に要する運賃、加工費その他の経費の額を加算した金額によって評価する。

(ニ) 製品及び生産品の価額は、製造業者又は生産業者が課税時期においてこれを販売する場合における販売価額から、その販売価額のうちに含まれる適正利潤の額、予定経費の額及びその製造業者がその製品につき納付すべき消費税額を控除した金額によって評価する。

ただし、上記の方法で、価額を算定し難い場合には、法人税法上の帳簿価額により評価を行うことも認められている。

これに対し、不良在庫を抱えている場合には、実際の時価がかなり低いにもかかわらず、財産評価基本通達による評価が不当に高くなることもある。例えば、商品、製品の正味実現可能価額を適正に算定できれば問題ないが、実務上、課税当局に認められず、法人税法上の帳簿価額を相続税評価額として認定されてしまうことも考えられる。

② 貸付金債権

貸付金債権の評価は、財産評価基本通達204項に定められており、元本部分を券面額により評価を行うことになる。

しかし、貸付金債権の全部又は一部が次に掲げる金額に該当するときその他その回収が不可能又は著しく困難であると見込まれるときは、それらの金額は元本の価額に算入しないことができる（財基通205）。

(イ) 債務者について次に掲げる事実が発生している場合におけるその債務者に対して有する貸付金債権等の金額（その金額のうち、質権及び抵当権によって担保されている部分の金額を除く）

ⓐ 手形交換所（これに準ずる機関を含む）において取引停止処分を受けたとき

ⓑ 会社更生法の規定による更生手続開始の決定があったとき

ⓒ 民事再生法の規定による再生手続開始の決定があったとき

ⓓ 会社法の規定による特別清算開始の命令があったとき

ⓔ 破産法の規定による破産手続開始の決定があったとき

ⓕ 業況不振のため又はその営む事業について重大な損失を受けたため、その事業を廃止し又は6か月以上休業しているとき

(ロ)　更生計画認可の決定、再生計画認可の決定、特別清算に係る協定の認可の決定又は法律の定める整理手続きによらないいわゆる債権者集会の協議により、債権の切捨て、棚上げ、年賦償還等の決定があった場合において、これらの決定のあった日現在におけるその債務者に対して有する債権のうち、その決定により切り捨てられる部分の債権の金額及び次に掲げる金額

ⓐ　弁済までの据置期間が決定後5年を超える場合におけるその債権の金額

ⓑ　年賦償還等の決定により割賦弁済されることとなった債権の金額のうち、課税時期後5年を経過した日後に弁済されることとなる部分の金額

(ハ)　当事者間の契約により債権の切捨て、棚上げ、年賦償還等が行われた場合において、それが金融機関のあっせんに基づくものであるなど真正に成立したものと認めるものであるときにおけるその債権の金額のうち上記(ロ)に掲げる金額に準ずる金額

このように、回収可能性に多少の疑義があるという程度では券面額により評価せざるを得ないケースが多く、実際の回収可能見込額よりも多額に評価されてしまうケースが少なくないという点に留意が必要である。

③　土　　地

土地の評価方法は、財産評価基本通達において細かく規定されており、路線価方式又は倍率方式により評価を行うこととされている。

ただし、評価会社が課税時期前3年以内に取得又は新築した土地及び土地の上に存する権利並びに家屋及びその附属設備又は構築物の価額は、課税時期における通常の取引価額に相当する金額によって評価する。そして、当該土地等又は当該家屋等に係る帳簿価額が課税時期における通常の取引価額に相当すると認められる場合には、当該帳簿価額に相当する金額によって評価することが認められ

ている（財基通185）。

④ 賞与引当金、退職給与引当金

賞与引当金、退職給与引当金のような負債性引当金は、純資産価額の計算上、負債として処理することができない（財基通186）。

そのため、実態純資産と比較すると、相続税評価額のほうが高い評価額になることは少なくない。

⑤ 保証債務

保証債務も、賞与引当金、退職給与引当金と同様に、原則として、債務が確定していないものについては、純資産価額の計算上、負債として処理することができない（相基通14－3）。そのため、例えば、子会社の負う債務を主たる債務とする保証債務があり、当該子会社が債務超過である場合であっても、当該保証債務を負債として処理することができないことが多い。

⑥ 子会社株式

評価会社が有する子会社株式も、財産評価基本通達に従って、原則的評価方式であれば、大会社、中会社又は小会社のそれぞれの評価方法に基づいて評価を行うことになる。

ただし、純資産価額方式における相続税評価額の計算では、「評価差額に対する法人税額等に相当する金額」を時価純資産価額から控除することができない（財基通186－3）[*13]。

＊13　宇野沢前掲＊8・701頁では、「純資産価額方式における評価差額に対する法人税額等相当額の控除は、個人が資産を直接所有している場合と、株式の所有により支配している会社を通じて資産を間接所有している場合との対比における評価上の均衡を図るもの（評価上のしんしゃく）であるとしている。したがって、そのような評価上の均衡は、『個人』と個人が所有する株式の発行会社（「評価会社」）との関係において考慮すれば足りるのであって、評価会社と評価会社が所有する株式の発行会社との関係において、さらに重ねてその均衡を考慮する必要はないものと考えられる」と説明されている。

⑦　外国子会社株式

評価会社が有する外国子会社株式は、国税庁ＨＰ質疑応答事例（国外財産の評価－取引相場のない株式の場合⑴）において、「類似業種株価等の計算の基となる標本会社が、我が国の金融商品取引所に株式を上場している内国法人を対象としており、外国法人とは一般的に類似性を有しているとは認められないことから、原則として、類似業種比準方式に準じて評価することはできません」と記載されている。

そのため、純資産価額方式によって評価を行わざるを得ず、一般的に、内国子会社株式よりも多額の評価になってしまうことが多い。

なお、本質疑応答事例では、個人が外国法人株式を直接保有している場合をも想定していることから、「純資産価額方式に準じて評価することは可能ですが、その場合に控除すべき『評価差額に対する法人税額等に相当する金額』は、その国において、我が国の法人税、事業税、道府県民税及び市町村民税に相当する税が課されている場合には、評価差額に、それらの税率の合計に相当する割合を乗じて計算することができます」としているが、そもそも子会社株式の評価において、「評価差額に対する法人税額等に相当する金額」を控除することは認められていない。また、邦貨換算は、１株当たりの純資産価額を計算した後、ＴＴＢにより行うこととなる（国税庁ＨＰ質疑応答事例（国外財産の評価－取引相場のない株式の場合⑵）参照）。

⑸　特定の評価会社の株式

取引所の相場のない株式の評価は、原則として、前述の評価方法により算定するが、一部において、そのような評価がなじまない法人がある。そのようなケースに対応するために、財産評価基本通達

189項では、下記のものを定めている。

①　比準要素数1の会社の株式

類似業種比準価額の計算における評価会社の「1株当たりの配当金額」、「1株当たりの利益金額」及び「1株当たりの純資産価額」のそれぞれの金額のいずれか2つが0であり、かつ、直前々期末を基準にしてそれぞれの金額を計算した場合において、それぞれの金額のうち、いずれか2つ以上が0となるときは、類似業種比準方式を採用することができず、純資産価額方式により計算することになる（財基通189⑴、189－2）。

ただし、納税義務者の選択により、類似業種比準価額×0.25＋純資産価額×0.75の折衷方式により計算することも認められている。

なお、配当金額及び利益金額は、直前期末以前3年間の実績を反映して判定する必要がある。

②　比準要素数0の会社の株式

類似業種比準価額の計算における評価会社の「1株当たりの配当金額」、「1株当たりの利益金額」及び「1株当たりの純資産価額」のそれぞれの金額のすべてが0である場合には、類似業種比準方式を採用することができず、純資産価額方式により計算を行う（財基通189⑷ロ、189－4）。

なお、配当金額及び利益金額は、直前期末以前2年間の実績を反映して判定する必要がある。

③　株式等保有特定会社の株式

株式等保有特定会社とは、評価会社の総資産価額（相続税評価額）に占める株式、出資及び新株予約権付社債の価額の合計額（相続税評価額）の割合が50％以上である会社をいう（財基通189⑵）。

株式等保有特定会社に該当した場合には、類似業種比準方式を採用することができず、純資産価額方式により計算することになる(財基通189－3)。

ただし、納税義務者の選択により、Ｓ１＋Ｓ２方式も認められている。この場合におけるＳ１、Ｓ２の定義は以下のとおりである。

Ｓ１：株式等保有特定会社が保有する株式等とその株式等の受取配当がないものとして計算した場合のその会社の原則的評価方法による評価額
Ｓ２：株式等保有特定会社が保有する株式等のみをその会社が有する資産であるものとした場合の１株当たりの純資産価額

④　土地保有特定会社の株式

土地保有特定会社とは、評価会社の有する総資産価額（相続税評価額）に占める土地等の価額の合計額（相続税評価額）の割合が、以下の割合以上である場合における会社をいう（財基通189(3))。

⑴　大会社の場合；70％以上

⑵　中会社の場合；90％以上

⑶　小会社の場合；図表－３のとおり。

●図表－３

業　種	総資産価額	割　合
卸売業	20億円以上	70％以上
	7,000万円以上20億円未満	90％以上
小売業 サービス業	15億円以上	70％以上
	4,000万円以上15億円未満	90％以上
その他	15億円以上	70％以上
	5,000万円以上15億円未満	90％以上

土地保有特定会社に該当した場合には、類似業種比準方式を採用することができず、純資産価額方式により計算することになる（財

基通 189 － 4）*[14]。

⑤　開業後３年未満の会社の株式

開業後３年未満の会社に該当した場合には、類似業種比準方式を採用することができず、純資産価額方式により計算することになる（財基通 189⑷イ、189 － 4）。

⑥　そ の 他

その他、下記のものが特定の評価会社として定められているが、本書では詳細な解説は省略する。

・開業前又は休業中の会社
・清算中の会社

3　特例的評価方式

同族株主以外の株主等が取得した株式には、特例的評価方式（配当還元方式）が認められている（財基通 188）。ただし、原則的評価方式による評価額のほうが特例的評価方式による評価額よりも小

＊14　東京地判平成 10 年 10 月 30 日・TAINS Z238 － 8274 では、納税者が「純資産価額方式は、評価会社が、不動産の賃貸利用を営業目的としていないにもかかわらず、土地を資産として保有し、近い将来この土地を換価してその株主が処分益を得ることを予定しているような、節税目的で設立、運営されている会社に適用することを想定して定められたものであり、継続を予定している会社が、その保有している土地の換価を予定しておらず、会社存続中は、これを事業の用に供し続けることが明白であるような場合に、これを適用することは、純資産価額方式を設けた趣旨に反する」と主張したところ、裁判所は「会社の事業経営に対する影響力を有する同族株主が有する土地保有特定会社の株式の評価についての評価通達の定めは合理的であり、その適用を節税目的の土地保有会社に限定する理由はないというべきである」と判示した。このように、土地保有特定会社に該当した場合には、当該会社の事業内容が何であれ、純資産価額方式により計算する必要があるということがいえる。なお、類似の裁判例として、東京高判平成 11 年 3 月 15 日・TAINS Z241 － 8369、東京地判平成 27 年 7 月 30 日 TAINS Z265 － 12706 があるため、興味のある読者はこちらも参照されたい。

さい場合には、その金額が評価額となる（財基通188－2）。具体的な計算方法は、以下のとおりである。

（特例的評価方式の計算式）

$$1\text{株当たり配当還元価額}=\frac{\text{その株式に係る1株（50円）当たりの年平均配当金額（A）}}{10\%}\times\frac{\text{その株式の1株当たりの資本金等の額}}{50\text{円}}$$

$$\text{A}=\frac{\text{直前期末以前2年間の配当金額合計}\div 2}{\text{直前期末の資本金等の額}\div 50\text{円}}$$

（注）Aの金額は、1銭未満切捨て。

この場合のポイントは次のとおりである。

① 年配当金額は直前期末以前2年間の平均であること。

② 配当金額の中には、特別配当、記念配当等の非経常的な配当は含めないこと。

③ 剰余金の配当のうち資本金等の額の減少によるもの（具体的には、その他資本剰余金を原資とする配当）を除くこと。

④ 1株当たりの資本金等の額を50円に換算したときの1株当たり配当金額（Aの金額）が2円50銭未満になったもの、又は無配のものについては2円50銭とすること。なお、組織再編成や資本等取引により1株当たりの資本金等の額が変動した場合には、特例的評価方式による評価額も変動することもあるため、留意が必要である。

⑤ 比準要素数1の会社の株式、比準要素数0の会社の株式、株式等保有特定会社の株式、土地保有特定会社の株式及び開業後3年未満の会社の株式であっても、特例的評価方式による評価が可能である。ただし、開業前又は休業中の会社の株式、清算中の会社

の株式は、財産評価基本通達189－5、189－6に定める評価方法により評価を行う必要がある。

⑥　平成2年6月18日裁決・裁事39号401頁では、被相続人が所有する取引相場のない株式につき、当該株式の発行会社に対して「退職した場合には、会社の指示に従い、額面価額をもって所有する株式を譲渡する」という誓約書を提出しており、かつ、相続人としてその誓約書どおりに額面価額により相続した当該株式を譲渡せざるを得ない状況にあったとしても、当該誓約は、会社と従業員という特定の関係にある当事者間の契約であり、当該契約による譲渡価額は、被相続人の自由意思により決定された額とは認められないことから、当該額面価額が唯一の処分可能価額であったとしても、特例的評価方式により評価すべきであり、当該額面金額を相続税評価額とすることはできないと判示されている。これは、相続税法22条に規定する「時価」とは、利害関係のない当事者間における客観的交換価値と解されていることから、当該誓約書により制約された譲渡価額を相続税評価額と認めることができないからである。ただし、後述するように、東京地判平成11年3月25日・TAINS Z241－8368（控訴審；東京高判平成12年9月28日・TAINS Z248－8734）では、同族株主以外の株主がその売却を希望する場合に、時価による価額の実現が保障されていることを理由として、特例的評価方式による評価が認められなかった。すなわち、特例的評価方式と買取予定金額のいずれか高い金額により評価を行うというのが裁判例、裁決例の傾向であるように思われる。

なお、「同族株主以外の株主等が取得した株式」は、次のいずれかに該当する株式をいう（財基通188）。

①　同族株主のいる会社の株式のうち、同族株主以外の株主の取得した株式

この場合における「同族株主」とは、課税時期における評価会社の株主のうち、株主の１人及びその同族関係者（法人税法施行令４条に規定する特殊の関係のある個人又は法人をいう）の有する議決権の合計数がその会社の議決権総数の30％以上（その評価会社の株主のうち、株主の１人及びその同族関係者の有する議決権の合計数が最も多いグループの有する議決権の合計数が、その会社の議決権総数の50％超である会社にあっては、50％超）である場合におけるその株主及びその同族関係者をいう。

② 中心的な同族株主のいる会社の株主のうち、中心的な同族株主以外の同族株主で、その者の株式取得後の議決権の数がその会社の議決権総数の５％未満であるもの（課税時期において評価会社の役員（社長、理事長並びに法人税法施行令71条１項１号、２号及び４号に掲げる者をいう）である者及び課税時期の翌日から法定申告期限までの間に役員となる者を除く）の取得した株式

この場合における「中心的な同族株主」とは、課税時期において同族株主の１人並びにその株主の配偶者、直系血族、兄弟姉妹及び１親等の姻族（これらの者の同族関係者である会社のうち、これらの者が有する議決権の合計数がその会社の議決権総数の25％以上である会社を含む）の有する議決権の合計数がその会社の議決権総数の25％以上である場合におけるその株主をいう。

③ 同族株主のいない会社の株主のうち、課税時期において株主の１人及びその同族関係者の有する議決権の合計数が、その会社の議決権総数の15％未満である場合におけるその株主の取得した株式

④ 中心的な株主がおり、かつ、同族株主のいない会社の株主のうち、課税時期において株主の１人及びその同族関係者の有する議決権の合計数がその会社の議決権総数の15％以上である場合におけるその株主で、その者の株式取得後の議決権の数がその会社の議決権総数の５％未満であるもの（②の役員である者及び役員

となる者を除く）の取得した株式

この場合における「中心的な株主」とは、課税時期において株主の１人及びその同族関係者の有する議決権の合計数がその会社の議決権総数の15％以上である株主グループのうち、いずれかのグループに単独でその会社の議決権総数の10％以上の議決権を有している株主がいる場合におけるその株主をいう。

＜参考事例＞

(1) 特例的評価方式の適用を認めなかった裁判例①（東京地判平成11年3月25日・TAINS Z241－8368）

① 事実の概要

本事件は、平成5年11月24日に死亡したＡの共同相続人である原告らが、Ｂ社の株式を特例的評価方式により評価して相続税の申告をしたところ、純資産価額方式により評価すべきであるとして、税務署長である被告が原告らに対して平成7年7月31日付けで更正及びこれに対する過少申告加算税賦課決定を行ったのに対し、原告らがこれらの各処分の取消しを求めた事件である。

なお、控訴審（東京高判平成12年9月28日・TAINS Z248－8734）では、第一審の判決をそのまま踏襲しているため、本書では、第一審についてのみ解説を行う。

また、第一審判決文には、以下の事実関係が記載されており、その背景を理解すると裁判所の判断もわかりやすい。

（判決文抜粋）

本件会社は、Ｃが代表取締役を務めるＤ社を中心とするグループに属し、ベンチャービジネスに投資することを目的として資産家に対して投資を呼びかけていた。

そして、Ｅ協会の会員である税理士等からの紹介で本件会社への出資の申込みがあった場合には、Ｄ社が窓口となり、まず、出資希望者に対し、本件株式が将来公開された場合には、出資者はキャピタルゲインが得られること及び出資者は常に少数株主となることから出資者の所有する本件株式は相続税及び贈与税の課税価格計算上、配当還元方式で評価することができ節税になることを説明し、出資希望者の資産状況から自己資金あるいは借入金により、いくら出資できるかを検討して出資金額を決定し、次に出資金額を出資時の前月末現在の本件株式の時価純資産価額で除して出資可能株数を算出し、本件会社がその株数に相当する増資を行い出資希望者に割り当てていた。なお、増資を行うことによりＦ社の本件株式の保有割合が本件会社の発行済株式総数の50パーセント未満になる場合には、本件会社が劣後株式を発行し、そのすべてをＦ社が引き受けることにより、Ｆ社の本件株式の保有割合が50パーセント以上になる状態を維持していた。

Ｄ社は、出資希望者に対し、出資者が、本件株式の売却を希望するときに購入希望者がいない場合にはＤ社グループの関連会社で買い取るか本件会社が減資する等の方法により必ず希望に応じ、その際の売買価額は、原則として取引日の前月末現在における本件株式の純資産価額であることを出資申込みの際に説明していた。

② 裁判所の判断

・評価通達に定められた評価方式を形式的に適用するとかえって実質的な租税負担の公平を著しく害するなど、右評価方式によらないことが正当と是認されるような特別の事情がある場合には、他の合理的な方式により評価することが許されると解される。

・本件株式のように取引相場のない株式にあっては、そもそも自由な取引市場に投入されておらず、自由な取引を前提とする客観的価格を直接把握することが困難であるから、当該株式が化体する純資産価額、同種の株式の価額あるいは当該株式を保有することによって得ることができる経済的利益等の価額形成要素を勘案して、当該株式を処分した場合に実現されることが確実と見込まれる金額、すなわち、仮に自由な取引市場があった場合に実現されるであろう価額を合理的方法により算出すべきものということになる。

・評価通達が、同族株主以外の株主の有する取引相場のない株式の評価に際して配当還元方式を採用しているのは、通常、少数株主が株式を保有する経済的実益は主として配当金の取得にあることを考慮したものであるところ、本件株式については、同族株主以外の株主がその売却を希望する場合には、時価による価額の実現が保障されており、本件株式に対する配当の額と比較して本件株式を売却する場合に保障される売却代金（時価）が著しく高額であることからすると、本件株式を保有する経済的実益は、配当金の取得にあるのではなく、将来純資産価額相当額の売却金を取得する点に主眼があると認められる。そうすると、同族株主以外の株主の保有する株式の評価について配当還元方式を採用する評価通達の趣旨は、本件株式には当てはまらないというべきである。

・亡Ａは、本件株式の評価を評価通達に従い配当還元方式で行うことによって、相続税の軽減を図るために本件株式を取得したものと認められるところ、右のように租税負担の実質的な公平を著しく害してまで、相続税回避という意図を保護すべき理由はない。

③ 評　　釈

このように、裁判所は納税者側の主張を認めず、国側の課税処分を認めた。本事件は、財産評価基本通達６項が適用されるべき事件のようだが、６項は適用されていない。これは、「行政組織内部における機関相互の指示、監督に関して定めた規定」であることから、納税者にとっては関係のない話とされている。

本事件で留意すべきは、特例的評価方式が利用できることを理由として、節税商品を販売していたという事実関係があるという点である。実務上も、

(イ)一部だけ特例的評価方式で移転した後に、残りを原則的評価方式で移そうとしたり、(ロ)一時的にファンドなどに中心的な同族株主になってもらい、残りの株主に特例的評価方式で移転した上で、当該ファンドから発行会社が買い戻したりするなど、特例的評価方式で相続できないかという相談を受けることがある。この点については、ケースバイケースであると思われるが、本事件を参考にすれば、慎重に対応すべきであると考えられる。

なお、類似の裁判例として、東京高判平成15年7月31日・TAINS Z253－9403、東京高判平成13年1月30日・TAINS Z250－8826、東京高判平成12年9月26日・TAINS Z248－8724があるため、興味のある読者は参照されたい。

(2) 特例的評価方式の適用を認めなかった裁判例②（東京地判平成16年3月2日・TAINS Z254－9583）

① 事実の概要

本事件では、被相続人が保有していた株式を有限会社設立の際に時価を下回る低額で現物出資して出資口を取得し、その後、当該有限会社の出資口の52％相当を当該株式を発行している株式会社の取引先に売却した後、その8日後に当該被相続人が死亡したために相続が発生している。

そして、相続人である原告らが、当該有限会社が保有する資産のうち上記の株式の評価額を配当還元方式で評価して純資産の評価額を算出した上、これから評価額と各資産の帳簿価額との評価差額に対する51％相当の法人税額等に相当する金額を控除することにより、当該被相続人が保有する当該有限会社の出資の相続税評価額を算出して、これを前提とした相続税の申告を行った。

しかし、税務署長である被告が、当該有限会社が保有する資産のうち上記株式の評価額を類似業種比準方式で評価して純資産の評価額を算出した上、これから評価額と各資産の帳簿価額との評価差額に対する法人税額等に相当する金額を控除せずに、当該被相続人が保有する当該有限会社の出資の相続税評価額を算出するなどして、これを前提とした更正処分を行うとともに、過少申告加算税賦課決定処分をしたため、原告らが更正処分のうち原告らの申告額を超える部分及び過少申告加算税賦課決定処分の取消しを求めた事件である。

本事件は、評価会社が保有している株式の評価において評価差額に対する法人税額等に相当する金額を控除することは認めないという規定（財基通 186 − 3）が設けられる前に相続が行われた事件であるため、評価差額に対する法人税額等に相当する金額を控除することができるかどうかも争われている。現行通達では、評価会社が保有している株式の評価では、評価差額に対する法人税額等に相当する金額を控除することは認められないため、ここでは、有限会社が保有していた株式について類似業種比準方式を適用すべきか否かについてのみ解説を行う。

また、控訴審（東京高判平成 17 年 1 月 19 日・TAINS Z255 − 09900）では、第一審の判断をそのまま踏襲しているため、本書では第一審についてのみ解説を行う。

② 裁判所の判断

・評価通達に定められた評価方法を画一的に適用するという形式的な平等を貫くことによって、かえって、実質的な租税負担の公平を著しく害することが明らかであるなどこの評価方法によらないことが正当と是認されるような特別な事情がある場合には、他の合理的な方法により評価をすることが許されるものと解される。このことは、評価通達自体も、その 6 項において、「この通達の定めによって評価することが著しく不適当と認められる財産の価額は、国税庁長官の指示を受けて評価する。」旨定められていること（なお、国税庁長官の指示は、国税庁内部における処理の準則を定めたものにすぎず、同指示の有無が、更正処分の効力要件となっているものではないと解される。）からも明らかである。かかる場合には、評価通達の定める評価方法によることなく、その財産の価額に影響を及ぼすべき全ての事情を考慮しつつ、相続税法 22 条の規定する「時価」を算定すべきこととなる。

・評価通達における例外的評価方法たる配当還元方式は、評価会社に対する影響力を持たず支配力がないことからその経済的機能が当面は配当への期待しか認められないと特に認められる範囲を規定して、その限りで適用されるべきものであって、その反対に、その当面の経済的機能が配当への期待しか認められないわけではなく、評価会社に対する影響力を持ち支配力がある株式に対しては原則的な評価手法である類似業種比準方式が採用されるべきであるといえる。
・評価通達上は、188項が法人税法施行令4条を準用することで、一族で発行済株式数の50パーセント未満の株式しか所有していない会社は、その一族の支配が及ばず、したがって、その一族株主が同族株主となっている他の会社との関係でも当該同族株主と同様に支配的であるとはいえないことから、その会社から配当を受領する期待のみしか有しない株主と同等に取り扱うこととされている。
・甲一族は、本件有限会社の総出資口数の48パーセントという50パーセントに極めて近い出資口を保有する一方、他の52パーセントは、B株式会社の本件各取引会社合計13社が、各4パーセントずつを保有しているのに過ぎず、甲一族と個々の取引会社とを比べれば、その保有出資口割合において48パーセント対4パーセントという圧倒的な差が生じていることは明らかである。そして、甲一族としては、本件各取引会社のうち１社でも味方に付ければ本件有限会社の出資口数の50パーセント以上を支配することが可能になる一方、本件各取引会社が、本件有限会社の支配を甲一族から奪うためには、13社全社が結束する以外にはないところ、本件有限会社は、被相続人の資産を保持し続けることを除いては、実質的には本件建物を賃貸することのみを業務内容とし、それにより得られる不動産賃料収入のみを現実の収入源とする会社であって、投機的価値があるとは考えられないことからすると、本件各取引会社が、そのような会社の僅か4パーセントに相当する出資口を保有することに独自の意味があるとは思われず、むしろ、B株式会社との良好な取引関係を継続するために出資口を譲り受けたものと考えられる…（途中省略）…、被相続人も、このことを前提とした上で、本件有限会社を甲一族の実質的な支配下に置きつつ、形式上、保有出資割合を50パーセント未満にとどめるための手段として、本件各取引会社への出資口の譲渡を行ったものと考えざるを得ない。

・本件有限会社においては、原告甲らにおいて、50パーセント以上の出資割合を有していなくても、なお本件有限会社を実効的に支配しうる地位にあると認められるところ、前記のとおり、類似業種比準方式による株式評価を原則とし、経済的に配当を期待する程度の価値のみ把握しているにすぎない少数株主についてのみ配当還元方式を採用すべきとする評価通達の趣旨からすれば、本件有限会社が保有していたB株式会社の株式を例外的評価手法である配当還元方式で評価することは相当でないと解されるのであり、本件においては、評価通達を画一的に適用することが著しく不適当と認められる特別の事情があるものと認められる。

③ 評　釈

このように、裁判所は納税者側の主張を認めず、国側の課税処分を認めた。国側の主張が認められた理由は、有限会社の出資金のうち52%は取引先13社が4%ずつ保有していたことから、実質的に同族関係者であると認定すべきであったという点にある。

事実関係がややこしいが、有限会社が株式会社の発行済株式のうち28.6%を保有しており、同族関係者である合名会社（26.6%）、相続人（8.8%）及び被相続人の弟（7.9%）を合計すると、71.9%になるという関係にある。そして、有限会社の出資金のうち、48%しか保有していなくても、相続人一族が当該有限会社の出資金を最も保有していることに疑いはないため、当該有限会社の出資金を原則的評価方式で評価せざるを得ない。

すなわち、有限会社の出資金を特例的評価方式で評価することができるかどうかの争いではなく、当該有限会社を法人税法施行令4条に規定する同族関係者から除外することにより、当該有限会社が保有する株式について特例的評価方式で評価することができるどうかの争いである。現行法上は、平成18年度税制改正により、法人税法施行令4条が改正され、同一の内容の議決権を行使することに同意している者がある場合には、当該者が有する議決権を含めた上で同族関係者の判定をすることとされたため、より否認は容易になったということがいえる（ただし、類似の裁判例である東京高判平成28年4月21日・TAINS Z888－2043でも、特例的評価方式によっては適正な時価を算定することができない特別の事情が存することとして、国側の主張を認めていることから、平成18年度税制改正後も、否認手法は変わらないということもいえる。なお、東京高判平成28年4月21日は、法人税法上の評価について争われた事件である）。

このように、通達の隙間を狙った手法について、財産評価基本通達6項を用いずに否認される可能性があるということがいえる。通達はあくまでも解釈であり、租税法律主義の観点からするとやや否認のハードルが低いということがいえる。

(3) 特例的評価方式の適用を認めた裁判例①（東京地判平成17年10月12日・TAINS Z255－10156）

① 事実の概要

本事件は、原告が、その取引先である非上場会社の株式を、同社の会長職にあった者から売買によって譲り受けたところ、税務署長である被告が、当該株式の譲受けは相続税法7条の「著しく低い価額の対価で財産の譲渡を受けた場合」に該当すると認定し、当該譲受けの対価と被告が独自に算定した当該株式の時価との差額に相当する金額を課税価格とする贈与税の決定処分及び無申告加算税賦課決定処分をしたため、原告がこれらの各処分は違法であると主張して、その取消しを求めた事件である。

原告は、財産評価基本通達の規定に従い、特例的評価方式を採用したが、被告は、特例的評価方式によって算定することはきわめて不合理であり、評価通達に基づく評価方式によらないことが正当と是認されるような特別の事情があるといえるとして否認している。

② 裁判所の判断

・評価通達に定められた評価方法を画一的に適用するという形式的な平等を貫くことが実質的な租税負担の公平を著しく害する結果となるなどこの評価方法によらないことが正当と是認されるような特別の事情のない限り、評価通達に定められた合理的と認められる評価方法によって評価された価額と同額か、又はこれを上回る対価をもって行われた財産の譲渡は、相続税法７条にいう「著しく低い価額の対価で財産の譲渡を受けた場合」に該当しないものというべきである。

・原告は、その保有株式数を前提とする限り、同族以外の株主と評価されるべきなのであるから、評価通達の定めを適用すると、本件株式の価額は、配当還元方式により評価されるべきこととなり、これにより算出される本件株式の価額は、１株当たり75円と認められるから、評価通達に定められた評価方法によらないことが正当と是認されるような特別の事情のない限り、上記評価額を上回る１株当たり100円の対価で行われた本件売買取引は、相続税法７条にいう「著しく低い価額の対価で財産の譲渡を受けた場合」に該当しないことになる。

③ 評　　釈

このように、裁判所は納税者の主張を認め、課税処分を取り消した。なお、「特別の事情がある」という被告の主張については、以下のように否定している。

(イ) 本件売買取引により原告が取得した地位は、Ｂの事業経営に相当の影響力を与え得るものであり、配当還元方式が本来適用を予定している少数株主（同族株主以外の株主）の地位と同視できないという主張

被告の主張	裁判所の判断
原告がＢにおける譲渡人の地位を裏付けていた株式のほとんどを	発行済株式に対する保有比率を見る限り、譲渡人の親族でもない原告

取得し、同社における個人株主の中で保有株式数の最も多い筆頭株主の地位を得た。	が、Ｂの事業経営に実効的な影響力を与え得る地位を得たものとは到底認められない。
原告が譲渡人及び譲渡人の相続人から借入債務の保証の便宜を受けることにより、実質的な金銭的支出を行うことなく本件株式を取得した。	原告は、本件借入につき譲渡人の保証を得た経緯について、金利等のコストの安い日本の銀行から借り入れるために、日本の銀行と取引のある譲渡人に便宜上保証人になってもらったものと説明しているところであり、その説明自体に格別不自然、不合理な点はなく、保証契約に付された約定の内容も、保証契約書の定型書式の記載内容や銀行取引の実情等に照らして特におかしいものとはいえず、借入金の利息の返済は原告自らが行っており、他方保証人である譲渡人ないしその相続人が借入金の一部でも現に返済したような事情は認められないから、原告が譲渡人及び譲渡人の相続人から保証の便宜を受けることによって、実質的な金銭的支出を行うことなく本件株式を取得したとはいえず、またこのような事実経緯から、原告がＢの事業経営に相当の影響力を与え得るほどに譲渡人と密接な関係にあったとまでいうことも困難である。

(ロ)　本件売買取引は実質的には贈与に等しく、贈与税の負担を免れるため評価通達による評価額を上回ればよいとの基準で価格を定めたものにすぎず、このような場合にまで評価通達を形式的に適用すると租税負担の実質的な公平を害するという主張

被告の主張	裁判所の判断
本件売買取引の株価決定経緯に関する原告の説明は信用できず、異議申立て及び審査請求の際には評価通達に定める配当還元方式に	仮に、本件売買取引の売買価額が評価通達に定める配当還元方式によって決定されたものであったとしても、それが評価通達において同族

よって決定した旨を明言しており、平成５年12月期の配当金額10円に評価通達の配当還元方式を適用すると１株当たり100円が算出される。	株主以外の株主が取得した株式についての原則的な評価方法である以上、不合理な価額決定の方法ということはできない。
Ｂが高率の利益配当を行っている優良企業であることや、低金利の経済情勢からすると、10%という高い資本還元率が設定されている評価通達どおりの配当還元方式で株価を算定する経済的合理性がない。	個々の非上場会社について当該会社に適用すべき最も適切な資本還元率を個別に設定することは極めて困難なことであって、そのためにこそ、課税実務上は、評価通達において一律に10%という基準を設定しているものと解されるのであるから、Ｂに適用すべき最も適切な資本還元率についての特段の具体的な立証のない本件において、10%という資本還元率を用いることが直ちに経済的合理性を欠くものということもできない。
Ｂの取引先ないしその関係者であるという本件売買実例に係る金融機関等との共通性からみても、原告に対してのみ著しく低い価格で株式を譲渡する経済的合理性がない。	同じ株式の売買取引であっても、その取引に向けられた当事者の主観的事情は様々であるから、株式の譲渡価格が買主ごとに異なること自体は何ら不合理なことではない。
本件売買取引前後の事情として種々の不自然な点が認められる。	被告の主張する本件売買取引前後の諸事情は、直ちに不自然、不合理なものとはいえない。
本件売買取引が譲渡人側の相続・事業承継対策の一環として行われたものである。	売買取引が譲渡人側の相続・事業承継対策の一環として行われたということが、本件売買取引が実質的に贈与に等しいとか、贈与税の負担を免れる意図が存したということに直ちにつながるものではない。

このように、課税庁の主張はやや強引であり、ひとつひとつ裁判所に否定されている。また、本事件の否認の根拠は、売買実例価額の平均額である１株当たり794円と評価するものであるが、「仮に他の取引事例が存在す

ることを理由に、評価通達の定めとは異なる評価をすることが許される場合があり得るとしても、それは、当該取引事例が、取引相場による取引に匹敵する程度の客観性を備えたものである場合等例外的な場合に限られるものというべきである」とした上で、本事件はその事案に該当しないとしている。

なお、客観的な取引事例がある場合に、財産評価基本通達に定める評価額と異なる価額で課税処分を行うことまでは否定していないところ、どこまでのレベルであれば客観的な取引事例と判断できるのかが不明であるため、実務上、慎重な判断が必要になる。

⑷ 特例的評価方式の適用を認めた裁判例②（東京地判平成29年8月30日・TAINS Z888－2122）

① 事実の概要

本件は、A社の代表取締役であった庚の相続人（配偶者）である原告が、庚の有していたA社株式18万3,925株を相続により取得し、これを配当還元方式により1株当たり75円と評価して相続税の申告をしたところ、税務署長である被告が、本件株式は類似業種比準方式により1株当たり2,292円と評価すべきであるとして更正処分及び過少申告加算税の賦課決定処分をしたことから、原告が、これらの処分の取消しを求めた事件である。

本事件では、訴外B社及びC社がその有するA社の議決権につきA社の意思と同一の内容の議決権を行使することに同意していたかどうか、又は原告の意思と同一の内容の議決権を行使することに同意していたかどうかが争点となった上で（本件株式が財産評価基本通達188の「同族株主以外の株主等が取得した株式」に該当するか〔争点①〕）、本件株式が「同族株主以外の株主等が取得した株式」に該当してもなお類似業種比準方式により評価することが正当と是認される特別な事情があるか（争点②）がそれぞれ争点となっている。

② 裁判所の判断

〔争点①：本件株式が財産評価基本通達188の「同族株主以外の株主等が取得した株式」に該当するか〕

・評価通達188は、評価会社の株主の「同族関係者」の定義として、法人税法施行令4条を引用しており、同条6項は当該「同族関係者」に当たる同条3項に定める特殊の関係のある法人についてのその該当性の判断等に関して設けられた規定である。そうすると、評価通達188の適用上、評価会社における株主の議決権割合の判定そのものに同条6項が適用されるわけではないから、仮にC社及びB社がその有するA社の議決権についてA社や原告の意思と同一の内容の議決権を行使することに同意していたとしても、評価会社であるA社における株主の議決権割合の判定において、C社及びB社の有する議決権をA社や原告が有するとみなされることになるものではない。

・仮に評価会社とその株主との間に、法人税法施行令4条6項を適用すれば、その株主の有する評価会社の議決権を評価会社自身が有するとみなされることとなる関係が存する場合であっても、実際の株主総会等の場面においてはその株主は当該議決権を現実に行使し得る（自己株式に準じて議決権の行使が禁止される旨の法令上の規定は存しない。）のであるから、当該議決権の数を0として計算した議決権の数をもって評価会社の議決権総数としたのでは、その株主や他の株主の会社支配力をその議決権割合によって適正に測ることができなくなり、評価通達188の趣旨に反することとなる。

・被告の上記主張を、C社及びB社が原告の「同族関係者」に該当するとの主張と善解する余地がないではないが、被告は、原告がC社やB社の過半数の議決権を有するなどしてこれらを支配している（法人税法施行令4条2項、3項、6項）旨の主張をしていない（B社についてはその旨の主張を第23回口頭弁論期日において撤回した。）から、結局、本案の争点①についての主張としては失当というほかない。

〔争点②：本件株式が「同族株主以外の株主等が取得した株式」に該当してもなお類似業種比準方式により評価することが正当と是認される特別な事情があるか〕

・庚のＡ社に対する影響力は、代表取締役としてあり得る範ちゅうを超えるようなものではなく、庚とＡ社との間に特殊な支配関係等があったということはできない。

・Ｃ社の株主は、庚の親族やＡ社の従業員等の関係者が多数を占めているものの、庚が、これらＣ社の株主の権限行使等について、Ａ社における人事権を活用するなどして具体的に働きかけをし、影響力を及ぼしていたという事情も認められない。

・Ｂ社の株主がＢ社の議決権について、原告の意思と同一の内容の議決権を行使することに同意していたと認めることはできず、また、原告がその他の何らかの手段によってＢ社の株主に対する支配的な影響力を有していたと認めることもできない。

③　評　　釈

このように、国側は、訴外Ｂ社及びＣ社が有するＡ社の議決権につきＡ社又は原告の意思と同一の内容の議決権を行使することに同意していたと主張した。そして、Ｂ社及びＣ社を法人税法施行令４条に規定する同族関係者に含めることにより、原告が取得した株式が「同族株主以外の株主等が取得した株式」に該当しなくなるため、それを理由として、原則的評価方式を適用しようとしたが、裁判所は国側の主張を認めなかった。

「同一の内容の議決権を行使することに同意している者」という概念は、平成18年度税制改正及び平成17年会社法制定により、法人税法施行令４条６項及び会社法施行規則３条の２第３項２号イ⑶に導入された概念であるが、それよりも先に連結会計における連結の範囲の考え方において導入されていた（連結財務諸表に関する会計基準７⑶）。しかし、実際の運用としては、連結会計においても曖昧な概念であることから、実務でも悩ましい論点である。

これに対し、本事件における国側の主張はかなり乱暴であり、原告どころか、発行法人であるＡ社の意思と同一の内容の議決権を行使することに同意していたという主張までしている。

本事件は、本書初版校了直前における事例であることから紹介せざるを得ない事件であったが、正直なところ、国側のオウンゴールの印象もあり、今後の実務での参考にすることはできないと思われる。

4　実態純資産の調査と含み損の実現

(1)　通常の決算と実態純資産に差異が生じる理由

非上場会社の決算では、顧問税理士の指導の下、「中小企業の会計に関する指針」又は法人税法の規定に基づいて決算書を作成している場合が多い。

そのため、例えば、不良在庫や不良債権が存在していたとしても、法人税法上、評価損の計上が認められないことから、会計上も評価損を計上しないことがほとんどである。その結果、通常の決算において、顧問税理士が不良在庫や不良債権の存在を確認することはそれほど多くはない。

なお、企業が大きくなるにつれ、固定資産の現物管理が不十分になることから、除却済みの固定資産やほとんど稼働していない固定資産が貸借対照表に計上されてしまうことも少なくない。ただし、かつては、固定資産の残存価額（取得価額の５％）が滞留して、かなりの金額になっていることが問題になった事例もあるが、平成19年度税制改正により、残存簿価１円まで償却ができるようになったことから、現在では、金額的重要性の大きな問題になることは、それほど多くはない。

そのほか、取得原価主義会計の下で作成されている貸借対照表は、時価純資産価額とは大きく異なることから、例えば、保有している不動産や有価証券の帳簿価額が時価と異なることがほとんどである。

このように、通常の決算において作成される貸借対照表と実態純資産は異なることから、事業承継対策のための情報を入手するために、実態純資産の調査を行う必要がある。

(2) 実態純資産の調査と相続税対策

① 類似業種比準価額の引下げ

評価会社の１株当たりの配当金額、利益金額又は簿価純資産価額を引き下げることにより、類似業種比準価額を引き下げることができる。

このうち、実態純資産の調査を行い、資産の含み損を実現したり、簿外債務を確定させたりすることにより引き下げることができるのは、利益金額と簿価純資産価額である。なぜなら、例えば、資産の含み損が１億円であるとして、それを実現させた場合には、税務上の簿価純資産価額を１億円引き下げることができる。さらに、利益金額についても、非経常的な利益がある場合には多少の調整があるが、通常の場合には特別損失を認識することによりその年度の利益金額を引き下げることができる。

このように、会社の保有する資産の含み損の実現や簿外負債の確定により類似業種比準価額を引き下げることができるし、これらの対策は法人税の節税対策と一体となっているため、法人税と相続税の両方の節税を一度に行うことができる。

なお、具体的な資産の含み損や簿外負債としては、以下のものが挙げられる。

(イ) 不良在庫、滞留在庫の処分

(ロ) 不良債権の処分

(ハ)　遊休固定資産の除却
(ニ)　含み損を有する不動産、有価証券等の譲渡
(ホ)　赤字子会社の整理・支援
(ヘ)　税務上、加算処理している引当金の認容減算（債務の確定化）

上記の内容は、税務上の簿価純資産価額と実態純資産とが異なるために生じるものである。例えば、不良在庫の帳簿価額が１億円であった場合には、税務上の簿価純資産価額の計算では１億円と評価されたとしても、実態純資産の計算では０円と評価されてしまう。このような場合には、当該不良在庫を除却することにより、簿価純資産価額と利益金額を減らすことができる。

そして、将来、発生すると見込まれている修繕を早期に行うことも、類似業種比準価額を引き下げるために効果的である。修繕費の計上により、会社の利益金額が引き下げられるからである。さらに、建物の建替えにより、除却損が計上され、一時的に相続税評価額が引き下げられることもある。

そのほか、事業の合理化を行い、支店の統廃合、余剰人員のリストラ、これらに伴う固定資産の除却や賃貸借契約、リース契約の解除に伴う違約金の支払を行うことで、一時的に利益金額が引き下げられるため、相続税評価額を引き下げることが可能になる。その一方で、事業の効率化により、将来の利益金額が引き上げられるため、その前に非上場株式の生前贈与を行えば、相続税評価額を引き下げながら、会社の事業価値を引き上げることが可能になる。

このように、会社の体質を筋肉質にすることで、法人税及び相続税を引き下げることが可能になるため、事業承継対策を行う場合には、まずは実態純資産の調査が必要になると考えられる。

②　純資産価額の引下げ

実態純資産よりも相続税評価額が高い場合には、不良資産の処分や簿外債務の確定により、純資産価額を引き下げることができる。

例えば、不良在庫が1億円と評価されてしまう場合には、当該不良在庫を除却すれば、相続税評価上は、0円と評価することができるからである。このように、不良資産の処分や簿外債務の確定により、類似業種比準価額の引下げと純資産価額の引下げを同時に行うことができる場合が多い。

5 役員貸付金・役員借入金の解消

実務上、事業承継の前に役員貸付金及び役員借入金を解消しておきたいというニーズは少なからず存在する。

役員貸付金（役員にとっては借入金）についてはわかりやすいであろう。役員が会社から借入れを行っている場合には、いずれ弁済しなければならないからである。相続税評価額の観点からすると、当該役員貸付金は、債務控除（相法13）の対象にすることができるが、それ以外の観点からするとあまり望ましいものではない。将来的には、役員退職慰労金の支給等により解消する必要があると考えられる。

これに対し、役員借入金（役員にとっては貸付金）も大きな問題である。特に、当該役員の相続において、券面額で評価されてしまうため、債務超過会社に対する役員借入金についても、回収可能見込額よりも高い評価になってしまうという問題がある。

しかし、最近では、資産超過会社に対する役員借入金が問題になるようになった。なぜなら、当該役員借入金は、役員にとっては出資に等しいものの、貸付金債権として券面額で評価されてしまうからである。

これを解決するための方法として、DES（デット・エクイティ・スワップ）が用いられることがある。個人から法人に対するDESであることから、法人税法上、非適格現物出資に該当するものの、回収可能見込額と券面額が一致していることが多いため、発行法人において、債務消滅益が生じないことが多いからである（ただし、発行法人が債務超過である場合には、当該発行法人において債務消滅益が生じる可能性があるため、留意されたい）。これに対し、役員からすると貸付金債権がなくなり、非上場株式が増加することになる。もし、類似業種比準方式又は折衷方式により、時価純資産価額よりも安く評価することができれば、DESを行うことにより、相続税評価額を引き下げることが可能になる。

そのため、このような役員借入金は、相続開始前に解消しておくことが望ましいと思われる。

6　加藤論文

(1)　はじめに

税務大学校論叢96号（令和元年6月28日発行）に、加藤浩（税務大学校研究部教授）「今後の取引相場のない株式の評価のあり方」が掲載された（以下、「加藤論文」と表記する）。加藤論文においては、取引相場のない株式の評価に係る問題点が指摘されるとともに、具体的な改正の提言がなされている。

加藤氏の私見であることから、加藤論文のとおりに改正されるとは思えないが、加藤論文において指摘されている取引相場のない株式の評価に係る問題点については、それほど違和感のある内容は記載されていなかったため、国税庁内部においても、その問題点については、ほぼ共有されていると考えて差し支えないと思われる。

加藤論文においては、類似業種比準方式を廃止するとともに、その代替的な手法として残余利益法を提案している。もし、加藤論文のとおりに改正された場合には、事業承継対策における株価対策（相続税評価額の引下げ）が難しくなり、事業承継コンサルティングの中心は事業承継税制に移っていくことは容易に予想される。

以下では、加藤論文について解説を行うとともに、改正された場合における実務への影響について分析を行う。

(2) 取引相場のない株式の評価方法の問題

① 類似業種比準方式の問題点

加藤論文においては、研究者及び実務家から指摘されている問題点を整理した上で、評価方式・評価体系の見直しについて検討している。その中には、純資産価額方式における「評価差額に対する法人税額等に相当する金額（財基通186－2）」の見直しも含まれているが、実務上は、(i)類似業種比準方式の見直し、(ii)特例的評価方式の見直しについての影響がかなり大きいため、本書においては、上記2点に限定して解説を行うものとする。

まず、類似業種比準方式については、その適用対象をいつでも上場できるような大規模な会社に限定すべきであるとし、小規模な会社には適用すべきではないとしている。そのため、後述するように、マーケット・アプローチではなく、インカム・アプローチの手法である残余利益法の採用を試みている。

しかしながら、「いつでも上場できるような大規模な会社」といっても、時価総額が100億円程度の会社が上場したところで、流動性が乏しいことから、市場価格が事業価値を適切に反映していないことも少なくない。たとえ、市場価格が事業価値を適切に反映していなかったとしても、上場株式の評価を行う場合には、評価の安定性という観点から市場価格により評価すべきであるかもしれないが、時価総額が100億円程度の非上場株式を類似業種比準方式により評価したとしても、その評価額に違和感がある場合がほとんどである。第2章で解説したように、会社法における非上場株式の評価において、インカム・アプローチ、マーケット・アプローチによる評価額に違和感がある場合には、時価純資産価額との１：１による折衷が行われる可能性が高いことから、現行の財産評価基本通達において大会社に分類されている会社であったとしても、積極的に純資産価額方式との折衷を行うべきであるという見解も十分に成り立つ。

すなわち、加藤論文においては、残余利益法の採用を提言しているが、現在の財産評価基本通達における大会社、中会社の規模を見直したり、純資産価額方式との折衷割合を引き上げたりすることで、加藤論文で紹介されている問題意識の多くが解決できるように思われる。

しかしながら、加藤論文で指摘されているように、現在の財産評価基本通達における大会社、中会社の規模を見直すためには、実態調査などが必要になる。そして、平成29年度の財産評価基本通達の改正により会社規模の区分が改正されたが、加藤論文によると、「近年の上場会社の実態に合わせるべく、法人企業統計調査等に基づき、数値の見直しが行われた」ものとしている。すなわち、市場価格が事業価値を適切に反映していることを前提にすると、現在の大会社に区分される非上場会社は「いつでも上場できるような大規模な会社」であることは否定できないことから、類似業種比準価額と純資産価額の折衷を行うべきではないという意見も考えられる。そのため、加藤論文のように、類似業種比準方式そのものを否定し、残余利益法を採用しようとすることは、ひとつの解決策であるということもいえる。

そのほか、加藤論文においては、類似業種比準方式のその他の問題として、(イ)しんしゃく率の妥当性、(ロ)比準三要素の妥当性、(ハ)課税時期とのタイムラグの問題、(ニ)組織再編成を行った会社や外国法人に対して類似業種比準方式が使えないという問題、(ホ)評価額の操作容易性などが紹介されている。

② 配当還元方式の問題点

加藤論文においては、配当還元方式の問題点として、(i) 10％という還元率に根拠が乏しいこと、(ii)無配又は２円50銭未満の場合には、１株当たりの資本金等の額の２分の１で評価されてしまうこと、(iii)少数株主にとっては、法人税法上の概念である資本金等の額を把握することが困難であることを紹介されている。

このうち、(i)については、適正な還元率が算定できない中小企業については、やむを得ないと思われるが、(ii)(iii)については、まさにそのとおりであるため、後述するように、１株当たりの資本金及び資本剰余金の合計額を下限とした上で、１株当たりの資本金及び資本剰余金の合計額を基礎に配当還元方式の計算を行うという加藤論文の提案は、ひとつの解決策であると思われる。

③ 同族判定と株主間の評価バランスの問題

加藤論文においては、親族の範囲が広すぎるという問題を挙げられているが、財産評価基本通達を変えるだけでなく、租税法全般の議論に繋がっていくため、これを改正することは難しいと思われる。そのため、加藤論文においても、問題点を指摘しながらも、その点について改正することは提言していない。

そして、原則的評価方式と特例的評価方式の評価額が大きく乖離するという問題点についても指摘した上で、種類株式の活用や一般社団法人への議決権移転による原則的評価方式の回避についても紹介されている。

もちろん、租税回避に該当しない限り、支配株主と少数株主とで評価額が大きく乖離しても問題ないという見解もあり得るが、加藤論文において問題視されているのは、議決権割合が１％異なるだけで評価額が大きく異なる可能性があるという点である。この点については、第２章で解説したように、譲渡制限株式に係る売買価格決定申立事件においても、支配株主と少数株主の中間的な株主がいることを前提とした決定がなされているものもあるため、原則的評価方式と特例的評価方式の中間的な評価額により評価されるべき事例も存在すると思われ、後述するように、加藤論文においても同様の指摘がなされている（もちろん、後述するように、現行の原則的評価方式では、少数株主にとって、計算の根拠となる情報の入手困難性が問題になる）。

④　会社規模の違いによる評価バランスの問題

加藤論文においては、(i)雇用形態が多様化している中で従業員数の判定方法を見直す必要がある、(ii)インターネットビジネス環境の変化に伴い、小売業とサービス業を区分すべきである、(iii)現行の大会社の基準では、上場会社に匹敵しないような会社まで大会社に該当してしまうという意見を紹介されている。

さらに、類似業種比準価額と純資産価額とを比較した場合に、類似業種比準価額のほうが、評価額が小さく算定される傾向にあることを指摘されている。前述のように、類似業種比準価額には、評価額の操作容易性という問題がある。すなわち、会社規模を引き上げたうえで、類似業種比準価額を引き下げることにより相続税評価額を引き下げるという手法は、株価対策における典型的な手法であり、加藤論文はその典型的な手法を問題視しているということがいえる。なお、加藤論文の脚注120において、特定の評価会社外しについても指摘されているが、株式等特定保有会社を外すことができたとしても、純資産価額に比べて、類似業種比準価額が極端に安い評価額にならないのであれば、租税回避として濫用されるおそれも小さくなるため、立法論を前提とする加藤論文においては、それほど問題視しているわけではないと思われる（もちろん、6項否認について書かれた論文であれば、大いに問題視されると思われる）。

⑤ 小　括

このように、加藤論文においては、財産評価基本通達における取引相場のない株式の評価に係る問題点が指摘されている。これらの問題点を受けて、加藤論文においては、具体的な改正の提言がなされている。

加藤論文においては、(i)類似業種比準方式を利用した株価対策、(ii)種類株式や一般社団法人を用いた特例的評価方式の活用がそれぞれ問題視されている。これらは、かなり抜本的な改正となり、租税回避を防止するためという理由だけで行えるものではない。そのため、加藤論文においても、以下の理由により、類似業種比準方式に代わる新たな評価方式の導入を検討している。

・類似業種比準方式については、「上場会社に匹敵するような大会社」の株式評価に適用されるもの、という基本的な考え方の意味合いが、小会社への（一部）適用をもって薄れているようにも感じられる。
・評価会社側としても、比準要素の数値を恣意的に引き下げることが容易であるという問題がある。
・類似業種比準方式は、（組織再編成を行った会社や外国法人のように）方式自体が適用できないケースがいくつか存在するという問題がある。

(3) 評価方式・評価体系の見直しの試み

① 残余利益法の導入

加藤論文においては、日本公認会計士協会が公表した「企業価値評価ガイドライン」に基づいて、それぞれの評価方法の妥当性について検討している。そして、租税法における評価であることから、客観性を重視すべきであるとしている。そのため、インカム・アプローチのうち、ＤＣＦ法を採用できないことは容易に予想できる。

その一方で、マーケット・アプローチに属する類似業種比準方式に問題があるからこそ他の代替的手法を検討するのであるから、同様の問題が内在する類似上場会社法を採用することはできない。そして、他のマーケット・アプローチによる手法を検討しようにも、市場株価法は非上場株式の評価には馴染まず、類似取引法及び取引事例法は､取引事例や類似取引事例を把握する必要があることから、採用することはできない。

そうなると、インカム・アプローチのうち、客観性の高い手法を模索した結果、残余利益法を採用すべきであるという結論に至ったものと考えられる。なお、残余利益法は、以下の計算方式により株価を算定する手法である（下記の残余利益法は、客観性を重視するために加藤論文において修正されたものであり、本来の残余利益法とはやや異なるものである）。

（残余利益法）

$$\text{期首簿価純資産} + \frac{\text{当期純利益} - \text{期首簿価純資産} \times \text{株主資本コスト}}{\text{株主資本コスト} - \text{成長率}}$$

この手法を採用した場合には、期首簿価純資産、当期純利益という客観性の高い数値を使うことができるだけでなく、当期純利益がゼロになったとしても、期首簿価純資産が下限になるという意味で株価対策がやりにくくなるというメリットがある。さらに、外国法人株式への適用についても、それほど大きな問題にはならないし、組織再編成を行った法人においても、一定の調整を行えば、残余利益法を適用することはできる。

② 配当還元方式の見直し

加藤論文においては、配当還元方式の代替的な手法を検討したところ、現行の配当還元方式を存置せざるを得ないという結論に達し、同方式の問題点の解決を目指している。具体的には、(i)10%の還元率ではなく、株主資本コストを採用する、(ii)1株当たりの資本金及び資本剰余金の合計額を下限とした上で、1株当たりの資本金及び資本剰余金の合計額を基礎に配当還元方式の計算を行うことが提案されている。

このうち、(i)については、適正な還元率が算定できない中小企業については、10%の還元率であっても、やむを得ないと思われるものの、(ii)については、少数株主からすれば入手困難な税務上の資本金等の額ではなく、会計上の資本金及び資本剰余金の合計額を使用するということは、合理的な解決策であると思われる。

③ 原則的評価方式

前述のように、加藤論文においては、類似業種比準方式に代えて、残余利益法を採用すべきであるとしている。そして、残余利益法については、上場株式の市場株価に比準させているわけではないことから、会社規模にかかわらず適用できるものとしている。これに対し、純資産価額方式の採用については、株主の権利として残余財産分配請求権を有することから、大会社であることを理由として、純資産価額方式の採用が排除されるべきではないものとしている。

そのため、加藤論文においては、会社規模の大きさで評価方式を変えるべきではなく、原則として、すべての規模の会社について、残余利益法×0.5＋純資産価額方式×0.5の併用方式を採用すべきであるとしている。ただし、評価会社が資産の固まりのような会社の場合には、純資産価額方式のみで評価すべきであるとしている。そうなると、当期純利益がゼロの場合には、期首簿価純資産価額と時価純資産価額を折衷するやり方になると思われる。もちろん、当期純利益がマイナスの場合に、期首簿価純資産価額からマイナスの残余利益を控除することができれば、依然として株価対策は可能であるといえるが、加藤論文においてはそのようなことを想定しておらず、「当期純利益－期首簿価純資産×株主資本コスト」がマイナスの場合には0円とみなすことを想定していると思われる。

そして、加藤論文において指摘されていなかったが、残余利益法が採用されたとしても、残余利益法による評価額が純資産価額方式による評価額よりも大きい場合には、現在の財産評価基本通達にあるように、純資産価額方式を選択できるようになる可能性が高い。

その結果、残余利益法を採用する事例は、残余利益法による評価額が純資産価額方式による評価額よりも小さい場合であり、かつ、期首簿価純資産価額× 0.5 ＋時価純資産価額× 0.5 が下限になるということがいえる。このように、株価対策はやりにくくなると思われるが、このような評価方式にするのであれば、純資産価額方式のみを認めた上で、会社資産を間接的に所有していることを勘案して、純資産価額から一定のしんしゃくを行うことで対応したほうが理論的には望ましいように思われる*15。

④　特例的評価方式

加藤論文においては、議決権割合により判定する場合には、議決権制限株式などを利用することにより、一時的に議決権割合を引き下げるといった租税回避が考えられることから、同族判定においては、議決権割合と持株割合のいずれか高い割合により判定すべきであるとしている。

さらに、少数株主が保有する株式のすべてを特例的評価方式によ

＊15　純資産価額方式につき、純資産価額から一定のしんしゃくを行うべきとする考え方につき、日本税理士会連合会税制審議会「資産課税における財産評価制度のあり方について－平成 20 年度諮問に対する答申－」8頁（平成 20 年）参照。

り評価するのではなく、一定の割合の株式を保有する少数株主については、残余利益法と配当還元方式の折衷方式により評価を行うべきであるとしている。なお、法人税確定申告書が帳簿閲覧権（会社法433）の対象に含まれないとする説もあることから*16、類似業種比準方式については、少数株主が入手し得る情報だけで折衷方式による評価を行うことができないのに対し、残余利益法であれば、少数株主が入手した情報だけで評価することができる。

そして、加藤論文においては、原則的評価方式と特例的評価方式の折衷方式を採用すると、純資産価額方式による評価を少数株主が行うことができないことから、残余利益法と配当還元方式の折衷方式により評価を行うべきであるとしている。

⑷　改正についての私見

このように、残余利益法の採用には同意し難いが、会社規模の大きさで評価方式を変えないという点については、おおむね同意することができる。この１点のみを改正に織り込むとすれば、すべての取引相場のない株式を類似業種比準価額× 0.5 ＋純資産価額× 0.5 により評価することになる。その結果、類似業種比準価額を引き下げたとしても、相続税評価額への影響は50％に留まることから、株価対策がやりにくくなることが予想される。

すなわち、加藤論文が提案するような財産評価基本通達の抜本的な改正は、十分な理論的な裏付けが必要になることから、改正されるまでかなりの時間を要することが予想される。これに対し、すべての取引相場のない株式を類似業種比準価額× 0.5 ＋純資産価額× 0.5 により評価するという程度の話であれば、①会社法における非上場株式の評価において、時価純資産価額との１：１による折衷が

＊16　東京地決平成元年6月22日判タ700号155頁参照。

行われる事例があること、②上場会社に匹敵する大会社であったとしても、非上場会社の株主にとっての株式の評価は、当該非上場会社の時価純資産価額と切り離して考えることはできないこと*17、③租税法による評価は客観性が重視されるべきであるところ、純資産価額方式による評価額は客観性という意味で優れていることといった理由により、純資産価額方式との折衷を積極的に行うべきであるという考え方も十分に成り立つことから、改正のハードルはそれほど高くはないと思われる。

⑸　まとめ

現在、国税庁において、取引相場のない株式の評価を改正する方向で検討しているという証拠はないものの、税大論叢に加藤論文が掲載されたことから、国税庁が問題意識を持っている可能性は高いと思われる。

そして、特例事業承継税制を適用するためには、令和５年３月31日までに特例承継計画の提出が必要になることから、令和５年度税制改正により事業承継税制が見直される可能性が高いといわれている。もちろん、財産評価基本通達と事業承継税制の改正が連動することはないと思われるが、財産評価基本通達が改正されることにより株価対策がやりにくくなる場合には、その後の事業承継対策は、株価対策から事業承継税制に移っていく可能性が高い。結果として、事業承継コンサルティングのビジネスについても、大きな変化が起きる可能性が高いと考えられる。

＊17　後掲＊19で解説するように、法人税法及び所得税法上は、非上場会社の株主にとっての株式の評価は、当該非上場会社の時価純資産価額と切り離して考えることはできないことを理由に、小会社とみなして、非上場株式の評価を行うこととしている。

Ⅲ　法人税法上の評価

法人税法では、法人税基本通達２－３－４により準用される同通達４－１－５、４－１－６において譲渡人の取扱いが定められている。なお、譲受人の取扱いを直接的に定めた通達はないが、他に適用する通達もないため、実務上、同通達が準用されている[＊18]。

法人税基本通達４－１－５では、(イ)６か月以内の売買事例があるもの、(ロ)公開途上にあるもの、(ハ)類似会社のあるもの、(ニ)それ以外に分けた上で、同通達４－１－６では、(ハ)、(ニ)の代わりとして、課税上弊害がない限り、財産評価基本通達に定める原則的評価方式、特例的評価方式によって算定することを認めている。ただし、下記の修正を行うことを原則としている。

①　原則的評価方式による場合には小会社に該当するものとして評価を行う[＊19]。そのため、折衷割合を１対１とした折衷方式と純資産価額方式のいずれか低い評価額で評価を行うことになる。ただし、折衷方式による場合における類似業種比準価額の計算では、比準価額に、大会社であれば0.7、中会社であれば0.6、小会社で

＊18　森前掲＊1・137頁、牧口・齋藤前掲＊2・239頁では、いずれも、法人税基本通達9－1－13、9－1－14を根拠としているが、本書では、同通達2－3－4により準用される同通達4－1－5、4－1－6を根拠としている。ただし、いずれであっても定められている評価方法は変わらない。なお、最三小判平成18年1月24日・判時1923号20頁では、財産評価基本通達185をそのまま採用すると、相続税や贈与税との性質の違いにより課税上の弊害が生ずる場合には、これを解消するために修正を加えた法人税基本通達9－1－13(4)、9－1－14を用いることには合理性があるとしている。

＊19　子会社が大会社に該当したとしても、親会社にとっての子会社株式の価値は、当該子会社の純資産価額と切り離しては考えられないという趣旨で設けられた規定である（佐藤（友）前掲＊1・796頁）。

あれば0.5を乗じることになる[*20]。

② 土地（土地の上に存する権利を含む）又は上場有価証券を有している場合には、算定基準日の時価による必要がある[*21*22]。そのため、土地の評価において路線価を利用することはできない[*23]。なお、固定資産である土地だけでなく、棚卸資産である土地（販売用の土地）であっても、同様に取り扱われる[*24]。

③ 純資産価額方式の評価に当たり、財産評価基本通達186－2により計算した評価差額に対する法人税額等に相当する金額を控除することはできない[*25*26]。

---

*20 資産課税課情報第22号「『所得税基本通達の制定について』の一部改正について（法令解釈通達）の趣旨説明」4－5頁（令和2年）参照。

*21 平成23年6月30日裁決・TAINS F0－2－448～451（非公開裁決例）では、建物の価額は財産評価基本通達の定めにより固定資産税評価額を基礎として算定すること、敷地の価額は審判所の調査による鑑定評価によることが相当であるとされている。

*22 上場有価証券については、算定基準日の時価により算定することから、財産評価基本通達169⑴にあるような「最終価格の月平均額」を用いることはできない。

*23 東京地判平成26年5月28日・TAINS Z264－12479では、鑑定評価書が信頼できないことから、路線価方式により計算された価額を0.8で除して、土地の時価を算定している。

*24 東京高判平成14年1月30日・TAINS Z252－9054参照。

*25 相続税法上の評価が法人を解散した場合に株主に支払われる清算価値を求めてその価額を算定しているのに対し、法人税法上の評価が会社が継続的に事業活動を行うことを前提としてその価額を算定していることから、法人税法上の評価では、「評価差額に対する法人税等に相当する金額」を考慮すべきではないことを理由として、平成12年度法人税基本通達の改正により導入された規定である（佐藤（友）前掲*1・797頁）。

*26 東京高判平成18年4月12日・TAINS Z256－10365（第一審：東京地判平成15年7月17日・TAINS Z253－9397）では、平成12年改正前法人税基本通達において「評価差額に対する法人税等に相当する金額」を控除しないことは規定されていなかったことを理由として、「この改正前の平成3年10月当時、財産評価基本通達185本文に定める1株当たりの純資産価額の算定方式のうち法人税額等相当額を控除する部分が、法人税課税における評価に当てはまらないことを関係通達から読み取ることは、一般の納税義務者にとっては不可能というべきである」とした上で、「企業の継続を前提とした株式の評価を行う場合であっても、法人税額等相当額を控除して算定された1株当たりの純資産価額は、平成3年10月当時、一般には通常の取引における当事者の合理的意思に合致するものとして、法人税基本通達9－1－14⑷にいう『1株当たりの純資産価額等を参酌して通常取引されると認められる価額』に当たるというべきである」と判示している（なお、後述する最三小判平成17年11月8日・TAINS Z255－10195は、所得税の事件であるが、同様の判決がなされている）。しかし、現在ではすでに法人税基本通達に明記されているため、このような主張が認められないことはいうまでもない。

上記のほかは、原則として、財産評価基本通達に定めるところにより評価を行うことができるため、同族株主以外の株主については、特例的評価方式を適用することができるし、議決権割合が50％以下のグループに属する株主の有する株式については、時価純資産価額の80％により純資産価額方式による評価額とすることができる[*27]。しかしながら、令和2年9月30日に公表された「『所得税基本通達の制定について』の一部改正について（法令解釈通達）の趣旨説明（資産課税課情報第22号）」5－7頁では、評価会社が保有する非上場株式の評価においても、評価会社の子会社を小会社とみなし、かつ、当該子会社が保有する土地等及び有価証券を時価で評価すべきことが明らかにされ、法人税法上の評価でも同様に解されるため、常に財産評価基本通達に定めるところにより評価を行うわけではないという点に留意が必要である。

なお、後述する所得税基本通達59－6(1)では、「同通達188中『株式取得後』とあるのは『株式の譲渡又は贈与直前』とそれぞれ読み替える」と規定されているのに対し、法人税基本通達2－3－4及び4－1－5ではその旨が規定されていない。

しかしながら、所得税と法人税は、いずれも所得に対して課税する税金であることから、原則的評価方式により評価するのか、特例的評価方式により評価するのかという基本的な取扱いを変えるべきではない。

すなわち、譲渡人にとっての時価により譲渡人の課税関係を検討し、譲受人にとっての時価により譲受人の課税関係を検討する立場が容認されれば、支配株主の議決権比率が減少し、少数株主になる場合において、いずれの方式で評価を行うかについて、譲渡前の議決権比率で判定を行うのか、譲渡後の議決権比率で判定を行うのかが問題となる。

＊27　佐藤（友）前掲＊1・797頁。

このような場合に、後者の考え方を採用することができないことは容易に推定できるであろう。もし、このような考え方を採用することができるとすれば、既存の支配株主から新しい支配株主への譲渡（すなわち経営権の移転）において、特例的評価方式により譲渡価額を算定したときに、既存の支配株主で低廉譲渡に該当しないという明らかにおかしな結論になるからである。

そのため、譲渡人において、低廉譲渡に該当するかどうかの判断では、譲渡前の議決権比率で判定し、譲受人において、受贈益を認識するかの判断では、取得後の議決権比率で判定すべきであると考えられる[*28]。

＜参考法令・通達＞

●法人税基本通達

（低廉譲渡等の場合の譲渡の時における有償によるその有価証券の譲渡により通常得べき対価の額）

2－3－4　法人が無償又は低い価額で有価証券を譲渡した場合における法第61条の2第1項第1号《有価証券の譲渡損益の益金算入等》に規定する譲渡の時における有償によるその有価証券の譲渡により通常得べき対価の額の算定に当たっては、4－1－4《市場有価証券等の価額》並びに4－1－5及び4－1－6《市場有価証券等以外の株式の価額》の取扱いを準用する。

＊28　これに対し、品川芳宣「第1章　非上場株式の評価の基本的考え方」品川芳宣編『新株式評価通達対応　非上場株式の評価ガイドブック』23頁（ぎょうせい、平成29年）では、「所得税基本通達59－6と異なって、『同族株主』の判定の時期についての例外規定が設けられていないので、評価通達と同様に取得段階で判定されることになる」と解説されている。同様の見解として、牧口・齋藤前掲＊2・315－316頁参照。

（市場有価証券等以外の株式の価額）

4－1－5　市場有価証券等以外の株式について法第25条第3項《資産評定による評価益の益金算入》の規定を適用する場合において、再生計画認可の決定があった時の当該株式の価額は、次の区分に応じ、次による。

⑴　売買実例のあるもの　当該再生計画認可の決定があった日前6月間において売買の行われたもののうち適正と認められるものの価額

⑵　公開途上にある株式（金融商品取引所が内閣総理大臣に対して株式の上場の届出を行うことを明らかにした日から上場の日の前日までのその株式）で、当該株式の上場に際して株式の公募又は売出し（以下4－1－5において「公募等」という。）が行われるもの（⑴に該当するものを除く。）　金融商品取引所の内規によって行われる入札により決定される入札後の公募等の価格等を参酌して通常取引されると認められる価額

⑶　売買実例のないものでその株式を発行する法人と事業の種類、規模、収益の状況等が類似する他の法人の株式の価額があるもの（⑵に該当するものを除く。）　当該価額に比準して推定した価額

⑷　⑴から⑶までに該当しないもの　当該再生計画認可の決定があった日又は同日に最も近い日におけるその株式の発行法人の事業年度終了の時における1株当たりの純資産価額等を参酌して通常取引されると認められる価額

（市場有価証券等以外の株式の価額の特例）

4－1－6　法人が、市場有価証券等以外の株式（4－1－5の⑴及び⑵に該当するものを除く。）について法第25条第3項《資産評定による評価益の益金算入》の規定を適用する場合において、再生計画認可の決定があった時における当該株式の価額につき昭和39年4月25日付直資56・直審（資）17「財産評価基本通達」（以下4－1－6において「財産評価基本通達」という。）の178から189－7まで《取引

相場のない株式の評価》の例によって算定した価額によっているときは、課税上弊害がない限り、次によることを条件としてこれを認める。

(1)　当該株式の価額につき財産評価基本通達179の例により算定する場合（同通達189－3の(1)において同通達179に準じて算定する場合を含む。）において、当該法人が当該株式の発行会社にとって同通達188の(2)に定める「中心的な同族株主」に該当するときは、当該発行会社は常に同通達178に定める「小会社」に該当するものとしてその例によること。

(2)　当該株式の発行会社が土地（土地の上に存する権利を含む。）又は金融商品取引所に上場されている有価証券を有しているときは、財産評価基本通達185の本文に定める「1株当たりの純資産価額（相続税評価額によって計算した金額）」の計算に当たり、これらの資産については当該再生計画認可の決定があった時における価額によること。

(3)　財産評価基本通達185の本文に定める「1株当たりの純資産価額（相続税評価額によって計算した金額）」の計算に当たり、同通達186－2により計算した評価差額に対する法人税額等に相当する金額は控除しないこと。

（市場有価証券等以外の株式の価額）

9－1－13　市場有価証券等以外の株式につき法第33条第2項《資産の評価損の損金不算入等》の規定を適用する場合の当該株式の価額は、次の区分に応じ、次による。

(1)　売買実例のあるもの　当該事業年度終了の日前6月間において売買の行われたもののうち適正と認められるものの価額

(2)　公開途上にある株式（金融商品取引所が内閣総理大臣に対して株式の上場の届出を行うことを明らかにした日から上場の日の前日までのその株式）で、当該株式の上場に際して株式の公募又は売出し（以下9－1－13において「公募等」という。）が行われるもの（(1)

に該当するものを除く。）金融商品取引所の内規によって行われる入札により決定される入札後の公募等の価格等を参酌して通常取引されると認められる価額

(3)　売買実例のないものでその株式を発行する法人と事業の種類、規模、収益の状況等が類似する他の法人の株式の価額があるもの（(2)に該当するものを除く。）当該価額に比準して推定した価額

(4)　(1)から(3)までに該当しないもの　当該事業年度終了の日又は同日に最も近い日におけるその株式の発行法人の事業年度終了の時における１株当たりの純資産価額等を参酌して通常取引されると認められる価額

（市場有価証券等以外の株式の価額の特例）

9－1－14　法人が、市場有価証券等以外の株式（9－1－13の(1)及び(2)に該当するものを除く。）について法第33条第２項《資産の評価損の損金不算入等》の規定を適用する場合において、事業年度終了の時における当該株式の価額につき昭和39年4月25日付直資56・直審（資）17「財産評価基本通達」（以下9－1－14において「財産評価基本通達」という。）の178から189－7まで《取引相場のない株式の評価》の例によって算定した価額によっているときは、課税上弊害がない限り、次によることを条件としてこれを認める。

(1)　当該株式の価額につき財産評価基本通達179の例により算定する場合（同通達189－3の(1)において同通達179に準じて算定する場合を含む。）において、当該法人が当該株式の発行会社にとって同通達188の(2)に定める「中心的な同族株主」に該当するときは、当該発行会社は常に同通達178に定める「小会社」に該当するものとしてその例によること。

(2)　当該株式の発行会社が土地（土地の上に存する権利を含む。）又は金融商品取引所に上場されている有価証券を有しているときは、財産評価基本通達185の本文に定める「１株当たりの純資産価額（相

続税評価額によって計算した金額)」の計算に当たり、これらの資産については当該事業年度終了の時における価額によること。

(3) 財産評価基本通達 185 の本文に定める「1 株当たりの純資産価額(相続税評価額によって計算した金額)」の計算に当たり、同通達 186 － 2 により計算した評価差額に対する法人税額等に相当する金額は控除しないこと。

＜参考事例＞

(1) 売買事例として認められた裁判例(宮崎地判平成 5 年 9 月 17 日・TAINS Z198 － 7194)

① 事実の概要

原告会社は、保有していた A 銀行の株式(以下「本件株式」という)につき、昭和 63 年及び平成元年に、いずれも 1 株当たり 225 円で原告 X に対し譲渡した。被告は、本件株式の各譲渡は、時価よりも、低廉な価格でなされたものであるから、原告会社については、法人税法 22 条 2 項(平成 30 年度税制改正により同法 61 条の 2 第 1 項 1 号で明確化)により、時価との差額に相当する金額を益金に算入すべきであり、原告 X については、原告会社から、時価との差額に相当する金額の経済的利益の供与を受けたものであるから、その経済的利益を原告会社からの賞与と認定すべきであるとして課税処分を行った。

そして、被告は、昭和 63 年の譲渡当時の時価につき、A 銀行の従業員持株会と一般株主との間で行われた取引事例に基づき 1 株当たり 280 円とし、平成元年の譲渡当時の時価につき、A 銀行が、単位未満株式の買取価格と従業員持株会での売買事例を参考に 1 株当たり 430 円としている。

なお、控訴審(福岡高判平成 6 年 2 月 28 日・TAINS Z200 － 7294)は、第一審の判断をそのまま踏襲し、上告審(最三小判平成 7 年 12 月 19 日・TAINS Z214 － 7633)では、法人税法 22 条 2 項の解釈のみを示しているため、ここでは解説を省略する。

② 裁判所の判断

・A銀行の株式は、本件株式の各譲渡がなされた当時、取引相場のない株式であったこと、持株会は、A銀行の株式を会員以外の特別な利害関係がない者からも購入していたこと、持株会の買取価格は、単位未満株式の買取価格と同額であるが、照会があれば、公表され、一般の株主もその価格を知り得る状態であったこと、持株会は、昭和57年以降A銀行の筆頭株主となっていたこと、持株会の取引数は、昭和62年、昭和63年及び平成元年において、A銀行の株式の取引総数に対して、低くはない一定の割合を占めており、持株会の取引が右期間において経常的に行われていたこと、A銀行の単位未満株式の買取価格は、昭和63年4月以前には、同種の銀行の株価を参考に取締役会で決めていたが、同月以降はB証券株式会社に評価させており、B証券株式会社は、類似会社と比較して、その株価を算定していたこと、その際の単位未満株式の買取価格は、照会があれば公表され、一般の株主もその価格を知り得る状態であったこと、上場されるまでの間のA銀行の株式価格についてはC新聞紙上に店頭気配値が公表されていたこと（右店頭気配値は、一般の株主がA銀行の株式を取引する際、価格の決定について参考とされるものであったと推認される。）、被告は、前記持株会の買取価格またはA銀行の単位未満株式の買取価格を基準として、本件株式の各譲渡当時の時価をそれぞれ認定したが、被告の認定額はいずれも前記の買取価格を上回るものではなく、店頭気配値と概ね同額か近似した価格であったことが認められる。
・これらの事実及び原告会社は、原告Xが代表取締役としてその経営を支配する会社であり、その資本金も原告Xが実質的に全額出資し、他の株主は名目上のものにすぎないという会社であり、原告会社と原告Xとの間の取引においては、価格を原告Xにおいて任意に設定しうることを考慮すれば、被告が時価として認定した本件株式の各譲渡当時の価格は、当時の客観的な交換価値を上回るものではないと認めることができる。したがって、……昭和63年4月1日当時の本件株式の時価を1株280円、平成元年3月31日当時の本件株式の時価を1株430円であると被告が認定したことに違法は存しないというべきである。

③　評　　釈

このように、本事件では、売買事例を参考に時価が算定されている。従業員持株会の売買事例を用いることについては、当該持株会が会員以外からも買い取っている透明性の高い団体であり、租税法上も容認することができると判断されたように思われる。そのため、法人税基本通達９－１－13⑴が適用され、売買事例を時価とする取扱いとなっている。

ただし、ここまで透明性の高い売買事例が期待できる事案はそれほど多くはない。本事件では、少数株主間における売買事例を参考に、少数株主間における時価を算定していることから事情が異なるが、一般的に問題となる支配株主と少数株主との間の取引では、少数株主間の売買事例を用いることは適切ではない場合が考えられる。

そのため、一般的に、法人税基本通達９－１－13⑴が適用される売買事例が存在することは稀であると考えられる。

⑵　売買事例として認められなかった裁判例（東京地判平成26年5月28日・TAINS Z264－12479）

①　事実の概要

原告らは、E社株式を有償（１株当たり５万円）により譲り受けたところ、税務署長である被告らから本件株式の取得に係る取引は時価より低い価額による資産の譲受けであり、本件株式の時価と当該取得価額との差額が受贈益に当たるとして、いずれも法人税の更正の処分及び過少申告加算税の賦課決定の処分又は法人税の更正の処分及び重加算税の賦課決定の処分を受けたため、上記の各処分の取消しを求めた。

本事件の争点は、以下の７つであるが、ここでは、㈺から㈬に対する裁判所の判断について紹介する。

(イ) 株式の低額による譲受けについて法人税法22条2項の規定の適用があるか（争点1）

(ロ) 取引相場のない本件株式をどのような方法で評価するべきか（争点2）

(ハ) 別件各譲渡の売買価格は、法人税基本通達9－1－13(1)に該当するか（争点3）

(ニ) 法人税基本通達9－1－13(4)の「1株当たりの純資産価額等を参酌して通常取引されると認められる価額」をどのように評価するか（争点4）

(ホ) 本件土地建物の価額を財産評価基本通達により評価することが許されるか（争点5）

(ヘ) 原告らは法人税基本通達9－1－14(1)がその例によるとする財産評価基本通達188(2)に定める「中心的な同族株主」に該当するか（争点6）

(ト) 原告Dにつき重加算税を課する要件を満たすか（争点7）

なお、控訴審（東京高判平成26年10月22日・TAINS Z264－12550）は、第一審の判断をそのまま踏襲しているため、ここでは解説を省略する。

② 裁判所の判断

〔争点2及び争点4（取引相場のない株式の評価方法）〕

・法人税通達9－1－14は、上場有価証券等以外の株式における時価の算定方法については、理論的には種々の考え方があり得るところ、相続税又は贈与税における財産の評価に係る評価通達に定める取引相場のない株式の評価方法は…のとおり取引相場のない株式の適正な時価を算定する方法として一般的な合理性を有するものといえるが、法人税における財産の評価に当たっては、その特徴を踏まえて一定の留保を付することとしたものとされる。

・法人税においては、例えばいわゆる100パーセント子会社の株式を評価するに当たり、当該子会社の事業の規模のいかんにかかわらず、それを保有する親会社にとって、当該株式の価値は当該子会社の純資産価額と切り離して考えることはできないから、純資産価額又は純資産価額と類似業種比準価額の併用による方式のいずれかによってこれを評価するものとされたもので、このような評価方法は、取引相場のない株式の適正な時価を算定する方法として一般的な合理性を有するものということができる。

〔争点3（売買事例）〕

・法人税通達9－1－13(1)は、上場有価証券等以外の株式のうち売買実例のあるものについては、当該事業年度終了の日前6月間において売買の行われたもののうち適正と認められるものの価額によることとしているが、上記のとおり、「適正と認められるもの」に限定されていることに照らすと、上場有価証券等以外の株式の価額を評価するに当たり、上記の定めによるためには、対象となる株式の売買の実例が存在するだけでは足りず、その価額が「適正と認められるもの」である必要があるものと解される。

・本件株式の価額を決定するに当たり、対等の立場にある当事者がその自由な意思決定に基づいてされたものということはできず、当該価額が本件株式の客観的な交換価値を反映したものとは認められないから、当該価額が売買実例のうち「適正と認められるものの価額」であったと認めることはできない。

〔争点5（土地建物の評価）〕

・本件土地の本件譲受日における適正な時価を算定するに当たり、路線価方式により計算された価額を0.8で除して平成18年1月1日時点の公示価格の水準に割り戻した上、当該時点から本件各譲受のされた日までの時点修正をすることにより価額を算出するという方法は、本件譲受日における適正な時価を算定する方法として一般的な合理性を有するものということができる。

・固定資産税評価額により家屋の価額を算定するという方法は、当該家屋の適正な時価を算定する方法として一般的な合理性を有するものということができる。

・原告各鑑定に対しては種々の問題点を指摘することができるから、原告各鑑定の存在をもって、評価通達に定める評価方法に準ずる方法によっては本件土地建物の客観的な交換価値を適切に算定することができない特別の事情が存すると認めることはできない。

・原告らは、本件会社の車両、器具及び備品の評価額を争うところ、本件会社の平成18年5月31日現在の貸借対照表における車両、器具及び備品の金額は、原告らが主張する164万3,627円である。しかしながら、本件会社の平成18年5月期の法人税の確定申告書には、「償却超過額」の「差引合計翌期への繰越額」として、29万9,342円が計上されており、このことを踏まえて、法人税法上の帳簿価額としては同額を加算した194万2,000円（ただし、1,000円未満の端数金額は切捨て。）は、適正な価額である。

〔争点6（中心的な同族株主）〕

・本件譲受日前は訴外甲グループが本件会社の「中心的な同族株主」であったところ、本件各譲受は、本件会社及び原告らをMの連結財務諸表等の対象から外すために、本件会社及び原告らにおける訴外甲グループの持株比率を下げることを目的にその一環としてされたものであって、それがされた後にも訴外甲又は訴外甲グループが本件会社及び原告らを支配する実態については何ら変更を伴うものではないから、本件各譲受の前後を通じて評価会社である本件会社の価値をその純資産価値と切り離して考えることができない状況には何ら変更がなかったものというべきである。

③　評　　釈

裁判所は、争点2及び4において、法人税基本通達に従って、法人税の課税所得を計算することに合理性があるものと認め、具体的な評価方法については、争点3において、売買事例もなく、公開途上でもなく、類似会社も存在しないことから、純資産価額（99万6,224円）と類似業種比準価額（25万7,300円）を1対1で折衷した62万6,762円を時価とする国側の主張を認めている。

そして、純資産価額の計算では、鑑定評価書の信頼性が乏しいことから、土地は路線価による評価額を0.8で割り戻し、建物は固定資産税評価額により、その他の償却資産は法人税法上の帳簿価額により評価を行っている。

このような評価方法は、現行実務の取扱いと整合的であり、特に異論はない。本判決で注目すべきは、売買事例が適正なものでないという理由により、裁判所が納税者の主張を認めなかったという点である。売買事例を用いて非上場株式の評価を行う場合には、当該売買事例の適正性を調査する必要があるという点で、実務上、参考にすることができる。

⑶ 第三者割当増資を売買事例と認めず、かつ、公開途上にあることから公募条件の上限により子会社株式の時価を算定した裁判例（東京地判平成21年9月17日・TAINS Z259－11273）

① 事実の概要

本事件は、税務署長である被告が、㈠原告Ａに対しては、被合併法人Ｂから譲り受けたＤ株式の譲受価額が時価に比して低額であり、当該譲受価額と時価との差額は受贈益として益金の額に算入されるものとし、㈡原告Ｂに対しては、被合併法人Ｂが原告Ａに譲渡した上記Ｄ株式の譲渡価額が時価に比して低額であることから、当該譲渡価額と時価との差額を益金の額に算入する一方、寄附金に該当した部分の金額のうち損金算入限度額を超える部分の額は損金の額に算入されないとして更正処分及び無申告加算税賦課決定処分をしたため、原告らが上記各処分の取消しを求めた事件である。

本事件では、ＤがＥ投資事業有限責任組合の持分を有し、Ｅ投資事業有限責任組合が、公開途上にあったＦ株式を保有していたため、Ｆ株式の時価も問題になっている。

本事件では、売買実例に関する調査等の手続き上の取消事由の有無、理由附記の不備の有無についても争われているが、本書では、Ｄ株式の評価額の適否についてのみ解説を行う。

② 裁判所の判断

〔D株式の評価方法〕

・D株式は、非上場株式であり、気配相場や独立当事者間の適当な売買実例がなく、その公開の途上になく、同社と事業の種類、規模、収益の状況等において類似する法人はなかったから、連基通8－1－23⑷及び8－1－24並びに法基通9－1－13⑷及び9－1－14に基づき、本件株式売買の日におけるD株式の「1株当たりの純資産価額等を参酌して通常取引されると認められる価額」(時価）を評価した上、D株式に係る本件株式売買に関する収益、寄附金等の額を算定することには合理性があるというべきである。

〔F株式の評価方法〕

・評基通185に基づき（ただし、上記…のとおり、評基通186－2により計算した評価差額に対する法人税額等に相当する金額は控除しない。)、Dに関して各資産の価額から各負債の金額の合計額を減じて本件株式売買当時の純資産価額を算定するに当たっては、……⒝当事者間で争いのあるE持分に係る資産額及び同額算定の前提として算定されるべきDがEを通じて保有するF株式に係る資産額については、⒤まず、F株式は、前記…のとおり、本件株式売買が行われた平成15年11月25日当時、同年10月31日にWへの上場の承認を受けて同年12月8日にWへ上場すべく公募が行われていることから、公開途上にある株式で、当該株式の上場に際して株式の公募が行われるもの〔連基通8－1－23⑵及び法基通9－1－13⑵〕に該当するところ、連基通8－1－24及び法基通9－1－14は、連基通8－1－23⑴及び⑵並びに法基通9－1－13⑴及び⑵に該当する非上場株式については、評基通の定める評価方法を法人税課税において是認する対象から除外していることにかんがみると、連基通8－1－23⑴及び法基通9－1－13⑴又は連基通8－1－23⑵及び法基通9－1－13⑵に基づきF株式を評価することには合理性があり〔なお、本件では、前記…のとおり、上記各通達の当該各(1)又は(2)の定めに基づきＦ株式の価額を算定することについては、当事者間で争いがない。〕、(ii)次に、上記(i)のとおり評価したＦ株式の価額（Ｅの保有するＦ株式に係る資産額）にＥのＦ株式以外の資産に係る資産額（Ｅ貸借対照表に計上・記載された額）を加えた額からＥの負債額（Ｅ貸借対照表に計上・記載された額）を減じて得られた額（Ｅの総財産に係る純資産価額）にＤの持分割合（35分の8）を乗じてＥ持分の純資産価額を算定することには合理性があり、(c)Ｄの本件株式売買当時の純資産価額については、上記(b)(ii)のとおり算定されたＤのＥ持分に係る資産額（Ｅ持分の純資産価額）にＤのＥ持分以外の資産に係る資産額（Ｄ貸借対照表に計上・記載された額）を加えた額からＤの負債額（Ｄ貸借対照表に計上・記載された額）を減じて算定することに合理性があるというべきである。

・第三者割当と売買とは私法上の法的性質を本質的に異にするものであり、上述の第三者割当を巡る状況も相まって、第三者割当に係る株式の発行価格自体も割当て時点の当該株式の市場価値を反映するものとはいい難い上、税法上も全く異なる規律に服するものであることにかんがみると、連基通８－１－23(1)及び法基通９－１－13(1)の「売買実例」には第三者割当は含まれないものと解するのが相当である。

・(a)Ｆは、本件株式売買の翌日である平成15年11月26日に公募増資等の価格を１株当たり100万円と決定の上これを公表したが、上記価格は、75万円以上100万円以下の仮条件（本件仮条件価格）によりブック・ビルディングを実施したところ、(i)申告された総需要株式数が公開株式数１万7,000株を十分に上回る状況であったこと、(ii)申告された需要件数が多数にわたっていたこと、(iii)申告された需要の相当数が本件仮条件価格の上限価格に集中していたことから、公開株式数以上の需要が見込まれる価格として、現在の株式市場の状況、最近の新規公開株に対する市場評価及び上場日までの期間における価格変動リスク等を総合的に勘案して、決定されたものであること、(b)Ｆの普通株式株券は、同年12月

8日、Wに上場されたが、上場日の翌日である同月9日の初値は本件仮条件価格の上限を大幅に上回る240万円であったこと、(c)Wの開設後、平成20年5月までの間にブック・ビルディング方式によって公開価格を決定した事例の大半〔合計229件のうち211件（約92.1%）〕が、仮条件価格の上限で価格の決定がされており、その下限で価格の決定がされた事例はごく僅少〔合計229件のうち4件（約1.7%）のみ〕にとどまること、(d)Fは、がん治療薬の開発に関連する事業を目的とするいわゆるバイオベンチャー企業であるところ、本件株式売買が行われた平成15年11月25日当時、新興株式市場であるWにおいて、バイオ関連銘柄の株式が好況で、同月27日付けb新聞に「人気が過熱してきた」との報道記事が掲載されていたことに加えて、(e)Fは、同月25日（本件株式売買の日）における新株予約権の行使に関して、同日時点のF株式の1株当たりの価額を100万円と記載した調書を平成16年1月31日までに所轄税務署に提出しており、F自らが本件株式売買が行われた当時のF株式の価額を1株当たり100万円と評価していることを総合的に考慮すれば、本件仮条件価格を参酌して通常取引されると認められる価額は、その上限である1株当たり100万円と評価するのが相当であると解される。

〔法人税額等相当額の控除の要否〕

・D株式の価額の評価は、連基通8－1－23(4)及び8－1－24並びに法基通9－1－13(4)及び9－1－14に基づき行うのが合理的であると解されるところ、①連基通8－1－24(3)及び法基通9－1－14(3)は、評基通185本文に定める1株当たりの純資産価額の計算に当たり、評基通186－2により計算した評価差額に対する法人税額等相当額は控除しないものとする旨明文で定めており、これは、(a)1株当たりの純資産価額の算定に当たり法人税額等相当額を控除する旨を定めた評基通185の趣旨が法人税課税における評価においては妥当しないこと、(b)評基通185は、連基通8－1－23(4)及び法基通9－1－13(4)を具体化する等の観点から一定の条件を付した上で採用されているものであり、その採用に当たっては上記各通達の当該各(4)の定める内容と性質上相容れない事項

が除外されることが合理的であることなどにかんがみると、合理性のある取扱いであると解される

③ 評　　釈

このように、裁判所の判断としては、法人税基本通達に従って、法人税の課税所得を計算することに合理性があるものと認めているため、特殊な内容としては、①法人税基本通達4－1－6又は9－1－14の適用において、評価会社が保有している株式について、財産評価基本通達ではなく、法人税基本通達4－1－5又は9－1－13を用いたこと、②第三者割当増資を売買事例として認めなかったこと、③公募等の価格等を参酌して通常取引されると認められる価額を公募の仮条件価格の上限としたこと、である。

このうち、①については、公開途上にある株式ではなく、適正な売買事例のある株式であれば、当該売買事例に基づいて評価会社が保有する株式を評価すべきであるというのが国側の考え方であったということがわかる（納税者もそれは認めているため、本事件の争点となっておらず、裁判所が同様に考えているかどうかは不明である）。これをさらに発展させると、法人税基本通達4－1－6又は9－1－14の評価において、(a)評価会社の子会社が中会社又は大会社に該当する場合において、当該評価会社の子会社を小会社とみなすべきなのか、中会社又は大会社として処理すべきなのか、(b)評価会社の子会社が保有する土地等及び上場有価証券を時価で評価すべきなのか、相続税評価額で評価すべきなのかが問題となる。そして、本裁判例を参考にすれば、評価会社の子会社を小会社とみなし、かつ、当該子会社が保有する土地等及び有価証券を時価で評価すべきであるようにも思われる。

この点については、東京高判平成28年4月21日・TAINS Z888－2043では、評価会社の子会社が大会社に該当することを理由として、当該子会社株式を類似業種比準方式により計算している。さらに、佐藤友一郎『法人税基本通達逐条解説（九訂版）』797－798頁（税務研究会出版局、令和

元年）では、「発行会社が有する資産のうち非上場株式については、財産評価基本通達により算定した評価額を純資産価額の算定に織り込むことになるが、仮に被評価株式の発行会社は直接土地を有していないが、その子会社、すなわち孫会社がきわめて含み益の多い土地を有しているような場合には、その孫会社の株式についても、当該孫会社の有する土地の市場価額を考慮して評価しなければ不合理であろう。このような場合も、ここでいう『課税上弊害がある場合』に該当するということになろう」と解説されている。すなわち、課税上弊害がある場合を除き、評価会社が保有する非上場株式の評価については、財産評価基本通達により算定した評価額を用いることになるため、評価会社の子会社を小会社とみなし、かつ、当該子会社が保有する土地等及び有価証券を時価で評価する必要はないというのが従来の解釈であった。しかしながら、前述のように、令和２年９月30日に公表された「『所得税基本通達の制定について』の一部改正について（法令解釈通達）の趣旨説明（資産課税課情報第22号）」５－７頁では、評価会社が保有する非上場株式の評価においても、評価会社の子会社を小会社とみなし、かつ、当該子会社が保有する土地等及び有価証券を時価で評価すべきことが明らかにされた。

そのほか、公開途上にある株式が特殊な事案であることから、③を実務で参考にすることは少ないが、②については、第三者割当増資を売買事例に含めることができるかが議論になり得るため、実務でも参考にすることができる。ただし、第三者割当増資であっても、譲渡があった場合と同様の価格形成が行われていた可能性が高いと認められる場合には、売買事例に含めることは不可能ではないと考えられる。

⑷　特例的評価方式の適用を認めなかった裁決例（平成11年２月８日裁決・裁事57号342頁）

①　事実の概要

本事件は、請求人が自己の所有する関係会社（G社）の非上場株式をG社の代表取締役(J)に１株当たりの額面金額で譲渡したことにつき、法人税基本通達9－1－15（改正により9－1－14）を援用し評価通達の例により計算した評価額に比べて低額であるから、その価額と譲渡価額との差額は寄附金であるとして否認された事件である。

なお、本件株式譲渡は、当該代表取締役の経営責任をより明確にすることを目的として行われたものであり、以下の事実が認められる。

(イ) 本件株式は、本件譲渡の日前6か月間において、本件譲渡と同様の条件の下での適正と認められる売買実例がないこと。

(ロ) G社と事業の種類、規模、収益の状況等が類似すると認められる他の法人の株式の価額が見当たらないこと。

(ハ) 本件譲渡により譲渡後の発行済株式の持株割合は、請求人が42.5%、Jが40.0%となり、それぞれが、評価通達上の「同族株主」となること。

(ニ) 原処分庁は、本件譲渡が通常取引価額でなされたものとは認められないとして、本件株式の通常取引価額を旧法人税基本通達9－1－15を援用し、純資産価額方式により算定したこと。

② 審判所の判断

・取引相場のない株式の評価として、評価通達の定めるところは、会社の規模等の実態に即した評価とするため、会社資産の割合的持分という株式の性質に応じた純資産価額方式を基本として、会社の規模により、事業内容が類似する業種目の上場株価に比準して株式の価値を評価する方法（類似業種比準方式）による評価を加味し、さらに、株式取得者の会社経営への影響力等による株式取得利益の大小を考慮して、一定割合以下の株式取得者に対しては、配当還元方式という簡便な評価方式を採用し得ることを定めたものであり、法人税基本通達においてもこれを援用することとしたものであるから、かかる基準そのものは一般的な合理性を有するものということができる。

・本件譲渡について配当還元方式を採用することは、少なくとも責任と権限を有する株主の保有する株式の評価方法としては妥当ではない。また、請求人は、市場流通性のない株式についてはディスカウントすべきであるとして減額計算を主張するが、請求人の主張する減額計算には具体的、合理的な根拠がない。

・取引相場のない株式で売買実例もなく、発行法人と事業の種類、規模、収益の状況等が類似する法人も他にないことから、市場性がなく、その時価が明らかでないため客観的な通常取引価額を算定する方法が他にないことから、原処分庁が法人税基本通達9－1－15の評価方式を援用して本件株式の通常取引価額を純資産価額方式により算定したことは、法人税基本通達の定めが…のとおり一般的に合理性を有すると認められる以上、これを不相当とする理由はない。

③　評　　釈

このように、国税不服審判所は納税者の主張を認めず、国側の課税処分を認めた。旧法人税基本通達9－1－15を採用するならば、類似業種比準方式との折衷も検討すべきであると思われるが、この点についての指摘がないことから、類似業種比準方式のほうが高い評価額であったと推定される。

なお、純資産価額の具体的な内容を見てみると、1株当たりの純資産価額12,610円に対し80％を乗じた金額である10,088円を時価としている。このことは、財産評価基本通達185において、「株式の取得者とその同族関係者の有する議決権の合計数が評価会社の議決権総数の50％以下である場合においては、上記により計算した1株当たりの純資産価額（相続税評価額によって計算した金額）に100分の80を乗じて計算した金額とする」と規定されている内容に準拠したものといえる。

本事件の最大の争点は、代表取締役Jに対する譲渡に対して、配当還元方式を用いることができたかどうかという点である。実務上、譲渡人の立場で考えるやり方と譲受人の立場で考えるやり方の2つがある。本事件では、譲渡人における寄附金が問題とされているため、譲渡人の立場で考えるべきである。すなわち、自らの関係会社であることから、特例的評価方式を用いる余地がなく、原則的評価方式によるべきである。

これに対し、本事件での当事者の争いでは、譲受人の立場で考えており、本来の争点から外れているように思える。そのため、請求人は、「G社は、請求人の子会社であり、請求人は取引関係と持株割合によって実質的にW株式会社の支配力に従属するという企業グループの重畳的支配関係が形成されていることから、その企業グループの末端の一株主たるJは、株主権行使の権能が大幅に制限されており、G社は世間一般の個人的同族会社と大きく相違する。また、G社の経営の実権は請求人の代表者が握っており、Jの発言権は皆無に近いのが実情である。さらに、本件譲渡により、JのG社の持株割合は40パーセントに増加したが、請求人のG社の持株割合からみて、請求人はG社に対する支配権を依然留保しており、Jの持株割合の増加は配当金の受領権の増加にすぎない」と主張している。すなわち、Jは関係会社G社の代表取締役に過ぎないのだから、経営の権限は存在しないということであろう。この点につき、原処分庁は、「仮にJがG社の業務を請求人の代表者からの指示に基づいて行ったとしても、その効力と責任は、Jに帰せられるものである」と反論している。JがG社の発行済株式の40%を保有し、かつ、G社の代表取締役であることまで考えると当然のことといえる。

このように、本事件では、G社の代表取締役に40%も持たせておきながら、特例的評価方式を採用しようとしたことに無理があったといえる。

Ⅳ　所得税法上の評価

所得税法では、所得税基本通達23～35共－9、59－6において譲渡人の取扱いが定められている。具体的に定められている内容は法人税基本通達とほとんど変わらないが[*29]、原則的評価方式と特例的評価方式のいずれを採用するかどうかは譲渡直前の議決権の数により判定することが、明確に定められている[*30]。

そして、譲受人の取扱いは、所得税基本通達23～35共－9に定められているとする考え方[*31]と、明確な規定がないとする考え方がある[*32]。ただし、両者のいずれの考え方を採用したとしても、

＊29　東京地判平成11年11月30日・TAINS Z245－8539では、売買事例がなく、類似法人も存在しない場合には、純資産価額方式によることが合理的であると判示された。そして、福岡高判平成17年12月27日・TAINS Z253－9442（第一審：福岡地判平成15年9月19日・TAINS Z255－10259）では、類似業種比準方式と純資産価額方式の折衷方式によることが合理的であると判示された。福岡高判平成17年12月27日は、平成12年12月22日に改正所得税基本通達が公表される前に行われた更正処分に対する訴訟であるため、所得税基本通達59－6が定められる前の事件である。現在では、いずれも、同通達59－6に従って処理すべきであると思われる。

＊30　細かい点であるが、所得税基本通達59－6では、同通達23～35共－9(4)ニに定める「1株又は1口当たりの純資産価額等を参酌して通常取引されると認められる価額」を算定するための手法として、財産評価基本通達を修正した評価額にすることが認められているが、所得税基本通達23～35共－9(4)ハに規定されている「その株式の発行法人と事業の種類、規模、収益の状況等が類似する他の法人の株式の価額があるもの」の代替的な手法として、財産評価基本通達を修正した評価額にすることは認められていない。これに対し、法人税基本通達4－1－6及び9－1－14では、いずれについても財産評価基本通達を修正した評価額にすることが認められている。そのほか、売買事例について、所得税基本通達23～35共－9(4)イでは、「最近において売買の行われたもののうち適正と認められる価額」としているのに対し、法人税基本通達4－1－5(1)及び9－1－13(1)では、「前6月間において売買の行われたもののうち適正と認められるものの価額」という違いがある。実務的には、売買事例や類似会社が存在しないことが多く、ほとんど影響はないと思われる。

＊31　牧口・齋藤前掲＊2・291頁。

＊32　森前掲＊1・168頁。

同通達59－6による評価方法を用いることを否定していないため、いずれであっても結論は変わらない[*33]。

＜参考法令・通達＞

●所得税基本通達

（株式等を取得する権利の価額）

23～35共－9　令第84条第3項第1号及び第2号に掲げる権利の行使の日又は同項第3号に掲げる権利に基づく払込み若しくは給付の期日（払込み又は給付の期間の定めがある場合には、当該払込み又は給付をした日。以下この項において「権利行使日等」という。）における同条第3項本文の株式の価額は、次に掲げる場合に応じ、それぞれ次による。

(1)　これらの権利の行使により取得する株式が金融商品取引所に上場されている場合　当該株式につき金融商品取引法第130条の規定により公表された最終の価格（同日に最終の価格がない場合には、同日前の同日に最も近い日における最終の価格とし、2以上の金融商品取引所に同一の区分に属する最終の価格がある場合には、当該価格が最も高い金融商品取引所の価格とする。以下この項において同じ。）とする。

(2)　これらの権利の行使により取得する株式に係る旧株が金融商品取引所に上場されている場合において、当該株式が上場されていないとき　当該旧株の最終の価格を基準として当該株式につき合理的に

＊33　品川前掲＊28・21頁では、所得税基本通達59－6は、「非上場株式についての所得税法59条に定める『価額』の解釈（認定）について定められているのであるが、当該取扱いは、所得税法上の他の条項に定める『価額』の解釈（認定）に共通するものを確認的に定めるものであろう。現に、実務では、そのように対応されている。もっとも、そうであれば、後述する法人税の取扱いと同様に、前述の所得税基本通達23～35共－9の次項に、評価通達の準用規定を定めればよかったものと言える」と批判されている。

計算した価額とする。

(3) (1)の株式及び(2)の旧株が金融商品取引所に上場されていない場合において、当該株式又は当該旧株につき気配相場の価格があるとき(1)又は(2)の最終の価格を気配相場の価格と読み替えて(1)又は(2)により求めた価額とする。

(4) (1)から(3)までに掲げる場合以外の場合　次に掲げる区分に応じ、それぞれ次に定める価額とする。

イ　売買実例のあるもの　最近において売買の行われたもののうち適正と認められる価額

ロ　公開途上にある株式で、当該株式の上場又は登録に際して株式の公募又は売出し（以下この項において「公募等」という。）が行われるもの（イに該当するものを除く。）　金融商品取引所又は日本証券業協会の内規によって行われるブックビルディング方式又は競争入札方式のいずれかの方式により決定される公募等の価格等を参酌して通常取引されると認められる価額

（注）　公開途上にある株式とは、金融商品取引所が株式の上場を承認したことを明らかにした日から上場の日の前日までのその株式及び日本証券業協会が株式を登録銘柄として登録することを明らかにした日から登録の日の前日までのその株式をいう。

ハ　売買実例のないものでその株式の発行法人と事業の種類、規模、収益の状況等が類似する他の法人の株式の価額があるもの　当該価額に比準して推定した価額

ニ　イからハまでに該当しないもの　権利行使日等又は権利行使日等に最も近い日におけるその株式の発行法人の１株又は１口当たりの純資産価額等を参酌して通常取引されると認められる価額

（注）　この取扱いは、令第354条第２項（(新株予約権の行使に関する調書)）に規定する「当該新株予約権を発行又は割当てをした株式会社の株式の１株当たりの価額」について準用

する。

（株式等を贈与等した場合の「その時における価額」）

59－6　法第59条第1項の規定の適用に当たって、譲渡所得の基因となる資産が株式（株主又は投資主となる権利、株式の割当てを受ける権利、新株予約権（新投資口予約権を含む。以下この項において同じ。）及び新株予約権の割当てを受ける権利を含む。以下この項において同じ。）である場合の同項に規定する「その時における価額」は、23～35共－9に準じて算定した価額による。この場合、23～35共－9の⑷ニに定める「1株又は1口当たりの純資産価額等を参酌して通常取引されると認められる価額」については、原則として、次によることを条件に、昭和39年4月25日付直資56・直審（資）17「財産評価基本通達」（法令解釈通達）の178から189－7まで（(取引相場のない株式の評価)）の例により算定した価額とする。

⑴　財産評価基本通達178、188、188－6、189－2、189－3及び189－4中「取得した株式」とあるのは「譲渡又は贈与した株式」と、同通達185、189－2、189－3及び189－4中「株式の取得者」とあるのは「株式を譲渡又は贈与した個人」と、同通達188中「株式取得後」とあるのは「株式の譲渡又は贈与直前」とそれぞれ読み替えるほか、読み替えた後の同通達185ただし書、189－2、189－3又は189－4において株式を譲渡又は贈与した個人とその同族関係者の有する議決権の合計数が評価する会社の議決権総数の50%以下である場合に該当するかどうか及び読み替えた後の同通達188の⑴から⑷までに定める株式に該当するかどうかは、株式の譲渡又は贈与直前の議決権の数により判定すること。

⑵　当該株式の価額につき財産評価基本通達179の例により算定する場合（同通達189－3の⑴において同通達179に準じて算定する場合を含む。）において、当該株式を譲渡又は贈与した個人が当該譲渡又は贈与直前に当該株式の発行会社にとって同通達188の⑵に定

める「中心的な同族株主」に該当するときは、当該発行会社は常に同通達178に定める「小会社」に該当するものとしてその例によること。

(3)　当該株式の発行会社が土地（土地の上に存する権利を含む。）又は金融商品取引所に上場されている有価証券を有しているときは、財産評価基本通達185の本文に定める「1株当たりの純資産価額（相続税評価額によって計算した金額）」の計算に当たり、これらの資産については、当該譲渡又は贈与の時における価額によること。

(4)　財産評価基本通達185の本文に定める「1株当たりの純資産価額（相続税評価額によって計算した金額）」の計算に当たり、同通達186－2により計算した評価差額に対する法人税額等に相当する金額は控除しないこと。

＜参考事例＞

(1)　特例的評価方式の適用を認めなかった裁判例（最三小判令和2年3月24日・TAINS Z888－2296）

①　事実の概要

本件は、A社の代表取締役であった被相続人庚が、自身の有していたA社の株式のうち72万5,000株を、平成19年8月1日、B社に対して譲渡したことにつき、庚の相続人であり相続により庚の平成19年分の所得税の納付義務を承継した原告らが、本件株式譲渡に係る譲渡所得の収入金額を譲渡対価と同じ金額（配当還元方式により算定した価額に相当する金額）として庚の上記所得税の申告をしたところ、税務署長である被告が、本件株式譲渡の譲渡対価はその時における本件株式の価額（類似業種比準方式により算定した価額）の2分の1に満たないから、本件株式譲渡は所得税法59条1項2号の低額譲渡に当たるとして、各原告に対し、更正処分及び過少申告加算税の賦課決定処分をしたことから、原告らが、これらの処分の取消しを求めた事件である。

本事件の争点は、(イ)本件株式譲渡が所得税法59条1項2号の低額譲渡に当たるか、(ロ)本件各更正処分等により原告乙らがそれぞれ納付すべき税額についての被告の主張変更の当否の2つであるが、本書では、前者についてのみ解説を行う。

② 第1審（東京地判平成29年8月30日・TAINS Z267－13045）

・取引相場のない株式の譲渡に係る譲渡所得の収入金額の計算上当該株式のその譲渡の時における価額の算定に適用する場合には、原告らのいう会社区分の判定においても、株主区分の判定においても、譲渡直前の譲渡人の議決権割合によるのが相当である。

・譲渡人が所有している状態における株式が、一定の議決権割合を占め事業経営への影響力のあるもの（支配力を有するもの）であったのであれば、譲渡人としてはその支配力をも加味した価値のある株式を有していたというべきであり、現に成立した取引において、譲渡人がその有する株式のうちの少数のみを分割して譲受人に譲渡し、譲受人が取得する株式が事業経営への影響力のない株式（少数株式）になったとしても、それは、譲渡人があえて経営への影響力を廃する形で分割譲渡した結果にほかならない。そのため、譲受人が取得した株式が少数株式にとどまるからといって、譲渡人が所有していた状態における資産としての株式の価値を、当該譲渡により分割された後の少数株式の状態で評価することは、…で述べた譲渡所得に対する課税の趣旨に反することになるというべきである。

・個人への譲渡と法人への譲渡とで矛盾が生じるとの指摘は、そもそもそのような矛盾は所得税法59条1項2号が低額譲渡として法人に対するもののみを規定していることに起因するものであるから、同号の規定を前提とした上で議決権割合の判定を譲渡人又は譲受人のいずれを基準として行うべきかという判断に直接影響はしないというべきである。

・また、原告らは、所得税基本通達59－6の(1)が評価通達188の(1)に定める「同族株主」に該当するかの判定に限り、譲渡直前の議決権の数による旨定めていることの文理解釈によれば、評価通達188の(3)の株主区分の判定においては、所得税基本通達59－6の(1)は適用されず、譲渡後の譲受人の議決権割合により判定すべきであるとも主張する。

・しかしながら、評価通達188の(3)が一文で定める株式の要件に関して原告が主張するような異なる判断基準を混在させることに合理的な理由は見出し難く、譲渡所得に対する課税の趣旨に鑑みれば、前記…のとおりに解釈するのが相当である。

③　控訴審（東京高判平成30年7月19日・TAINS Z888－2198）

・租税法規の解釈は原則として文理解釈によるべきであり、みだりに拡張解釈や類推解釈を行うことは許されないと解されるところ、所得税基本通達及び評価通達は租税法規そのものではないものの、課税庁による租税法規の解釈適用の統一に極めて重要な役割を果たしており、一般にも公開されて納税者が具体的な取引等について検討する際の指針となっていることからすれば、課税に関する納税者の信頼及び予見可能性を確保する見地から、上記各通達の意味内容についてもその文理に忠実に解釈するのが相当であり、通達の文言を殊更に読み替えて異なる内容のものとして適用することは許されないというべきである。本件においては、本件株式が評価通達188の(3)の株式に該当するかどうかが争われているところ、上記のとおり、所得税基本通達59－6の(1)が、評価通達188の(1)に定める「同族株主」に該当するかどうかについて株式を譲渡した個人の当該譲渡直前の議決権の数により判定する旨を定める一方で、同(2)から(4)までについて何ら触れていないことからすれば、同(3)の「同族株主のいない会社」に当たるかどうかの判定（会社区分の判定）については、それが同(1)の「同族株主のいる会社」の対概念として定められていることに照らし、所得税基本通達59－6の(1)により株式譲渡直前の議決権の数により行われるものと解されるとしても、「課税時期において株主の1人及びその同族関係者の有する議決権の合計数が、その会社の議決権総数の15%未満である場合におけるその株主の取得した株式」に該当するかどうかの判定（株主区分の判定）については、その文言どおり、株式の取得者の取得後の議決権割合により判定されるものと解するのが相当である。

④　最高裁の判断

・譲渡所得に対する課税の場面においては、相続税や贈与税の課税の場面を前提とする評価通達の前記の定めをそのまま用いることはできず、所得税法の趣旨に則し、その差異に応じた取扱いがされるべきである。所得税基本通達59－6は、取引相場のない株式の評価につき、少数株主に該当するか否かの判断の前提となる「同族株主」に該当するかどうかは株式を譲渡又は贈与した個人の当該譲渡又は贈与直前の議決権の数により判定すること等を条件に、評価通達の例により算定した価額とする旨を定めているところ、この定めは、上記のとおり、譲渡所得に対する課税と相続税等との性質の差異に応じた取扱いをすることとし、少数株主に該当するか否かについても当該株式を譲渡した株主について判断すべきことをいう趣旨のものということができる。
・ところが、原審は、本件株式の譲受人であるCが評価通達188の(3)の少数株主に該当することを理由として、本件株式につき配当還元方式により算定した額が本件株式譲渡の時における価額であるとしたものであり、この原審の判断には、所得税法59条1項の解釈適用を誤った違法がある。

〔裁判官宇賀克也の補足意見〕

・通達は、法規命令ではなく、講学上の行政規則であり、下級行政庁は原則としてこれに拘束されるものの、国民を拘束するものでも裁判所を拘束するものでもない。確かに原審の指摘するとおり、通達は一般にも公開されて納税者が具体的な取引等について検討する際の指針となっていることからすれば、課税に関する納税者の信頼及び予測可能性を確保することは重要であり、通達の公表は、最高裁昭和60年（行ツ）第125号同62年10月30日第三小法廷判決・裁判集民事152号93頁にいう「公的見解」の表示に当たり、それに反する課税処分は、場合によっては、信義則違反の問題を生ぜしめるといえよう。しかし、そのことは、裁判所が通達に拘束されることを意味するわけではない。さらに、所得税基本通達59－6は、評価通達の「例により」算定するものと定めているので、相続税と譲渡所得に関する課税の性質の相違に応じた読替えをすることを想定しており、このような読替えをすることは、そもそも、所得税基本通達の文理にも反しているとはいえないと考える。

〔裁判官宮崎裕子の補足意見〕

・通達は、どのような手法で作られているかにかかわらず、課税庁の公的見解の表示ではあっても法規命令ではないという点である。そうであるからこそ、ある通達に従ったとされる取扱いが関連法令に適合するものであるか否か、すなわち適法であるか否かの判断においては、そのような取扱いをすべきことが関連法令の解釈によって導かれるか否かが判断されなければならない。税務訴訟においても、通達の文言がどのような意味内容を有するかが問題とされることはあるが、これは、通達が租税法の法規命令と同様の拘束力を有するからではなく、その通達が関連法令の趣旨目的及びその解釈によって導かれる当該法令の内容に合致しているか否かを判断するために問題とされているからにすぎない。そのような問題が生じた場合に、最も重要なことは、当該通達が法令の内容に合致しているか否かを明らかにすることである。通達の文言をいかに文理解釈したとしても、その通達が法令の内容に合致しないとなれば、通達の文理解釈に従った取扱いであることを理由としてその取扱いを適法と認めることはできない。このことからも分かるように、租税法の法令解釈において文理解釈が重要な解釈原則であるのと同じ意味で、文理解釈が通達の重要な解釈原則であるとはいえないのである。

・所得税基本通達59－6の(1)は、少数株主に該当するか否かの判断の前提となる「同族株主」に該当するかどうかにつき株式を譲渡又は贈与した個人（すなわち、株式を取得した者ではなく、株式の譲渡人）の当該譲渡又は贈与直前の議決権の数によると明記していることは原審判決も摘示しているとおりであるが、これは所得税法59条1項が譲渡所得に対する課税に関する規定であるため、同項に合致するよう評価通達に適切な修正を加える必要があるという理由から定められたものであることは明らかである。この理由は、評価通達188の(3)の少数株主の議決権の割合に言及している部分についても同様に当てはまる。なぜならば、譲渡人に課税される譲渡所得に対する所得税課税の場合には、譲渡の時までに譲渡人に生じた増加益の額の算定が問題となるのであるから、その額が、譲渡人が少数株主であったことによって影響を受けることはあり得るとしても、当該譲渡によって当該株式を取得し、当該譲渡後に当該株式を保有することとなる者が少数株主であるか否かによって影響を受けると解すべき理由はないからである。したがって、所得税法59条1項所定の「その時における価額」の算定に当たってなされる評価通達188の(3)を借用して行う少数株主か否かの判断は、当該株式を取得した株主についてではなく、当該株式を譲渡した株主について行うよう修正して同通達を当てはめるのでなければ、法令（すなわち所得税法59条1項）に適合する取扱いとはいえない。

⑤ 評　　釈

(i) 一物二価の考え方

所得税基本通達59－6を根拠にするのであれば、国側は、評価会社を小会社とみなし、類似業種比準価額と純資産価額を1対1で折衷すべきだったと思われる。それにもかかわらず、類似業種比準価額により更正処分等を行っているだけでなく、裁判所も国側の主張を認めている。

すなわち、純資産価額のほうが類似業種比準価額よりも安いのであれば、所得税基本通達であっても、財産評価基本通達であっても、純資産価額方式により評価すべきということになるため、納税者はその点につき争うことができたはずである。これに対し、類似業種比準価額のほうが純資産価額より安いのであれば、そもそも被告である国側が、類似業種比準価額より高い評価額である折衷方式による評価額を主張していないのであるから、裁判所があえてそのことについて触れる必要はない*34。

その点を除いて考えると、譲渡人にとっての時価が原則的評価方式であり、譲受人にとっての時価が特例的評価方式である場合には、一物二価の考え方を採用し、原則的評価方式に基づいて譲渡人の譲渡所得を計算すべきであることが明らかにされている。すなわち、特例的評価方式により譲渡を行った場合には、譲渡人は原則的評価方式により譲渡を行ったものとして譲渡所得を計算するのに対し、譲受人は時価である特例的評価方式による評価額で取得をしていることから、受贈益を認識する必要はないということになる。後述する大分地判平成13年9月25日・TAINS Z251－8982の時代には曖昧であったが、本書校了段階では、一物二価の考え方を租税法も容認しているということがいえる。

(ii) 財産評価基本通達188(3)の借用

財産評価基本通達188では、以下のように規定されている。

「178《取引相場のない株式の評価上の区分》の「同族株主以外の株主等が取得した株式」は、次のいずれかに該当する株式をいい、その株式の価額は、次項の定めによる。

(1) 同族株主のいる会社の株式のうち、同族株主以外の株主の取得した株式

この場合における「同族株主」とは、課税時期における評価会社の株主のうち、株主の1人及びその同族関係者（法人税法施行令第4条《同族関係者の範囲》に規定する特殊の関係のある個人又は法人をいう。以下同じ。）の有する議決権の合計数がその会社の議決権総数の30％以上（その評価会社の株主のうち、株主の1人及びその同族関係者の有する議決権の合計数が最も多いグループの有する議決権の合計数が、その会社の議決権総数の50％超である会社にあっては、50％超）である場合におけるその株主及び

＊34　推測するに、相続した株式を譲渡したことから、類似業種比準価額による評価を行った可能性もあり得るが、それでもなお、類似業種比準価額と純資産価額を1対1で折衷すべきだったと思われる。

その同族関係者をいう。

⑵　中心的な同族株主のいる会社の株主のうち、中心的な同族株主以外の同族株主で、その者の株式取得後の議決権の数がその会社の議決権総数の５％未満であるもの（課税時期において評価会社の役員（社長、理事長並びに法人税法施行令第71条第１項第１号、第２号及び第４号に掲げる者をいう。以下この項において同じ。）である者及び課税時期の翌日から法定申告期限までの間に役員となる者を除く。）の取得した株式

この場合における「中心的な同族株主」とは、課税時期において同族株主の１人並びにその株主の配偶者、直系血族、兄弟姉妹及び１親等の姻族（これらの者の同族関係者である会社のうち、これらの者が有する議決権の合計数がその会社の議決権総数の25％以上である会社を含む。）の有する議決権の合計数がその会社の議決権総数の25％以上である場合におけるその株主をいう。

⑶　同族株主のいない会社の株主のうち、課税時期において株主の１人及びその同族関係者の有する議決権の合計数が、その会社の議決権総数の15％未満である場合におけるその株主の取得した株式

⑷　中心的な株主がおり、かつ、同族株主のいない会社の株主のうち、課税時期において株主の１人及びその同族関係者の有する議決権の合計数がその会社の議決権総数の15％以上である場合におけるその株主で、その者の株式取得後の議決権の数がその会社の議決権総数の５％未満であるもの（⑵の役員である者及び役員となる者を除く。）の取得した株式

この場合における「中心的な株主」とは、課税時期において株主の１人及びその同族関係者の有する議決権の合計数がその会社の議決権総数の15％以上である株主グループのうち、いずれかのグループに単独でその会社の議決権総数の10％以上の議決権を有している株主がいる場合におけるその株主をいう。」

これに対し、令和２年改正前所得税基本通達59－6では、「財産評価基本通達188の⑴に定める「同族株主」に該当するかどうかは、株式を譲渡又は贈与した個人の当該譲渡又は贈与直前の議決権の数により判定するこ

と」と規定されていた。

そのため、控訴審では、財産評価基本通達188⑶を準用する場合には、株式を譲渡した後の議決権の数により判定すべきであると判示したのに対し、上告審では、株式を譲渡する前の議決権の数により判定すべきであると判示している。

このように、控訴審と上告審とで意見が分かれたのは、所得税基本通達のわかりにくさによるものであるが、宮崎裕子氏の補足意見にあるように、通達は課税庁の公式見解であることから、最も有力な法令の解釈であるものの、法令の解釈に過ぎず、法令そのものとはいい難い。すなわち、あらゆる事態を想定して通達を作ることは不可能であることから、通達をそのまま適用してしまうと、法令の趣旨に反する結果になる場合には、通達の解釈に従わず、より合理的な解釈をすべきであるということがいえる。

本事件においても、「財産評価基本通達188の⑴に定める」という文言に固執せずに、法令の趣旨を考慮すれば、財産評価基本通達188⑶の解釈においても、「株式を譲渡又は贈与した個人の当該譲渡又は贈与直前の議決権の数により判定」すべきであったということがいえる。そのため、本判決を受けて、令和2年8月28日に改正された所得税基本通達59－6では、通達の明確化が図られている。

なお、同一の取引を行った者のうち本件訴訟に加わらなかった者が税理士に対する損害賠償の請求を行った事件として、東京地判平成31年1月31日ウエストロー・ジャパン文献番号2019WLJPCA01318028が公表されている。東京地裁は、「本件株式譲渡時における本件株式の価額の評価方法については、関係法令等の解釈をめぐって見解が対立しており、配当還元方式によって評価すべきとする第2の見解にも相応の根拠が認められ、別件訴訟の控訴審においても採用されているところである。そうすると、仮に、原告が主張するとおり、本件株式譲渡についてAと被告との間に準委任契約が成立しており、被告がAに対し、本件株式譲渡時における本件株式の価額は配当還元方式により1株当たり75円と評価されると助言・指導した事実があったとしても、かかる助言・指導が直ちに誤りであったということはできず、少なくとも、そのような助言・指導をしたことについて、被告に税理士としての善管注意義務違反があったとか、不法行為を基礎づける過失（注意義務違反）があったということもできない」と判示しており、税理士の損害賠償責任を否定している。最三小判令和2年3月24日において、結果的に納税者が敗訴していることから、納税者に損害が生じているが、東京高判平成30年7月19日では税理士の見解が採用されていることを考えると、税理士としての善管注意義務違反があったともいい難いことから、税理士の損害賠償責任を生じさせるべきではないと思われる。

どのような場合に税理士としての善管注意義務違反が問題になるのかについては、弁護士の見解を踏まえながら、実務に対応していただきたい。

⑵　特例的評価方式の適用を認めた裁判例（大分地判平成13年9月25日・TAINS Z251－8982）

①　事実の概要

本事件は、亡甲の相続人である原告が、㈠税務署長である被告が、亡丙に係る平成4年分所得税について、同人の相続人である亡甲に対して行った更正処分及び過少申告加算税賦課決定並びに㈡亡甲に係る平成5年分所得税について、被告が亡甲に対してした更正のうち、亡甲の申告額を超える部分及び過少申告加算税賦課決定について、亡丙及び亡甲に係る株式の譲渡収入金額の認定がいずれも誤ったものであると主張して、これらの処分の取消しを求めた事件である。

亡甲及び亡丙は、有限会社Aに対し、O社株式を1株当たり2,500円で売却したが、被告は、類似業種比準価額により評価した1株当たり14,742円、11,357円又は8,885円が時価であるとして更正処分を行った（亡丙は2回取引を行っており、亡甲は1回取引を行っているので、それぞれの取引により類似業種比準価額は異なる）。

②　裁判所の判断

・丁・戊事例は、本件各取引より約1年1か月ないし2年5か月前になされたものであるが、本件会社のような同族会社においては、そもそも株式の取引事例が乏しいのが通常であり、また、上場されておらず、投機目的の取引がないため、上場株式のように価格が小刻みに大きく変動することもないから、この程度の時間的間隔をもって直ちに時価算定の参考にならないということはできない。

・Aの代表者である庚は、本件会社の従業員あるいは元従業員としての愛着が本件株式購入の主たる動機である旨供述しているところ、丁、戊を始め、Aの出資者の多くが本件会社の従業員あるいは元従業員であることからすれば、Aを通じて本件株式を所有するという、いわゆる従業員持株制度的な側面を有するとも考えられるのであって、庚の前記供述もあながち不合理とはいえないし、また、丁・戊事例当時、丙一族は、Aの持分の25パーセントを保有するにすぎない上、その後、本件会社の営業譲渡をめぐってAは明確に己の意向に反対したことも考慮すると、丙一族がAを支配していたとは到底認められず、他に丁・戊事例における本件株式の価額が適正と認められないことを推認させる証拠はない。

・同族株主のいる会社における非同族株主で少数株主となる者が譲受人となる場合には、その者は、会社の支配権を有するわけではなく、ただ配当期待権を有するのみであるから、配当金額から大幅にかけ離れた金額で取引するとはおよそ考えられず、売買代金額の決定には、配当金額が主たる要素となると考えられるから、当該株式の時価の算定に当たっては、むしろ配当状況に着目した配当還元方式によるのが合理的であるといえる。

・純資産価額方式及び類似業種比準方式によった場合に、売買実例価額ないし配当還元方式によった場合と著しい差異が生じるのに前者に依拠した本件算定はおよそ合理的であるとは認められず、他に亡丙及び亡甲の前記各申告額を超える所得を認めるに足りる証拠もないから、本件各処分は適法であるということができない。

③ 評　釈

本事件は、平成４年分及び平成５年分の所得税について、平成８年に行った更正処分及び賦課決定処分に対して、その取消しを求めた事件である。これに対し、現行所得税基本通達59－６は、平成12年度改正により導入された通達である。そのため、同通達を根拠として更正処分を行うわけにはいかないことから、譲渡人にとっての時価が原則的評価方式であり、譲受人にとっての時価が特例的評価方式である場合において、譲渡人の譲渡所得の計算を特例的評価方式で行うという解釈を大分地裁が採用したとしても、やむを得ないと考えることもできる。そして、現行所得税基本通達59－６を根拠にするのであれば、税務署は、評価会社を小会社とみなし、類似業種比準価額と純資産価額を１対１で折衷すべきだったにもかかわらず、類似業種比準価額により更正処分等を行っているだけでなく、判決文には、同通達59－６の内容は記載されていないことから、同通達が根拠になっていないことは明らかである。

また、売買事例として、「約１年１か月ないし２年５か月前になされたもの」を用いたことだけでなく、利害関係があってもおかしくはない従業員や元従業員が出資をするＡ社を譲受人としていることから、売買事例として適正であるとはいい難い。「いわゆる従業員持株制度的な側面を有する」という文言があることからも、少数株主間の売買としての適正性を認めたに過ぎず、支配株主が行う売買の適正性を認めたものではないと考えられる。すなわち、そもそも支配株主が１年１か月前や２年５か月前の情報を用いて株式を譲渡したり、譲り受けたりするわけがないことを考えると、少数株主間の売買としての適正性を検討する場合に限り、これだけの長期間の情報を用いることが認められると思われる。

なお、所得税基本通達23～35共－９⑷イでは、「最近において売買の行われたもののうち適正と認められる価額」としているのに対し、法人税基本通達４－１－５⑴及び９－１－13⑴では、「前６月間において売買の行われたもののうち適正と認められるものの価額」と規定していることから、法人税法では、6か月をやや延長し、1年未満であれば問題ないが、1年以上は認められないと解することも可能かもしれない。この点につき、私見ではあるが、売買事例が7～8か月前であってもそれ自体を問題とすべきではないが、当該売買事例の基となった株式評価の算定基準日から法人税法上の評価を行う日までの期間が1年以上である場合には、時点修正を行うべきであるため、売買事例をそのまま使用すべきではないと考えられる。

このように、本事件は、平成12年度改正により現行所得税基本通達59－6が導入される前の事件であることから、今後の実務において、それほど参考にすることはできないと考えられる。

その証拠として、東京地判平成27年12月11日・TAINS Z265－12769（控訴審：東京高判平成28年9月8日・TAINS Z888－2130）では、納税者が、大分地判平成13年9月25日を根拠として、非上場株式の譲受人が「同族株主以外の株主」であることから特例的評価方式を採用すべきと主張したのに対し、東京地裁は、「所得税基本通達59－6⑴は、評価通達188⑴に定める『同族株主』に該当するかどうかは、株式を譲渡又は贈与した個人の当該譲渡又は贈与直前の議決権の数により判定することとしているのであって、本件においては、本件寄附の際の贈与者である原告について、その譲渡直前の議決権の数により判定することになるのであるから、原告の主張が上記所得税基本通達の定めの適用関係を争うものであれば、そもそも失当である」と判示している。これは、「譲渡所得に対する課税は、資産の値上がりによりその資産の所有者に帰属する増加益（キャピタル・ゲイン）を所得として、その資産が所有者の支配を離れて他に移転するのを機会に、これを清算して課税する趣旨のものであるから、譲渡所得に係る資産の価額は、当該資産を譲渡した後の価値ではなく、その譲渡前において当該所有者が所有している状態における価値により評価するのが相当である」「譲渡される資産の所有者が当該資産を所有している間に客観的に見てどの程度の増加益を得ていたかを検討すべきなのであって、当該資産の譲受人側の事情はその算定に当たり考慮すべきものとはなり得ない」という理由によるものである。さらに、前述の東京地判平成29年8月30日・

TAINS Z888－2119においても、同様の判決が下されている。

そのため、現在において、大分地判平成13年9月25日と同様の事件が起こった場合には、類似業種比準価額と純資産価額を1対1で折衷することにより算定された評価額により、譲渡所得の計算が行われる可能性が高いと考えられる。

(3) 売買事例も類似会社も認めなかった裁判例（東京地判平成12年7月13日・TAINS Z248－8695）

① 事実の概要

本事件は、昭和62年分の所得税について、(イ)原告A社が、原告甲に対して、その保有するB社株式（当時の商号ではC社株式）を1株1,200円で譲渡したこと、(ロ)原告A社が、原告甲に対し200万株の新株を、原告乙に対し84万株の新株を、それぞれ1株500円で発行したこと、(ハ)原告甲がA社株式200万株をD社に1株500円で譲渡したことに対して、税務署長である被告が、(イ)につき、低廉譲渡に該当するとともに、時価と譲渡価額との差額が原告甲に対する賞与であるとして、(ロ)につき、新株の時価と発行価額との差額が一時所得になるとして、(ハ)につき、低廉譲渡に該当するとして、原告甲及び原告乙に対して更正処分及び過少申告加算税の賦課決定処分を、原告A社に対して源泉所得税の納税告知処分をしたのに対して、原告らが、これらの更正処分等の取消しを求めた事件である。

なお、原告乙がE社に対して、A社株式18万7,000株を1株500円で譲渡したことに関して、同原告に対する更正処分では譲渡所得の認定はされていなかったが、国側は、本件譲渡所得を同原告の所得金額に加算して主張している。

そして、具体的な時価の算定方法は、平成12年度改正により現行所得税基本通達59－6が導入される前の事件であることから、類似業種比準価額と純資産価額のいずれか低いほうの価額が採用されているが、本書校了段階で同様の取引が行われた場合には、所得税基本通達59－6(2)に従って、小会社とみなして時価を算定すべきであると考えられる。

本事件の争点は、以下のとおりである。

ⓐ　本件新株の引受に係る所得の帰属先はどこか（争点１）

ⓑ　A社株式及びB社株式の価格の算定において被告らがした評価方式が合理的であるかどうか（争点２）。

具体的には、以下の点が問題となる。

(i)　B社株式の価格の算定において、原告会社がF銀行らに売却したその価格を基に算定すべきか否か〔争点２(1)〕。

(ii)　A社株式及びB社株式の価格の算定において、所得税基本通達23～35共－９(4)ハの定める類似法人比準方式（類似上場会社法）によることが合理的であるかどうか、また、被告らの行った算定が合理的であるかどうか〔争点２(2)〕。

(iii)　仮に、A社株式及びB社株式の価格を、純資産価額方式によって算定すべきとした場合に、評価差額に対する法人税額等相当額（以下、単に「法人税額等相当額」という。）を控除すべきであるかどうか〔争点２(3)〕。

(iv)　各評価時点におけるA社株式及びB社株式の１株当たりの時価はいくらか〔争点２(4)〕

ⓒ　原告甲の予備的請求に係る本件訴えのうち、甲更正処分の昭和62年分の所得税の申告額以下について取消しを求める部分が適法な訴えであるかどうか（争点３）

本事件の控訴審（東京高判平成14年１月30日 TAINS Z252 － 9054）は、第一審の判断をそのまま踏襲している。そして、上記の争点のうち、争点２(3)については、平成12年度改正により、現行所得税基本通達59 －６が導入されたことにより明確化されている。そのため、上告審（最三小判平成17年11月８日・TAINS Z255 － 10195）では、以下のように判示している。

「所得税基本通達については平成12年課資３－８、課所４－29による改正により、法人税基本通達については平成12年課法２－７による改正により、所得税及び法人税の課税における１株当たりの純資産価額の評価に当たり法人税額等相当額を控除しないことが規定されるに至ったのであって、それらの改正前の昭和62年当時に、評価通達（平成２年直評12、直資２－203による改正前のもの）185が定める１株当たりの純資産価額の算定方式のうち法人税額等相当額を控除する部分が、所得税課税における評価に当てはまらないということを関係通達から読み取ることは、一般の納税義務者にとっては不可能である。

取引相場のない株式の取引は、法人税額等相当額を控除した純資産価額を上回る価額でされることもあり得るが、一般にその取引の当事者は上記関係通達の定める評価方法に関心を有するものであり、その評価方法が取引の実情に影響を与え得るものであったことは否定し難く、これとかけ離れたところに取引通念があったということはできない。

したがって、営業活動を順調に行っている会社の株式であっても、法人税額等相当額を控除して算定された１株当たりの純資産価額は、昭和62年当時において、一般には通常の取引における当事者の合理的意思に合致するものとして、所得税基本通達（平成10年課法８－２、課所４－５による改正前のもの）23～35共－9⑷にいう『１株当たりの純資産価額等を参酌して通常取引されると認められる価額』に当たるというべきである。このように解釈される上記『１株当たりの純資産価額等を参酌して通常取引されると認められる価額』によって株式の価額を評価して所得の金額を計算することは、所得税法及び所得税法施行令の解釈として合理性を有するということができる。

そうであるとすると、昭和62年３月又は５月における上告会社及びＣの１株当たりの純資産価額の評価において、両社が順調に営業を行っていることのみを根拠として、法人税額等相当額を控除することが不合理であって通常の取引における当事者の合理的意思に合致しないものであるということはできず、他に上記控除が上記の評価において著しく不合理な結果を生じさせるなど課税上の弊害をもたらす事情がうかがわれない本件においては、これを控除して１株当たりの純資産価額を評価すべきである。」

最高裁判決を受けて、国側は平成17年12月16日付けで再更正及び訂正の告知を行った。その後、納税者が新たな主張を行った差戻後控訴審（東京高判平成18年12月20日TAINS Z256－10604）では、争点2(3)を除き、第一審の判断をそのまま踏襲している。また、納税者の新たな主張（公示価格に比準した土地価格の適切さ）に対しては、「控訴人らの差戻後の当審における新たな主張は、故意又は重大な過失により時機に後れて提出されたものであり、しかも、訴訟上の信義則にも反するものといわざるを得ず、仮に、同時点の資産の評価について、改めて審理を行うとすれば、訴訟の完結が遅延することは明らかである」とした上で、「民事訴訟法2条、157条1項に基づき却下するのが相当である」とされた。また、その後の上告審（最三小判平成20年5月26日・TAINS Z258－10960）では、上告が受理されなかった。

このように、本事件に関する一連の裁判例のうち、本書で解説する必要があるものは第一審のみである。そして、非上場株式の評価に関する争点のうち、平成12年改正後所得税基本通達が適用される場合にも参考になるものは、争点2(1)、争点2(2)及び争点2(4)のみである。そのため、以下では、これらの争点についてのみの解説を行う。

② 裁判所の判断

〔争点2(1)売買事例〕

・原告会社からF銀行及びK銀行に対するB株の譲渡は、他の金融機関等と同程度の株式をF銀行及びK銀行にも保有してもらい安定株主を増やすとともに、将来にわたる当該銀行との円滑な取引を期待してなされたという側面があることを否定しきれないのであって、必ずしも、通常の株式の譲渡と同様の条件で譲渡が行われたものではないと考えられる。
・1株当たり1,200円というBの株価の算定の根拠となっているのは、純資産価格方式と最近2事業年度の平均当期利益による収益還元方式であるが、J證券において実際に行われた純資産価額方式による算定では、簿価により純資産額が算定されており、含み益が算定の基礎に含まれていない。実際上、F銀行新宿新都心支店の計算によれば、Bには486億4,700

万円もの含み資産があるとされていることからすれば、J證券の行った純資産価額方式による算定では、Bの株式の価額が時価より低く算定されていることを否定できず、その算定に係る価額をもって適正な価額ということはできない。

・発行価額算定書及び売却資料における計算の基礎となっている資本合計及び当期利益は、昭和62年3月前後のものとは大きく隔絶しており、したがって、第22期ないし第24期の資本合計及び当期利益を基礎として算定されたその1株当たりの価額1,200円をもって昭和62年3月ころの適正な売買価格とするのは、不適切であるといわざるを得ない。

〔争点2⑵類似法人比準方式（類似上場会社法）〕

・類似法人比準方式とは、当該株式等の発行法人と事業の種類、規模、収益の状況等が類似する他の法人の株式等の価額があるものについては当該価額に比準して推定した価額により算出するというものであるところ、…に認定した類似業種比準方式による標本会社の決定方法においては、事業の規模や収益の状況等が類似するかどうかについての考慮がされているとはいい難く、類似業種比準方式と類似法人比準方式とはやや趣を異にするものであるといわざるを得ない。そして、被告らの主張及び関係各証拠を総合しても、前記…の標本会社11社と原告会社及びBの各資本の金額、法人の総資産、従業員の数、売上金額、経常損益の状況等を比較検討し、標本会社が原告会社及びBの類似する法人に該当するとの判断をすることはできない。

〔争点2⑷A社株式及びB社株式の1株当たりの時価〕

・評価通達182が、右…の金額を課税時期の前年の平均株価とすることを認めているのは、類似業種の株価の一時的な変動による影響を緩和し、また、別に各年ごとに定める類似業種の3つの比較要素（配当、利益、簿価純資産）が標本会社の前年の数値によって計算されることとの関連を考慮して、前年の平均株価を選択できることとしたものであると解されるところ、上場株式は、投機的な要素等によってその価格が当該会社の業績等とは無関係に短期間で上下する危険性があることを否定できないから、右のような方法により安定した株式評価が得られることになり、また、他の比較要素（配当、利益、簿価純資産）が標本会社の前年の数値によって計算されることとの整合性もとれるから、右のような算定方法には合理性があるというべきである。かかる安定した評価及び他の比較要素との均衡は、相続税における財産評価のみならず、所得税の課税における株式の評価にも妥当するというべきであるから、右…の金額を算定するには、課税時期の前年の平均株価によるべきであり、被告らの主張するような算定方法に合理性を認めることはできない。

・評価通達183⑵が、右…の金額を直前期末以前２年間の課税所得金額を基礎に求めることを認めているのは、特定の事業年度のみの配当金額*35を採用することによる評価の危険性を排除し、ある程度の期間における配当金額を平均することによって通常的な配当金額を求め、その配当金額を上場株式のそれと比較することによって安定性のある評価を行おうとするものであると解されるところ、特定の事業年度のみ配当額が大きい場合に、その配当額を基礎とすると、当該会社の実態を正確に反映するものとはいえないのであるから、そのような場合には前年の配当額との平均化を図ることには合理性があるというべきである。特定の事業年度のみ配当額が大きい場合に、その配当額を基礎とすることによる不都合性は、相続税における財産評価のみならず、所得税の課税における株式の評価にも妥当するというべきであるから、右…の金額を算定するには、直前期末以前２年間の課税所得金額を基礎に求めるべきであり、被告らの主張するような算定方法は不合理というべきである。

③　評　　釈

このように、本事件では、「安定株主を増やすとともに、将来にわたる当該銀行との円滑な取引を期待してなされた」「J 證券の行った純資産価額方式による算定では、B の株式の価額が時価より低く算定されていることを

---

*35 「利益金額」又は「課税所得金額」と記載すべきであるが、判決文では「配当金額」と記載されていた。

否定できず、その算定に係る価額をもって適正な価額ということはできない」という理由により、売買事例として認められなかった。このことから、売買事例として認められる第三者はかなり限られているということがわかる（最近でも、国税不服審判所平成30年3月1日・TAINS F0 − 1 − 887 〜 889（非公開裁決例）、平成30年3月19日・TAINS F0 − 1 − 896、897、835、836（非公開裁決例）では、売買事例として認めないという裁決例がある）。

そして、「標本会社11社と原告会社及びBの各資本の金額、法人の総資産、従業員の数、売上金額、経常損益の状況等」が異なることから、類似法人比準方式（類似上場会社法）が認められないとしている。**第2章**で解説したように、会社法における非上場株式の評価でも、類似会社が存在しないことを理由として、類似上場会社法が採用されなくなっていることからも、今後の実務において、類似法人比準方式（類似上場会社法）を用いることができる場面はかなり限定的であるといえる。

このように、売買事例がある場合には、当該売買事例が時価とみなされる可能性に留意する必要があるものの、一般的には、売買事例法（取引事例法）、類似法人比準方式（類似上場会社法）を納税者側から積極的に採用していくべきではないと考えられる。そして、売買事例がある場合には、課税当局から当該売買事例を用いて否認される可能性があるため、当該売買事例の算定根拠を調査することにより、税務調査において、当該売買事例を時価として否認を受ける可能性があるかどうかにつき、慎重な検討が必要になる。また、売買事例が半年前であっても、売買価格の算定根拠となる資料が1年以上も前であることは十分に考えられる。このような場合には、時点修正の必要性についても検討が必要になる。

このように、売買事例がある場合を除き、所得税法上の時価として、所得税基本通達59 − 6による評価を用いるべきであり、売買事例がある場合には、その適正性についての調査が必要になるということがいえる。

なお、本事件では、類似業種比準方式により評価する場合の(イ)類似業種の株価及び(ロ)評価会社の1株当たりの利益金額の計算において、いずれも納税者が選択した場合は、(イ)の金額を課税時期の前年の平均株価とすること（財基通182)、(ロ)の金額を直前期末以前２年間の課税所得金額を基礎に求めること（財基通183(2)）を認めているのに対し、国側は、本事件における株式の評価では、これらの選択を排除すべきであるとし、(イ)の金額を課税時期以前３か月の株価の最低額により、(ロ)の金額を課税時期時点の金額とすべきとした。これに対し、裁判所は、国側の主張を認めず、財産評価基本通達に従って形式的に評価を行っている。このことからも、課税上、弊害がある場合を除き、所得税基本通達59－6に従った評価額を用いることは、安全性が高いということがいえよう。

V 譲渡人と譲受人で評価額が異なる場合

このように、相続税法上の時価と法人税法、所得税法の時価はやや異なっている。さらに、一方で原則的評価方式が採用されながら、他方で特例的評価方式が採用されることがある。このような一物二価の問題があったとしても、課税主体が異なるため、それぞれ異なる時価を用いて課税所得の計算を行うことは可能である＊36。

具体的に、一物二価があり得るとすれば、①譲渡人における時価が原則的評価方式であり、譲受人における時価が特例的評価方式である場合、②譲渡人における時価が特例的評価方式であり、譲受人における時価が原則的評価方式である場合が考えられる。このうち、①は支配株主から少数株主に株式を譲渡する場合であり、②は少数株主から支配株主に株式を譲渡する場合である。

この点、譲渡人と譲受人の双方が個人である場合には、譲渡人におけるみなし譲渡益課税を検討する必要がないため、譲受人における贈与税の問題のみを検討すればよい。そのため、一物二価の問題は生じない。これに対し、譲渡人と譲受人の一方又は双方が法人である場合には、譲渡人のみなし譲渡益についても検討する必要があるため、一物二価の問題が生じることがあり得る。

このような場合において、原則的評価方式で売買を行えば、租税法上の問題は生じない。例えば、譲渡人にとっての時価が特例的評価方式であり、譲受人にとっての時価が原則的評価方式である場合

＊36　これらをまとめたものとして、森前掲＊1・148－170頁、牧口・齋藤前掲＊2・290－295頁がある。

において、譲渡人が個人であり、譲受人が法人であるときは、譲渡人にとっての時価を超える金額を譲渡価額としているものの、租税回避に該当しない限り、当該譲渡価額に基づいて譲渡所得の計算を行えばよいからである。そして、一物二価の問題が生じる場合には、グループ法人税制が適用されないことがほとんどであることから、譲渡人が法人である場合には、特例的評価方式による評価額を超える金額を受贈益としたところで、譲渡益（益金）が受贈益（益金）に変わるだけなので、譲渡人の課税所得は変わらない。

さらに、譲渡人にとっての時価が原則的評価方式であり、譲受人にとっての時価が特例的評価方式である場合には、譲受人において、特例的評価方式を超える金額を有価証券の取得価額に算入することができるかどうか、言い換えると、寄附金に該当するかどうかが問題となる。しかしながら、有価証券の転売が予定されていない限り、その時点における譲受人の課税所得は変わらないことから、税務調査において問題となることはほとんどない。

これに対し、特例的評価方式で売買を行ってしまうと、租税法上の問題が生じることになる。例えば、譲渡人にとっての時価が特例的評価方式であり、譲受人にとっての時価が原則的評価方式である場合において、譲受人が法人であるときは、譲受人からすれば、原則的評価方式を下回る譲渡価額となっていることから、法人税法上、受贈益を認識する必要がある。そして、譲渡人が法人であり、譲受人が個人であるときは、個人において、所得税法上、一時所得等を認識する必要がある（譲渡人との関係によっては、給与所得等に該当する場合もあり得る）。

さらに、譲渡人にとっての時価が原則的評価方式であり、譲受人にとっての時価が特例的評価方式であり、譲渡人が個人であり、譲受人が法人である場合において、時価の２分の１に満たない価額で譲渡を行ったときは、時価で譲渡を行ったものとみなして、譲渡人である個人において譲渡所得税が課税される（所法59①二、所令

169)。そして、譲渡人が法人である場合には、譲渡人である法人における法人税の計算上、時価で譲渡を行ったものとみなして譲渡損益を認識する必要がある（法法61の2①一）。

このように、租税法上の観点からは、譲渡人と譲受人の納税ポジションの違いによる一物二価が問題となる。しかし、会社法上、譲渡制限株式の売買価格の決定（会社法144②）では、単一の売買価格を決定する必要があるため、一物二価というわけにはいかない。この点については、**第2章**で解説したとおりである。このような会社法と租税法の考え方の乖離に伴う実務上の問題については、**第4章**で解説することとする。

Ⅵ　自己株式の買取り

1　時価で取引を行った場合

(1)　株主における租税法上の取扱い

法人の株主が、当該法人による自己株式の取得により金銭その他の資産の交付を受けた場合において、その金銭の額及び金銭以外の資産の価額の合計額が当該法人の資本金等の額のうちその交付の基因となった当該法人の株式に対応する部分の金額を超えるときは、その超える部分の金額については、みなし配当として取り扱われる(法法24①五、所法25①五)。さらに、株主にとっては、株式の譲渡取引でもあることから、みなし配当の計算だけでなく、株式譲渡損益の計算をする必要がある。そして、譲渡対価の額からみなし配当に相当する金額を控除した上で、株式譲渡損益の計算を行う（法法61の2①一、措法37の10③五)。そのため、結果的に、株式譲渡損益の一部がみなし配当に付け替えられることになる。

なお、株主が個人である場合において、株式等に係る譲渡所得の金額の計算上生じた損失の金額があるときは、当該損失の金額はなかったこととみなされるため、配当所得との損益通算を行うことはできないという点に留意されたい（措法37の10①)。

また、平成22年度税制改正により、グループ法人税制が導入され、株主が法人である場合において、完全支配関係のある子会社に対して、自己株式を買い取らせた場合には、株式譲渡損益を認識せず、資本金等の額の増減項目として取り扱うことになった（法法61の

２⑰、２十六、法令８①二十二)。

(2) 発行法人における法人税法上の取扱い

会計上の処理にかかわらず、法人税法上は、平成 18 年度税制改正により、自己株式を資産（有価証券）に計上せず（法法２二十一)、取得資本金額（普通株式のみを発行している場合には、当該法人の自己株式の取得等の直前の資本金等の額を株数按分した金額）を取得等の時に資本金等の額から減算することになった（法令８①二十)。また、自己株式の取得等により交付した金銭の額及び金銭以外の資産の価額の合計額が取得資本金額を超える場合におけるその超える部分の金額は利益積立金額の減算項目として取り扱われる（法令９①十四)。

なお、実務上は、以下の点に留意されたい。

① 交付した金銭の額及び金銭以外の資産の価額の合計額が、取得資本金額（当該法人の自己株式の取得等の直前の資本金等の額を株数按分した金額）に満たない場合には、減少すべき資本金等の額は、交付した金銭の額及び金銭以外の資産の価額の合計額となる。すなわち、利益積立金額を増減させず、交付した金銭の額及び金銭以外の資産の価額の合計額に相当する金額だけ、資本金等の額を減少させる。

② 当該法人の自己株式の取得等の直前の資本金等の額が零以下である場合には、資本金等の額を増減させず、すべて利益積立金額の減少として取り扱う。

③ 無償取得の場合には、交付した金銭の額及び金銭以外の資産の価額の合計額が零であることから、みなし配当も発生せず、資本金等の額及び利益積立金額も減少しない。

④ 平成 18 年度税制改正により、自己株式が有価証券でなくなったため、自己株式の取得に要した付随費用は、支出時の損金の額

に算入されることになった。

2 低額取得をした場合

(1) 有価証券を譲渡した株主

前述のように、法人の株主が、当該法人による自己株式の取得により金銭その他の資産の交付を受けた場合において、その金銭の額及び金銭以外の資産の価額の合計額が当該法人の資本金等の額のうちその交付の基因となった当該法人の株式に対応する部分の金額を超えるときは、その超える部分の金額については、みなし配当として取り扱われる。

しかし、自己株式の時価が2億円であるにもかかわらず、1億5,000万円で譲渡をした場合には、差額である5,000万円をどのように取り扱うべきかが問題になる。この点については、法人税法24条1項、所得税法25条1項において、「当該法人の次に掲げる事由により金銭その他の資産の交付を受けた場合において、その金銭の額及び金銭以外の資産の価額（かっこ内省略）の合計額が……」と規定しており、実際に株主に交付した金銭の額を基礎にみなし配当の計算をすることが明らかにされているため、あるべき時価よりも低額であるからといって、条文上、株主に交付した金銭の額を時価まで引き上げることは認められていない。そのため、差額である5,000万円をみなし配当の金額に含めることはできない。

これに対し、株主が法人である場合には、法人税法61条の2第1項1号において、有価証券の譲渡により通常得べき対価の額により有価証券譲渡損益の計算を行うことが明らかにされていることから、時価よりも安い価額により譲渡を行った場合には、時価で譲渡を行ったものとして益金の額を計算することになる。そして、株主が個人である場合には、所得税法59条1項2号及び同法施行令169条において、時価の2分の1を下回る価額により譲渡を行った場合には、時価により譲渡を行ったものとして譲渡損益の計算を行うことが明らかにされている（措通37の10・37の11共－22)。

(2) 既存株主

例えば、A社の株主がX氏とY氏のみである場合において、一方の株主であるX氏から時価を下回る金額によりA社が自己株式を取得した場合には、Y氏の保有するA社株式の時価が増加することから、X氏からY氏に対する贈与があったと考えるべきであり、贈与税の問題を検討する必要がある。

この点につき、相続税法基本通達9－2では、X氏が行った行為により、Y氏の保有するA社株式の時価が増加した場合には、当該増加した部分に相当する金額について、X氏からY氏に対する贈与があったものとすることが明らかにされている。すなわち、自己株式の買取りを行う前におけるY氏が保有するA社株式の時価が1億円であり、自己株式の買取りを行った結果、1億2,000万円になった場合には、X氏からY氏に対する2,000万円の贈与があったものとして、贈与税の計算を行う必要がある。

これに対し、一方又は双方の株主が法人である場合には、相続税法が適用されず、法人税法又は所得税法の問題となるが、条文上、他の株主が発行法人に対して贈与したことにより、保有する株式の時価が増加したとしても、当該時価の増加に対して受贈益として課税するという規定は存在しない。すなわち、法人税法及び所得税法の体系上、これに対して課税するには、同族会社等の行為計算の否認（法法132、所法157①）を適用せざるを得ないと考えられる。

(3) 発行法人

法人税法上、時価を下回る金額で自己株式を買い取らせた場合に、自己株式を取得した発行法人において、受贈益として課税するという規定は存在しない。そのため、時価を下回る金額で自己株式を取得したとしても、当該自己株式の買取価額により資本金等の額及び利益積立金額を減額させるべきであると考えられる。

したがって、これを超えて否認しようとするのであれば、きわめて異常な取引に対してのみ、同族会社等の行為計算の否認（法法132）を適用することになると思われるが、自己株式の取得は、そもそも資本等取引であることから、どのような価額で取引を行ったとしても、発行法人の課税所得は変わらないため、同族会社等の行為計算の否認を適用してまで受贈益を課税すべき事案はきわめて稀であると思われる。

3 高額取得をした場合

(1) 有価証券を譲渡した株主

① 株主が法人である場合

前述のように、法人の株主が、当該法人による自己株式の取得により金銭その他の資産の交付を受けた場合において、その金銭の額及び金銭以外の資産の価額の合計額が当該法人の資本金等の額のうちその交付の基因となった当該法人の株式に対応する部分の金額を超えるときは、その超える部分の金額については、みなし配当として取り扱われる。

しかし、自己株式の時価が8,000万円であるにもかかわらず、

1億5,000万円で譲渡をした場合には、差額である7,000万円をどのように取り扱うべきかが問題になる。なぜならば、単純な贈与を受けたのであれば、7,000万円の受贈益が発生したにもかかわらず、このような手法を採用することで、受取配当等の益金不算入（法法23）を適用することが可能になるからである。

この点につき、後述する名古屋高判平成14年5月15日・TAINS Z252 − 9121（相互タクシー事件）を参考にすれば、発行法人から法人株主に対して交付した金銭のうち7,000万円については自己株式の取得により交付を受けた金銭ではなく、単なる贈与目的で交付した金銭であると認定することが可能になる。さらに、東京高判平成13年7月5日・税資251号（順号8942）（日本スリーエス事件）を参考にすれば、本取引により、法人株主における法人税の負担を不当に減少したと認められる場合には、同族会社等の行為計算の否認（法法132）を適用することにより、同様の否認が可能になる。

すなわち、原則として、時価を超える部分についても、みなし配当として取り扱うことができるが、一定の場合には、受贈益として取り扱われ、受取配当等の益金不算入を適用することができない可能性があるという点に留意が必要である。

②　株主が個人である場合（贈与税が課税されない場合）

これに対し、株主が個人である場合には、単純な贈与を受けたのであれば、給与所得、退職所得又は一時所得が発生したにもかかわらず、このような手法を採用することで配当所得として処理されている。この場合には、当該個人株主の所得水準にもよるものの、一般的に、配当所得として処理したからといって、給与所得、退職所得又は一時所得に比べて所得税の負担が不当に安くなることは稀であり、同族会社等の行為計算の否認（所法157①）が適用されることは稀であると考えられる。

なお、平成21年3月3日裁決･裁事77号194頁では、納税者が、自己株式の取得が高額取得であることを理由として、みなし配当を一時所得として処理しようとした事件であるが、時価が適正であることを理由として､このような主張が認められなかった。そのため、低額取得又は高額取得に該当した場合の取扱いについて、原処分庁も国税不服審判所も判断はしていないため、本裁決例は、今後の実務に影響を与えないと思われる。

③　株主が個人である場合（贈与税が課税される場合）

前述のように、時価よりも高い金額で自己株式を買い取らせたとしても、原則として、所得税法上、みなし配当として処理すべきであると考えられる。

しかしながら、有価証券を譲渡した者が個人であり、かつ、既存株主も個人である場合において、両者の関係が親族等に該当するときは、同族会社である発行法人を通じて、株主間の贈与が行われていると考えられる。このような場合には、相続税法基本通達9－4で想定している事象と類似の事象が生じていることから、時価を超える部分について、譲渡人である個人に対して贈与税を課すべきであると考えられる。

また、その場合には、所得税と贈与税の二重課税になるのではないかという疑問が生じるが、所得税法9条1項16号では、個人からの贈与により取得するもの（相続税法の規定により個人からの贈与により取得したものとみなされるものを含む）については、所得税が課されないことが明らかにされている。

すなわち、買取りの対象となる自己株式の時価が8,000万円であり、買取りの対象となる自己株式に対応する資本金等の額が500万円である場合において、買取価額が1億5,000万円であるときは、1億4,500万円をみなし配当として取り扱うのではなく、7,000万円が贈与税の課税対象となり、7,500万円が所得税（配当所得）の課税対象となると考えられる。

ただし、上記の事案において、贈与の対象となった7,000万円について、所得税と贈与税の両方の課税対象にすべきであるという考え方もあるため、留意されたい（稲見誠一・佐藤信祐『実務詳解組織再編・資本等取引の税務Q&A』1079 − 1080頁（中央経済社、平成24年）参照)。

(2) 既存株主

そのほか、本件取引は、既存株主から有価証券を譲渡した者に対する贈与が行われていると考えることもできることから、既存株主における租税法上の取扱いについても検討が必要になる。

この点については、最三小判平成18年1月24日・TAINS Z256 − 10279（オウブンシャ・ホールディングス事件）の判例を参考にすれば、既存株主が法人である場合には、このような経済的価値の移転につき、無償による資産の譲渡その他の取引があったものとして課税することも考えられる（法法22②)。ただし、このような否認は、既存株主が発行法人を支配している場合のように、誰に対してどのような条件で自己株式を買い取るのかを自由に決定できる立場にある場合に限定されると考えられる。すなわち、既存株主のうち少数株主については、このような否認をすべきではない。

これに対し、既存株主が個人である場合には、法人税法22条2項に相当する規定がないことから、同族会社等の行為計算の否認(所法157①）の適用を行う場合に限り、みなし譲渡益が課税されると考えられる。

(3) 発行法人

前述のように、発行法人では、時価がいくらであるかにかかわらず、当該自己株式の買取価額により資本金等の額及び利益積立金額を減額させるべきであると考えられる。

なお、時価よりも高い金額で自己株式を取得した場合には、同族会社等の行為計算の否認（法法132）を適用することにより、寄附金として処理すべきという考え方もあり得るが、寄附金の認定を行ったとしても、資本金等の額が変わるだけであり、法人税法上の課税所得は増えないため、同族会社等の行為計算の否認の適用は困難であると考えられる。

＜参考法令・通達＞

●相続税法基本通達

（株式又は出資の価額が増加した場合）

9－2　同族会社（法人税法（昭和40年法律第34号）第2条第10号に規定する同族会社をいう。以下同じ。）の株式又は出資の価額が、例えば、次に掲げる場合に該当して増加したときにおいては、その株主又は社員が当該株式又は出資の価額のうち増加した部分に相当する金額を、それぞれ次に掲げる者から贈与によって取得したものとして取り扱うものとする。この場合における贈与による財産の取得の時期は、財産の提供があった時、債務の免除があった時又は財産の譲渡があった時によるものとする。

(1)　会社に対し無償で財産の提供があった場合　当該財産を提供した者

(2)　時価より著しく低い価額で現物出資があった場合　当該現物出資をした者

(3)　対価を受けないで会社の債務の免除、引受け又は弁済があった場合　当該債務の免除、引受け又は弁済をした者

(4)　会社に対し時価より著しく低い価額の対価で財産の譲渡をした場

合　当該財産の譲渡をした者

(同族会社の募集株式引受権)

9－4　同族会社が新株の発行（当該同族会社の有する自己株式の処分を含む。以下9－7までにおいて同じ。）をする場合において、当該新株に係る引受権（以下9－5までにおいて「募集株式引受権」という。）の全部又は一部が会社法（平成17年法律第86号）第206条各号（(募集株式の引受け)）に掲げる者（当該同族会社の株主の親族等（親族その他法施行令第31条に定める特別の関係がある者をいう。以下同じ。）に限る。）に与えられ、当該募集株式引受権に基づき新株を取得したときは、原則として、当該株主の親族等が、当該募集株式引受権を当該株主から贈与によって取得したものとして取り扱うものとする。ただし、当該募集株式引受権が給与所得又は退職所得として所得税の課税対象となる場合を除くものとする。

●所得税法

(非課税所得)

第9条　次に掲げる所得については、所得税を課さない。

一～十五　(略)

十六　相続、遺贈又は個人からの贈与により取得するもの（相続税法（昭和25年法律第73号）の規定により相続、遺贈又は個人からの贈与により取得したものとみなされるものを含む。）

十七～十八　(略)

(以下略)

4　租税法上の時価の考え方

このように、時価と異なる価額で自己株式の買取りを行った場合には、株主間贈与が問題となり、発行法人では課税上の問題が生じない。

そうなると、既存株主との間で贈与が行われたかどうかにより、時価を算定すべきであると考えられる。すなわち、すべての株主が個人である場合において、少数株主から特例的評価方式により自己株式を買い取った場合には、当該少数株主にとっては、特例的評価方式が租税法上の時価であることからみなし譲渡益の問題は生じないが、既存株主のうち支配株主にとっては、原則的評価方式が租税法上の時価であることから贈与税の問題が生じることになる。

そして、租税特別措置法37条の10第3項5号では、発行法人が個人株主から自己株式を取得する場合の当該個人株主における所得税法59条の適用について規定されており、租税特別措置法取扱通達37の10・37の11共－22では、当該自己株式の時価を所得税基本通達59－6により評価することが明らかにされている。これは、譲渡人における所得税の計算についての規定であることから、既存株主における贈与税の計算には影響を与えない。

なお、少数株主から原則的評価方式により自己株式を買い取ったとしても、当該少数株主にとっては、租税回避とはいい難いため、事実認定や同族会社等の行為計算の否認により、みなし配当を受贈益として処理すべきではない。これに対し、既存の支配株主にとっては、当該支配株主における評価額で取引がされていることから、寄附を行ったとは考えにくく、寄附金の問題は生じない。

<参考法令・通達>

●租税特別措置法取扱通達

(法人が自己の株式又は出資を個人から取得する場合の所得税法第 59 条の適用)

37 の 10・37 の 11 共－22　法人がその株主等から措置法第 37 条の 10 第 3 項第 5 号の規定に該当する自己の株式又は出資の取得を行う場合において、その株主等が個人であるときには、同項及び措置法第 37 条の 11 第 3 項の規定により、当該株主等が交付を受ける金銭等（所得税法第 25 条第 1 項《配当等とみなす金額》の規定に該当する部分の金額（以下この項において「みなし配当額」という。）を除く。）は一般株式等に係る譲渡所得等又は上場株式等に係る譲渡所得等に係る収入金額とみなされるが、この場合における同法第 59 条第 1 項第 2 号《贈与等の場合の譲渡所得等の特例》の規定の適用については、次による。

(1)　所得税法第 59 条第 1 項第 2 号の規定に該当するかどうかの判定

法人が当該自己の株式又は出資を取得した時における当該自己の株式又は出資の価額（以下この項において「当該自己株式等の時価」という。）に対して、当該株主等に交付された金銭等の額が、所得税法第 59 条第 1 項第 2 号に規定する著しく低い価額の対価であるかどうかにより判定する。

(2)　所得税法第 59 条第 1 項第 2 号の規定に該当する場合の一般株式等に係る譲渡所得等又は上場株式等に係る譲渡所得等に係る収入金額とみなされる金額

当該自己株式等の時価に相当する金額から、みなし配当額に相当する金額を控除した金額による。

(注)「当該自己株式等の時価」は、所基通 59 － 6《株式等を贈与等した場合の「その時における価額」》により算定するものとする。

Ⅶ　募集株式の発行等

1　有利発行をした場合

(1)　引受人

①　引受人が法人である場合

有価証券と引換えに払込みをした金銭の額が、払い込むべき金銭の額を定める時におけるその有価証券の取得のために通常要する価額に比して有利な金額である場合（いわゆる「有利発行」に該当する場合）には、その取得の時におけるその有価証券の取得のために通常要する価額が当該有価証券の取得価額となる（法令119①四）。そのため、有価証券と引換えに払込みをした金銭の額とその取得の時におけるその有価証券の取得のために通常要する価額との差額を受贈益として認識する必要がある（法法22②）。

この場合における「通常要する価額に比して有利な金額」とは、株式の払込金額を決定する日の現況における当該発行法人の株式の価額に比して社会通念上相当と認められる価額を下回る価額をいい、社会通念上相当と認められる価額を下回るかどうかは、当該発行法人の株式の価額と払込金額との差額が当該株式の価額のおおむね10％相当額以上であるかどうかにより判定することになる（法基通２－３－７）。また、この場合における「当該発行法人の株式の価額」は、決定日の価額だけでなく、決定日前１か月間の平均株価等、払込金額を決定するための基礎として相当と認められる価額で判定することも容認される。

なお、これらの「10％相当額」「１か月間」という考え方は、会社法上の有利発行に該当するか否かという点を参考としていることから、会社法上、「１か月」の期間をさらに拡大し、３か月又は半年とできるような場合には、法人税法上も、受贈益として課税すべきではないと考えられる。

ただし、10％のディスカウントにより募集株式の発行等をした場合であっても有利発行として取り扱わないのは、募集株式等を消化し資金調達の目的を達成することの見地からは、原則として発行価額を多少引き下げる必要があることから、このような場合には、有利発行として取り扱うべきではないためである。すなわち、完全な同族間取引では、募集株式等を消化し資金調達の目的を達成するというよりは、株主間贈与を目的とすることも考えられることから、このようなディスカウントを認めるべきではない。

そのため、すべてのケースにおいて10％のディスカウントが認められると考えるべきではなく、募集株式等を消化し資金調達の目的を達成するために、発行価額を多少引き下げる必要がある場合にのみ、10％のディスカウントを認めるべきであると考えられる。

なお、有利発行に該当するかどうかの判断は「払い込むべき金銭の額を定める時におけるその有価証券の取得のために通常要する価額」と比較するのに対し、受贈益の計算は「取得の時におけるその有価証券の取得のために通常要する価額」で行うという違いがあるという点に留意されたい。

②　引受人が個人である場合（贈与税が課税されない場合）

引受人が法人である場合と同様に、株式と引換えに払い込むべき額が有利な金額であるときは、払込日における時価と払い込むべき額との差額が所得税の課税対象となる（所法36②、所令84②三）。そして、有利な金額により株式を取得したか否かの判断は、所得税基本通達23～35共－７に規定されており、基本的には法人税法と同様に取り扱われる。

しかし、法人税法と根本的に異なるのは、経済的利益を享受する者が個人であることから、所得税法上、どの所得分類に帰属するのかを明確にする必要があるという点である。この点につき、所得税基本通達23～35共－6(3)では、原則として、一時所得に分類することとしながらも、当該発行法人の役員又は使用人に対しその地位又は職務等に関連して株式を取得する権利が与えられたと認められるときは給与所得とし、これらの者の退職に基因して当該株式を取得する権利が与えられたと認められるときは退職所得として取り扱うことが明らかにされている。

③　引受人が個人である場合（贈与税が課税される場合）

さらに、既存の主要株主が個人であり、かつ、引受人も個人である場合には、贈与税の問題を検討する必要がある（相法9）。

まず、相続税法21条の3第1項1号では、法人からの贈与により取得した財産には贈与税が課されないことが明らかにされている。すなわち、発行法人から引受人に対する経済的価値の移転として捉えるのであれば、法人から個人に対する贈与であることから、贈与税が課される余地がなく、所得税の課税対象となる。

これに対し、所得税法9条1項16号では、個人からの贈与により取得するもの（相続税法の規定により個人からの贈与により取得したものとみなされるものを含む）には所得税が課されないことが明らかにされている。すなわち、発行法人から引受人に対する経済的価値の移転として捉えるのではなく、既存の個人株主から引受人に対する経済的価値の移転として捉えるのであれば、贈与税の課税対象となることから、所得税が課される余地はない。

このように、引受人が発行法人から経済的価値の移転を受けたのか、既存の個人株主から経済的価値の移転を受けたのかという点が重要になる。この点につき、相続税法基本通達9－4では、(イ)発行法人が同族会社であり、かつ、募集株式引受権に基づき新株を取得した者が既存の個人株主の親族等である場合には、既存の個人株主からの贈与があったものとして贈与税の課税対象となること、(ロ)上記の場合であっても、所得税法上、給与所得又は退職所得として取り扱われる場合には、贈与税の課税対象としないことが明らかにされている。

さらに、森田哲也『令和２年11月改訂版　相続税法基本通達逐条解説』161頁（大蔵財務協会、令和２年）において、以下のように分類している。

「①　給与所得又は退職所得として所得税の課税対象とされるもの
……旧株主と新株又は自己株式を引き受けた者とが親族等の関係にあるかどうか、また、発行会社が同族会社であるかどうかに関係なくその募集株式引受権の利益を給与所得又は退職所得として与えられた場合。

②　贈与により取得したものとして贈与税の課税対象とされるもの
……①に該当しない場合で、旧株主と新株又は自己株式を引き受けた者が親族等の関係にあり、かつ、その発行会社が同族会社であるとき。

③　一時所得として課税されるもの
……①及び②のいずれにも該当しない場合。」

すなわち、発行法人が同族会社であり、かつ、募集株式引受権に基づき新株を取得した者が既存の個人株主の親族等である場合に限定して、既存の個人株主から引受人に対する経済的価値の移転があったものとして考え、それ以外の場合には、発行法人から引受人に対する経済的価値の移転があったものとして考えていることがわかる。その結果、前者の場合には贈与税の課税対象となり、後者の場合には所得税（一時所得）の課税対象となる。

しかし、既存の個人株主の親族等であっても、所得税法上、給与所得又は退職所得として分類されるときには、当該発行法人の役員又は使用人としての地位や職務等に関連して、又はこれらの者の退職に基因して経済的利益の移転を受けていることから、株主間贈与として捉えることは適当ではなく、贈与税の課税対象とはせず、所得税（給与所得又は退職所得）の課税対象としているという整理になる。

(2) 既存株主

① 既存株主が法人である場合

前述のように、有利発行を行った場合には、引受人において、受贈益が課税される（法法22②、法令119①四）。そして、有利発行を行った場合には、既存の法人株主から引受人に対して経済的価値が移転していると考えられる。例えば、既存の法人株主が保有する株式の時価が100であり、有利発行により30まで下落した場合には、70について経済的価値が移転していると考えることができる。このような経済的価値の移転について、無償による資産の譲渡その他の取引があったものとして、既存の法人株主に対してみなし譲渡益を課税すべきか否かが問題となるが、現行法人税法上は、有利発行は、発行法人と引受人の二者間取引であると考えており、既存の法人株主において課税関係が生じるという前提の条文構成にはなっていない。すなわち、現行法上、第三者割当増資により有利発行が行われた場合には、引受人において受贈益として課税することは予定しているものの、既存の法人株主に対して課税関係を発生させることは予定していない。

そのため、既存の法人株主においてこのような課税を行うためには、法人税法22条2項と同法132条を根拠にせざるを得ない。すなわち、同法22条2項は益金の額に対する一般規定であり、「無償による資産の譲渡又は役務の提供その他の取引」により生ずる収益の額を益金の額に算入すべきことが規定されている。そして、同法132条は同族会社等の行為計算の否認に係る規定である。このうち、同法22条2項を適用することにより、既存の法人株主に対して課税関係を生じさせた裁判例として、最三小判平成18年1月24日・TAINS Z256 － 10279（オウブンシャ・ホールディングス事件）が挙げられる。

本事件では、同法22条2項にいう取引とは、関係者間の意思の合致に基づいて生じた法的及び経済的な結果を把握する概念と解されるものとしている。すなわち、既存株主が、誰に対してどのような条件で募集株式の発行等を行うのかを自由に決定できる立場にあることが重視されている。そのため、既存株主が少数株主である場合には、当該既存株主から引受人に対する経済的価値の移転があったとしても、みなし譲渡益を課税すべきではない。

このように、既存株主のうち支配株主に対してのみが問題になると思われるが、実務上は、有利発行を行った場合において、引受人だけではなく、既存株主においてみなし譲渡益として課税される可能性があるという点に留意が必要である。

② 既存株主が個人である場合（引受人において贈与税が課税されない場合）

これに対し、無償による資産の譲渡又はその他の取引があったものとみなすことにより、既存の個人株主に対してみなし譲渡益として課税することができるか否かという点は、法人税法ではなく、所得税法の問題となる。そして、法人税法22条2項に代わる規定が存在しないため、同様の否認を行うためには、同族会社等の行為計算の否認（所法157①）を根拠にせざるを得ないと考えられる。

③　既存株主が個人である場合（引受人において贈与税が課税される場合）

前述のように、有利発行による引受人が個人であり、かつ、他の株主も個人である場合には、贈与税について検討する必要がある（相法９）。これに対し、既存株主における所得税の計算上、みなし譲渡益の問題は生じないと考えられる。なぜならば、所得税法59条１項及び同法施行令169条において規定するみなし譲渡益課税は、法人に対する贈与又は著しく低い価額（譲渡時の時価の２分の１に満たない金額）による譲渡に限定しており、個人に対するものは規定していないからである。

⑶　発行法人

発行法人では、払込みを受けた金銭の額が資本金等の額として取り扱われる（法法２十六、法令８①一）。

なお、有利発行を行った場合には、同族会社等の行為計算の否認（法法132）を適用することにより、発行法人において寄附金として処理すべきという考え方もあり得るが、寄附金の認定を行ったとしても、資本金等の額が変わるだけであり、法人税法上の課税所得は増えないため、そのような否認を受ける可能性はきわめて低いと考えられる。

2 高額引受けを行った場合

(1) 引受人

① 引受人が法人である場合

法人税法上、有価証券と引換えに払込みをした金銭の額が、払い込むべき金銭の額を定める時におけるその有価証券の取得のために通常要する価額に比して不利な金額である場合（いわゆる「高額引受け」に該当する場合）には、特別の規定は設けられていない。そのため、払込みをした金銭の額がそのまま有価証券の取得価額になる（法令119①二）。なお、法人税法施行令119条1項27号を適用し、通常要する価額を有価証券の取得価額とすべき考え方もあり得るが、27号では「前各号に掲げる有価証券以外の有価証券」と規定されていることから、2号に直接的に該当する限り、27号を適用することにより、時価まで引き下げることはできない。

なお、有価証券を購入した場合に、時価以外の取引価額により取引を行った場合には、時価（通常の取引価額）を取得価額にする必要がある。そして、時価以外の取引価額により取引を行った場合には、法人税法施行令119条1項1号に規定する「購入の代価」を修正することにより取得価額を算定することになる。すなわち、「代価」とは「商品の値段」のことをいうことから、時価以外の取引価額により取引を行った場合には、当然に時価を取得価額として処理することになる。したがって、時価を下回る金額により購入した場合には、法人税法22条2項に規定する「無償による資産の譲受け」があったものとして、有価証券の時価との差額を受贈益に計上することにより、有価証券の取得価額は時価となる。そして、時価を上回る金額により購入した場合には、有価証券の時価との差額を同法37条に規定する寄附金に計上することにより、有価証券の取得価額は時価となる。

ここで留意が必要なのは、高額購入の場合に、法人税法施行令119条1項27号を適用し、時価を取得価額として処理するのではなく、「購入の代価」を時価としたうえで同項1号を適用するという点である。そのため、第三者割当増資を行った場合に、有利発行により取得したときは同項4号を適用し、高額引受けを行った際には特段の規定がないことから、同項2号に規定する払込みをした金銭の額を修正することになる。

また、法人税基本通達9－1－12では、増資の直前において債務超過の状態にあり、かつ、その増資後においてなお債務超過の状態が解消していない場合であっても、有価証券の評価損を計上することができないことが明らかにされている。本通達に記載されている内容は、高額引受けをした場合に、その払込みをした金銭の額がそのまま有価証券の取得価額になることを前提にしている。

しかしながら、そのように形式的に解釈した場合には、租税回避に対して十分に対応できないことから、以下の2つのケースに対しては、有価証券の取得価額ではなく、寄附金として処理すべきである。

・増資直後に株式を譲渡することにより、株式譲渡損失を認識することを目的として行われた高額引受け
・他の株主に対して贈与を行うことを目的として行われた高額引受け

(イ) 増資直後の株式譲渡

例えば、債務超過10億円の会社に対して、10億円の増資を行った後に、当該増資により取得した有価証券を1円でグループ法人税制の適用されない関係者に対して譲渡した場合には、10億円の株式譲渡損が発生する。これを利用したスキームの是非について問われたのが、名古屋高判平成14年5月15日・TAINS Z252

－ 9121（相互タクシー事件）である。

相互タクシー事件では、増資払込金の中に寄附金に当たる部分がある場合には、当該部分を「払込みをした金銭の額」に該当しないものとして課税処分が行われた。すなわち、上記のケースでは、10 億円の増資のうち、時価相当額の 1 円のみが法人税法施行令 119 条 1 項 2 号により有価証券の取得価額として取り扱われ、それ以外の金額については寄附金として処理されることになる（ただし、当時は額面株式の制度があったことから、厳密には額面金額を超える部分が寄附金として否認されている）。なお、法人税基本通達 9 － 4 － 1 が適用できる場合には、このような問題は生じないため、同通達を適用することができない場合を前提としている。

さらに、類似の裁判例として、東京高判平成 13 年 7 月 5 日・税資 251 号（順号 8942）（日本スリーエス事件）があるが、本事件では、同族会社等の行為計算の否認（法法 132）を適用することにより、有価証券の取得価額のうち額面金額を超える部分の金額が寄附金として処理されている。

すなわち、高額引受けの場合であっても、原則として、払込みをした金銭の額をそのまま有価証券の取得価額として処理するものの、不当に法人税を軽減するような場合についてのみ、寄附金として処理すべきであると考えられる。

(ロ)　他の株主に対する贈与行為

前述のように、法人税法上、有価証券と引換えに払込みをした金銭の額が、払い込むべき金銭の額を定める時におけるその有価証券の取得のために通常要する価額に比して不利な金額である場合についての特別の規定は設けられていない。

そのため、他の株主に対する贈与を行う意思をもって、時価よりも著しく高い金額により払込みを行ったとしても、個別規定をそのまま解釈すれば、有価証券の取得価額を構成すると考えられる（法令119①二）。しかしながら、そのように形式的に解釈した場合には、租税回避に対して十分に対応できないと考えられることから、前述のように、時価を超える部分の金額に対して寄附金として認定されてしまう場合もあり得るため、留意が必要である。

② 引受人が個人である場合

所得税法上、株式と引換えに払い込むべき額が、不利な金額である場合（いわゆる「高額引受け」に該当する場合）には、特別の規定は設けられていない。そのため、払込みをした金銭の額がそのまま有価証券の取得価額になる（所令118②、109①一）。なお、所得税法施行令109条1項6号を適用し、通常要する価額を有価証券の取得価額とすべき考え方もあり得るが、6号では「前各号に掲げる有価証券以外の有価証券」と規定されていることから、1号に直接的に該当する限り、6号を適用することにより、時価まで引き下げることはできない。

もちろん、そのように形式的に解釈した場合には、上記①で解説したように、租税回避に対して十分に対応できないことから、一定の場合には、所得税の計算上、取得費に含めるべきではないと考えられる。

しかしながら、所得税法上、有価証券の譲渡損失と他の利益との損益通算はかなり限定されており、実質的にこのような問題が生じることは稀であると考えられる（措法37の10）。

(2) 既存株主

① 既存株主が法人である場合

そのほか、本件取引は、引受人から既存株主に対する贈与と考えることもできる。そのため、既存株主における租税法上の取扱いについても検討が必要になる。

この点については、最三小判平成18年1月24日・TAINS Z256－10279（オウブンシャ・ホールディングス事件）の判例を参考にすれば、既存株主が法人である場合には、このような経済的価値の移転につき、無償による資産の譲受けその他の取引があったものとして課税することも考えられる（法法22②）。ただし、このような否認は、既存株主が発行法人を支配している場合のように、誰に対してどのような条件で募集株式の発行等を行うのかを自由に決定できる立場にある場合に限定されると考えられる。すなわち、既存株主のうち少数株主については、このような否認をすべきではない。

なお、既存株主が法人である場合において、法人税法22条2項を適用することができず、同族会社等の行為計算の否認（法法132）を根拠にせざるを得ないとする考え方につき、稲見誠一・佐藤信祐『実務詳解　組織再編・資本等取引の税務Q&A』1042－1044頁（中央経済社、平成24年）を参照されたい。

②　既存株主が個人である場合（贈与税が課税されない場合）

後述するように、相続税法（贈与税）では、時価よりも不利な発行価額により株式を取得した場合には、当該株式を取得した個人から既存の個人株主に対する贈与があったと考え、贈与税の課税対象となることが明らかにされている（相基通9－2）。

これに対し、引受人が法人である場合には、贈与税ではなく、所得税の議論になり、所得税法には、法人税法22条2項に相当する規定がないことから、同族会社等の行為計算の否認（所法157①）の適用が行われる場合に限り、一時所得等として課税されると考えられる。

③　既存株主が個人である場合（贈与税が課税される場合）

例えば、長男（Y氏）が保有する会社（A社）が父親（X氏）

に対して募集株式の発行等を行った場合において、その株式を取得するために通常要する価額よりも高い発行価額であったときは、父親（X 氏）から長男（Y 氏）に対する贈与があったと考えるべきであり、贈与税の問題を検討する必要がある。

この点につき、相続税法基本通達９－２では、X 氏が行った行為により、Y 氏の保有する株式の価額が増加した場合には、当該増加した部分に相当する金額について、X 氏から Y 氏に対する贈与があったものとすることが明らかにされている。

例えば、第三者割当増資を行う前における Y 氏が保有する A 社株式の時価が 1,000 万円であり、第三者割当増資を行った結果、1 億円になった場合には、X 氏から Y 氏に対する 9,000 万円の贈与があったと考え、贈与税の課税対象になる。

また、A 社が債務超過の場合において、第三者割当増資後も債務超過であるときは、A 社株式の時価は０円のままであり、A 社株式の価値は増加していない。このような場合には、連帯保証債務の実質的な債務引受けのような贈与行為がある場合を除き、贈与税の課税対象にはならないと考えられる（相基通８－３、９－３）。

(3)　発行法人

発行法人では、払込みを受けた金銭の額が資本金等の額として取り扱われる（法法２十六、法令８①一）。これに対して、高額引受けを行った場合には、同族会社等の行為計算の否認（法法 132）を適用することにより、発行法人において受贈益として処理すべきという考え方もあり得る。

しかしながら、新株予約権を発行する場合において、その新株予約権と引換えに払い込まれる金銭の額がその新株予約権のその発行の時の価額に満たないときは、その満たない部分の金額に相当する金額は、発行法人の課税所得の計算上、損金の額に算入されないこととされており、その新株予約権のその発行の時の価額を超えるときは、その超える部分の金額に相当する金額は、益金の額に算入されないこととされている（法法54の2⑤)。

法人税法上、発行法人において、新株予約権を負債として取り扱うことから、あえてこのような規定が設けられているが、この規定が設けられた趣旨として、佐々木浩ほか『平成18年版　改正税法のすべて』349頁（大蔵財務協会、平成18年）において、「新株予約権を利用した取引は従前より資本等取引に類似した取引と考えられていましたが、発行の場面においては資本等取引と同様に発行法人側に損金及び益金が生じないことを処理面から明確にしたものです。なお、この規定は、新株予約権者側の取扱いに何ら影響を与えるものではありません」と解説されている。このように、資本等取引の類似取引である新株予約権の発行において、時価と異なる価額であったとしても、発行法人側は損金及び益金の額に算入しないと考えられていることから、株式の発行でも、時価を超える金銭の払込みであっても資本等取引と考えることにより、受贈益課税は課されないということが、法人税法の基本的な考え方であると考えられる。

したがって、これを超えて否認しようとするのであれば、きわめて異常な取引に対してのみ、同族会社等の行為計算の否認（法法132）を適用するという考え方になると思われる。

3　租税法上の時価の考え方

前述のように、租税法上、募集株式の発行等は、発行法人と引受人の二者間取引であると考えている。そのため、引受人の課税関係を検討する場合において、法人税法が適用されるときは法人税基本通達2－3－9、所得税法が適用されるときは所得税基本通達23

～35共－9に基づいて、それぞれの引受人の納税ポジションにより租税法上の問題を検討すべきである。

これに対し、相続税法が適用される場合には、株主間贈与の問題になることから、既存株主との間で贈与が行われたかどうかにより、時価を算定すべきであると考えられる。すなわち、すべての株主が個人である場合において、少数株主が特例的評価方式により募集株式の引受けを行った場合には、当該少数株主にとっては、特例的評価方式が租税法上の時価であることから贈与税の問題は生じない[*37]。そして、少数株主が原則的評価方式により募集株式の引受けを行ったとしても、既存株主である支配株主が保有している株式の相続税評価額が引き上げられないことから贈与税の問題は生じない。これに対し、支配株主が特例的評価方式により募集株式の引受けを行った場合には、当該支配株主にとっては、原則的評価方式が租税法上の時価であることから贈与税の問題が生じる。

なお、既存株主におけるみなし譲渡益の検討を行う場合には、租税回避事案であることが前提となるため、既存株主である支配株主の法人税又は所得税の負担を減少させる場合を除き、租税法上の時価が問題になることはないと考えられる。

＜参考法令・通達＞

●法人税法施行令

（有価証券の取得価額）

第119条　内国法人が有価証券の取得をした場合には、その取得価額は、次の各号に掲げる有価証券の区分に応じ当該各号に定める金額と

＊37　牧口晴一・齋藤孝一『事業承継に活かす従業員持株会の法務・税務（第3版）』70－71頁（中央経済社、平成27年）では、従業員が配当還元法により第三者割当の引受けを行った場合であっても、贈与税の問題は生じないこととしている。

する。

一　(略)

二　金銭の払込み又は金銭以外の資産の給付により取得をした有価証券（第4号又は第20号に掲げる有価証券に該当するもの及び適格現物出資により取得をしたものを除く。）　その払込みをした金銭の額及び給付をした金銭以外の資産の価額の合計額（新株予約権の行使により取得をした有価証券にあつては当該新株予約権の当該行使の直前の帳簿価額を含み、その払込み又は給付による取得のために要した費用がある場合にはその費用の額を加算した金額とする。）

三　(略)

四　有価証券と引換えに払込みをした金銭の額及び給付をした金銭以外の資産の価額の合計額が払い込むべき金銭の額又は給付すべき金銭以外の資産の価額を定める時におけるその有価証券の取得のために通常要する価額に比して有利な金額である場合における当該払込み又は当該給付（以下この号において「払込み等」という。）により取得をした有価証券（新たな払込み等をせずに取得をした有価証券を含むものとし、法人の株主等が当該株主等として金銭その他の資産の払込み等又は株式等無償交付により取得をした当該法人の株式又は新株予約権（当該法人の他の株主等に損害を及ぼすおそれがないと認められる場合における当該株式又は新株予約権に限る。)、第20号に掲げる有価証券に該当するもの及び適格現物出資により取得をしたものを除く。）　その取得の時におけるその有価証券の取得のために通常要する価額

五～二十六　(略)

二十七　前各号に掲げる有価証券以外の有価証券　その取得の時におけるその有価証券の取得のために通常要する価額

(以下略)

●法人税基本通達

（通常要する価額に比して有利な金額）

２－３－７　令第119条第１項第４号《有利発行により取得した有価証券の取得価額》に規定する「払い込むべき金銭の額又は給付すべき金銭以外の資産の価額を定める時におけるその有価証券の取得のために通常要する価額に比して有利な金額」とは、当該株式の払込み又は給付の金額（以下２－３－７において「払込金額等」という。）を決定する日の現況における当該発行法人の株式の価額に比して社会通念上相当と認められる価額を下回る価額をいうものとする。

（注）１　社会通念上相当と認められる価額を下回るかどうかは、当該株式の価額と払込金額等の差額が当該株式の価額のおおむね10％相当額以上であるかどうかにより判定する。

２　払込金額等を決定する日の現況における当該株式の価額とは、決定日の価額のみをいうのではなく、決定日前１月間の平均株価等、払込金額等を決定するための基礎として相当と認められる価額をいう。

（他の株主等に損害を及ぼすおそれがないと認められる場合）

２－３－８　令第119条第１項第４号《有利発行により取得した有価証券の取得価額》に規定する「他の株主等に損害を及ぼすおそれがないと認められる場合」とは、株主等である法人が有する株式の内容及び数に応じて株式又は新株予約権が平等に与えられ、かつ、その株主等とその内容の異なる株式を有する株主等との間においても経済的な衡平が維持される場合をいうことに留意する。

（注）　他の株主等に損害を及ぼすおそれがないと認められる場合に該当するか否かについては、例えば、新株予約権無償割当てにつき会社法第322条《ある種類の種類株主に損害を及ぼすおそれがある場合の種類株主総会》の種類株主総会の決議があったか否かの

みをもって判定するのではなく、その発行法人の各種類の株式の内容、当該新株予約権無償割当ての状況などを総合的に勘案して判定する必要がある。

(通常要する価額に比して有利な金額で新株等が発行された場合における有価証券の価額)

2－3－9　令第119条第1項第4号《有利発行により取得した有価証券の取得価額》に規定する有価証券の取得の時におけるその有価証券の取得のために通常要する価額は、次に掲げる場合の区分に応じ、それぞれ次による。

(1)　新株が令第119条の13第1項第1号から第3号まで《市場有価証券の時価評価金額》に掲げる有価証券(以下2－3－9において「市場有価証券」という。)である場合　その新株の払込み又は給付に係る期日(払込み又は給付の期間を定めたものにあっては、その払込み又は給付をした日。以下2－3－9において「払込期日」という。)における当該新株の4－1－4《市場有価証券等の価額》に定める価額

(2)　旧株は市場有価証券であるが、新株は市場有価証券でない場合
　新株の払込期日における旧株の4－1－4に定める価額を基準として当該新株につき合理的に計算される価額

(3)　(1)及び(2)以外の場合　その新株又は出資の払込期日において当該新株につき4－1－5及び4－1－6《市場有価証券等以外の株式の価額》に準じて合理的に計算される当該払込期日の価額

●所得税法施行令

(譲渡制限付株式の価額等)

第84条　(略)

3　発行法人から次の各号に掲げる権利で当該権利の譲渡についての制

限その他特別の条件が付されているものを与えられた場合（株主等として与えられた場合（当該発行法人の他の株主等に損害を及ぼすおそれがないと認められる場合に限る。）を除く。）における当該権利に係る法第36条第2項の価額は、当該権利の行使により取得した株式のその行使の日（第3号に掲げる権利にあつては、当該権利に基づく払込み又は給付の期日（払込み又は給付の期間の定めがある場合には、当該払込み又は給付をした日））における価額から次の各号に掲げる権利の区分に応じ当該各号に定める金額を控除した金額による。

一～二　（略）

三　株式と引換えに払い込むべき額が有利な金額である場合における当該株式を取得する権利（前2号に掲げるものを除く。）　当該権利の行使に係る当該権利の取得価額にその行使に際し払い込むべき額を加算した金額

（有価証券の取得価額）

第109条　第105条第1項（有価証券の評価の方法）の規定による有価証券の評価額の計算の基礎となる有価証券の取得価額は、別段の定めがあるものを除き、次の各号に掲げる有価証券の区分に応じ当該各号に定める金額とする。

一　金銭の払込みにより取得した有価証券（第3号に該当するものを除く。）　その払込みをした金銭の額（新株予約権（投資信託及び投資法人に関する法律第2条第17項（定義）に規定する新投資口予約権を含む。以下この号及び第4号において同じ。）の行使により取得した有価証券にあつては当該新株予約権の取得価額を含むものとし、その金銭の払込みによる取得のために要した費用がある場合には、その費用の額を加算した金額）

二　（略）

三　発行法人から与えられた第84条第3項の規定に該当する場合における同項各号に掲げる権利の行使により取得した有価証券　その

有価証券のその権利の行使の日（同項第３号に掲げる権利の行使により取得した有価証券にあつては、当該権利に基づく払込み又は給付の期日（払込み又は給付の期間の定めがある場合には、当該払込み又は給付をした日））における価額

四～五　（略）

六　前各号に掲げる有価証券以外の有価証券　その取得の時におけるその有価証券の取得のために通常要する価額

（以下略）

●所得税基本通達

（株式等を取得する権利を与えられた場合の所得区分）

23～35共－6　発行法人から令第84条第３項各号に掲げる権利を与えられた場合（同項の規定の適用を受ける場合に限る。以下23～35共－6の２において同じ。）の当該権利の行使による株式（これに準ずるものを含む。以下23～35共－9までにおいて同じ。）の取得に係る所得区分は、次に掲げる場合に応じ、それぞれ次による。

(1)　（略）

(2)　令第84条第３項第３号に掲げる権利を与えられた者がこれを行使した場合　一時所得とする。ただし、当該発行法人の役員又は使用人に対しその地位又は職務等に関連して株式を取得する権利が与えられたと認められるときは給与所得とし、これらの者の退職に基因して当該株式を取得する権利が与えられたと認められるときは退職所得とする。

（株式と引換えに払い込むべき額が有利な金額である場合）

23～35共－7　令第84条第３項第３号に規定する「株式と引換えに払い込むべき額が有利な金額である場合」とは、その株式と引換えに払い込むべき額を決定する日の現況におけるその発行法人の株式の価

額に比して社会通念上相当と認められる価額を下る金額である場合をいうものとする。

(注) 1　社会通念上相当と認められる価額を下る金額であるかどうかは、当該株式の価額と当該株式と引換えに払い込むべき額との差額が当該株式の価額のおおむね10％相当額以上であるかどうかにより判定する。

2　株式と引換えに払い込むべき額を決定する日の現況における株式の価額とは、決定日の価額のみをいうのではなく、決定日前1月間の平均株価等、当該株式と引換えに払い込むべき額を決定するための基礎として相当と認められる価額をいう。

(株主等として与えられた場合)

23～35共－8　令第84条第3項に規定する「株主等として与えられた場合（当該発行法人の他の株主等に損害を及ぼすおそれがないと認められる場合に限る。)」とは、同項に規定する権利が株主等のその有する株式の内容及び数に応じて平等に与えられ、かつ、その株主等とその内容の異なる株式を有する株主等との間においても経済的な衡平が維持される場合をいうことに留意する。

(注)　例えば、他の株主等に損害を及ぼすおそれがないと認められる場合に該当するか否かの判定については、新株予約権無償割当てにつき会社法第322条の種類株主総会の決議があったか否かのみをもって判定するのではなく、その発行法人の各種類の株式の内容、当該新株予約権無償割当ての状況などを総合的に勘案して判断する必要があることに留意する。

●相続税法基本通達

(同族会社の募集株式引受権)

9－4　同族会社が新株の発行（当該同族会社の有する自己株式の処分

を含む。以下9－7までにおいて同じ。）をする場合において、当該新株に係る引受権（以下9－5までにおいて「募集株式引受権」という。）の全部又は一部が会社法（平成17年法律第86号）第206条各号（(募集株式の引受け)）に掲げる者（当該同族会社の株主の親族等（親族その他法施行令第31条に定める特別の関係がある者をいう。以下同じ。）に限る。）に与えられ、当該募集株式引受権に基づき新株を取得したときは、原則として、当該株主の親族等が、当該募集株式引受権を当該株主から贈与によって取得したものとして取り扱うものとする。ただし、当該募集株式引受権が給与所得又は退職所得として所得税の課税対象となる場合を除くものとする。

●相続税法

（贈与税の非課税財産）

第21条の3　次に掲げる財産の価額は、贈与税の課税価格に算入しない。

一　法人からの贈与により取得した財産

（以下略）

●所得税法

（非課税所得）

第9条　次に掲げる所得については、所得税を課さない。

一～十五　（略）

十六　相続、遺贈又は個人からの贈与により取得するもの（相続税法（昭和25年法律第73号）の規定により相続、遺贈又は個人からの贈与により取得したものとみなされるものを含む。）

（以下略）

＜参考事例＞

⑴　直前四半期末の数値を用いて非上場株式の評価を行った裁判例（東京地判平成22年3月5日・TAINS Z260－11392）

①　事実の概要

本事件は、総合商社であり、B株式会社（以下「B」という）が製造する自動車の完成品や組立部品の輸出及び海外での販売事業等を行っている原告が、タイ王国（以下「タイ」という）において上記販売事業を行う関連会社であるタイ法人2社が発行した株式を額面価額で引き受け、これらを基に法人税の確定申告をしたのに対し、税務署長である被告が、法人税法施行令119条1項3号（現行4号）の有利発行に該当することから、その引受価額と時価との差額相当額に対して、法人税の更正処分及び過少申告加算税の賦課決定処分をした事件である。

本事件の争点は、①本件E社株の取得に係る被告の主張が処分理由の差替えであっても許されるか、②新株の発行における株式の時価と払込価額との差額が法人税法22条2項の「益金の額」を構成するか、③本件各株式の時価と払込価額の差額が原告の「益金の額」を構成するか、の3つであるが、ここでは、③についてのみ解説を行う。

なお、控訴審（東京高判平成22年12月15日・TAINS Z260－11571）では、第一審の判断をそのまま踏襲し、上告審（最三小判平成24年5月8日・TAINS Z262－11945）では、上告不受理となっている。

②　裁判所の判断

・発行価額決定日の時価の算定に当たっては、同日に最も近接した時期に作成された財務諸表の数値を用いるのが合理的であるということができるから、期末に作成された確定決算書よりも近接された時期に作成された四半期決算書等の財務諸表がある場合には、当該財務諸表がその当時の帳票類に基づいていて、その正確性に特段の疑いがない限り、当該四半期決算書等の数値に基づいて時価を算定するのが相当である。

・本件２社が本件社長室会の決定した方針に従って本件２社株を発行しているとしても、……タイ法人である本件２社は、タイの法律上、株主総会の特別決議を経なければ株式を発行することができないから、本件２社の株主総会の特別決議がなければ本件２社株を発行することは不可能であったといわざるを得ない。そして、……本件２社の各付属定款においても増減資は株主総会の特別決議により行うとされ、実際にも本件２社株の発行はそれぞれ会社の臨時株主総会の決議を経て行われている。したがって、発行価額の決定日についても、上記各臨時株主総会決議の日であるというべきであ（る。）

・仮に、原告の主張に従い、本件２社株の発行価額を決定した日が本件社長室会の日であると解した上、その日の時価について直近の確定決算書を用いて算定するとすると、本件２社株の発行価額が「有利な発行価額」に当たるか否かについて、上記各株式が発行された日（平成16年４月30日及び同年12月20日）よりも１年以上も前である、平成14年12月期の確定決算書を用いることになるところ、そのような算定方法がより合理的なものということはできない。

・原告の主張する希薄化損失とは、本件２社株の発行により、同各株式の発行会社の既存株主であるＦ社、Ｅ社、Ｄ社及び原告が保有する既存の株式の価値が減少し、その結果、原告が保有する本件各子会社の株式の価値が減少したこと、すなわち含み益が減少したことをいうものであると解される。この点、法人税法は、原則として実現した利益のみが所得であるという考え方（実現原則）を採用し、未実現の利益を課税の対象から除外しており（法人税法25条１項）、法人の保有資産に内在する含み益の増減は課税上考慮しないこととしているから、これを課税上考慮することはできない。

③ 評　　釈

このように、裁判所は、「発行価額を決定した日は、上記各臨時株主総会の決議が行われた日というべきである」とし、「本件社長室会の日である」という納税者の主張を認めなかった。この点、株主総会決議の日に株価算定をすることは不可能であり、この裁判所の判断には疑問を感じるかもしれない。しかし、本事件は、社長会から株主総会まで1年以上も経過しているのに対し、一般的に、株価算定の基準日から株主総会まで1年以上も経過することは稀であることから、あまり実務では気にする必要はないと思われる。

さらに、驚愕すべきは、直前期末ではなく、直前四半期末の決算書を基に株価を算定すべきとしている点である。これを突き詰めれば、なるべく直近の月次決算に基づいて株価を算定すべきということになる。

本事件は、社長会から臨時株主総会までの期間が長すぎたがゆえに否認され、否認するとすれば、直前四半期末の情報が最も信用に足るということで、その数値により否認をしたものと思われる。これに対し、実務上は、法人税基本通達9－1－13⑴が半年以内の売買事例としていることから、半年くらい前なら直前期末でもよく、半年を大幅に超えるのなら、なるべく直前にという対応をしていることが多いと思われる。そのため、株価が大幅に変動していることが推認できる事実がなければ、一般的には、直近の月次決算の数値を使うことまでは求められないと思われる。

⑵ 有利発行に該当するかどうかにつき、諸事情を勘案すべきとする納税者の主張を認めなかった裁判例（東京高判平成28年3月24日・TAINS Z888－1998）

① 事案の概要

本事件は、原告が、タイに所在する原告の関連法人であるB社が平成19年3月に発行した新株を額面価額で引き受け、その払込金額を本件株式の取得価額に計上して平成19年3月期の法人税の確定申告をしたところ、税務署長である被告が、本件新株の発行が有利発行に該当し、本件株式の取得価額はその取得のために通常要する価額となるから、当該価額と払込金額との差額は受贈益として益金の額に算入すべきであるとして法人税の増額更正処分及び過少申告加算税の賦課決定処分をしたのに対し、原告が、本件新株発行が有利発行に該当しないとして、本件更正処分及び賦課決定処分の一部の取消しを求めた事件である。

本事件は、平成18年度税制改正により、一時的に有利発行に該当するかどうかにつき「取得の時における時価」で判断することとされたのに対し、平成19年度税制改正により「払い込むべき金銭の額を定める時」に判断することになっていることから、有利発行に該当するかどうかにつき「取得の時における時価」で判断することとされた時代の事件であるが、本判決の結論に影響を与えるものではないと考えられる。

なお、最二小判平成29年2月24日・TAINS Z888－2098では、上告不受理となっている。

② 第一審（東京地判平成27年9月29日・TAINS Z265－12727）

・原告は、法人税基本通達2－3－7と2－3－9の書きぶりに違いがあり、前者は「判定の時価」についての具体的な算定方法を示していないから、取引の当事者間の諸事情を踏まえて有利発行有価証券該当性を判断すべきである旨主張するが、前者の定めの趣旨は既にみたとおりであって、その定めが当事者間の諸事情を参酌すべきであるとの趣旨に出たものということはできず、原告の上記主張は採用できない。
・上記通達*38にいう内容の異なる株式とは、種類株式のことを指すものと解される。
・仮に原告が主張するように同種株式であっても事情のいかんによれば内容の異なる株式に当たる余地があるとの見解に立ったとしても、上記のとおり、原告が挙げる株主間契約による差異は、株式の内容とは直接関係しない株主同士の個別契約によるものであって、それにより生じる差異は事実上のものであり、かつ流動的なものにすぎないのであるから、

*38 法基通2－3－8（他の株主等に損害を及ぼすおそれがないと認められる場合）のことをいう。

これらの事情があることをもって、原告以外の株主の株式が原告の株式と内容の異なる株式に当たるということはできない。

・法人税法施行令119条1項4号にいう「他の株主等に損害を及ぼすおそれがないと認められる場合」は、株主間の経済的な衡平が維持されているか否かに着目して解釈されるべきところ、本件増資によって、原告が得る株主としての権利は増資前に比して格段に大きなものになるという利益を得るのに対し、原告以外の株主はかかる利益を何ら得るところがないのであるから、「他の株主等に損害を及ぼすおそれがないと認められる場合」に当たらないのは明らかというべきであり、かかる観点からすれば、原告以外の株主の株式が内容の異なる株式に当たるか否かについて論じるまでもなく、原告の主張は採用できないものといえるところである。

・本件増資前には発行済み株式の51パーセントを有していた他の株主が一切新株予約権を行使せず、他方、発行済み株式の29パーセント（原告の従業員名義のものを加えても49パーセント）しか有しなかった原告において、株式の価額よりも著しく低い引受価額によりこれを全て行使したことによって、原告が発行済み株式の97.0パーセント（原告の従業員名義のものを加えると97.7パーセント）以上を有するに至ったものであり、本件増資により、それまでの両者間の株主としての経済的な衡平が維持されなくなったのは明らかであるから、これが有利発行有価証券に当たるとする上記判断は左右されないものというべきである。

③ 裁判所の判断

控訴審は、控訴人の主張につき、以下のように否定した。

控訴人の主張	裁判所の判断
法人税法施行令119条1項4号において「判定の時価」と「計算の時価」が定められているところ、「判定の時価」の算定にあたっては、上場され	・（法人税基本通達2－3－7の注2は）必ずしも控訴人主張のような事情の勘案を義務づけるものとは解されない。

ておらず、売買実例のない株式についても、法人税基本通達２－３－７の注２が挙げるような諸事情を勘案する必要があり、[redacted]が発行する株式は、譲渡制限が付されているものの、本件増資以前に多くの売買実例が存在することから、処分行政庁は上記諸事情を勘案して「判定の時価」を算定すべきであった。	・売買実例が５件あったことが認められるが、そのうち４件の譲渡価格はいずれも発行価額（額面価額）と同額の１株[redacted]という通常の売買価額とはいい難いものであり、他の１件の譲渡価格も不明というのであるし、これらのうち最も新しいものでも平成16年１月であって本件株式の取得よりも３年も前のものである。 ・そうすると、上記の売買実例における１株[redacted]という価額がその取得のために通常要する価額に近似するとは到底考え難く、これを勘案することは相当でないというべきである。
本件株式と他の株主が有する[redacted]株式とが「内容の異なる株式」（法人税基本通達２－３－８）であるから、本件増資は、「他の株主等に損害を及ぼすおそれがないと認められる場合」（法人税法施行令119条１項４号）として、有利発行には当たらない。	[redacted]株式については、株主間契約によって差異が設けられてはいるが、その差異は、事実上のものであって、かつ、流動的なものであり、株式の内容となっていると解することはできないから、本件株式と他の株主が有する[redacted]株式とが「内容の異なる株式」であるとは認められない。そして、本件増資により、控訴人のみが本件株式を取得した結果、控訴人が有する[redacted]株式が発行済み株式の[redacted]パーセントから[redacted]パーセントを占める至った以上、「株主等である法人が有する株式の内容及び数に応じて株式又は新株予約権が平等に与えられ」（法人税基本通達２－３－８）たとはいえず、本件増資が「他の株主等に損害を及ぼすおそれがないと認められる場合」に該当するとは認められない。
法人税基本通達２－３－８の注において、「株主等に損害を及ぼすおそれがないと認められる場合」に該当するか否かは「株式の内容」のみならず「当該新株予約権無償割当ての	・本件増資によって控訴人のみが有利な発行価額で本件株式を取得すれば、控訴人が主張する過去の事情を勘案したとしても、控訴人は旧株に係る損失を被ることなく新

状況などを総合的に勘案して判定する必要がある」とされていることから、[redacted]株式についても、本件増資前に行われた全ての売買取引が株主間契約等による事前の取決めに従って取得価額によって行われたことを重要な勘案事項とすべきであり、そうすると、本件増資が額面金額で行われても、[redacted]の株主間で株式の含み益が移転することにはならず、控訴人が本件増資によって受贈益を得るということにもならない。	株による利益のみを得て、反面、他の株主に株価の下落や会社支配力の低下が生じることに変わりはなく、本件増資が「株主等に損害を及ぼすおそれがないと認められる場合」に該当するとは認められない。 ・控訴人主張のとおり「内容の異なる株式」であるとしても、……控訴人と他の株主との間において、株式が平等に与えられることはなく、経済的な衡平も維持されることがなかったのであるから、いずれにせよ、本件増資は「株主等に損害を及ぼすおそれがないと認められる場合」には当たらないというべきである。
仮に、本件株式が控訴人以外の株主が保有する[redacted]の株式と「内容の異なる株式」には当たらないとしても、本件増資においては、全ての株主に対し、その保有する[redacted]株式の株数に比例して新株を引き受ける権利が付与されたが、控訴人以外の株主がその権利を行使しなかったことにより、結果的に控訴人のみが新株を取得することになったにすぎず、他の株主等に損害を及ぼすおそれがあったと認められないから、法人税法施行令119条1項4号に規定された有利発行に対する課税の対象から除外される。	全ての株主に等しい割合で新株を引き受ける権利が付与されても、控訴人以外の株主にも株式が平等に与えられることはなかったのであり、経済的な衡平も維持されなかったものであるから、「株主等に損害を及ぼすおそれがないと認められる場合」に該当すると認められず、控訴人の上記主張は採用することができない。

④ 評　釈

このように、裁判所は、株主間契約があるという事情を勘案せずに、形式的に法人税基本通達に規定されている時価を参考にして、有利発行に該当するとの認定を行った。これに対し、株主間契約に額面金額で買い戻す旨の記載がある場合において、株式譲渡により原告が買い取っていたときは、当初の契約に基づいて株式を買い戻しているわけなので、受贈益が計上されると考えるべきではない。

そもそも本事件では、タイに外資規制があったことから、100%子会社にすることができず、他の者に株主になってもらう必要があったという背景がある。そのため、株主間契約により、形式的には株主になってもらうものの、実質的には債権者になる形にしたという背景がある＊39。このような場合に、有利発行として課税されるのは納得し難いが、今後の実務では、種類株式制度を用いている場合を除き、本判決が参考にされると思われる。

⑶　外国子会社合算税制の適用において非上場株式の評価を行った裁決例（平成22年9月2日裁決・裁事80号97頁）

①　事実の概要

本事件は、原処分庁が、外国子会社合算税制を適用して、請求人が株式を保有する外国法人に係る課税対象留保金額に相当する金額を請求人の雑所得の総収入金額に算入する等の所得税の各更正処分及び過少申告加算税の各賦課決定処分を行ったのに対し、請求人が、当該外国法人は外国子会社合算税制の適用除外の要件を満たし同税制が適用されないなどとして、同各処分の全部の取消しを求めた事件である。

本事件の争点は、㈠外国子会社合算税制の適用除外要件をいずれも満たすか否か、㈡課税対象留保金額の算定における、本件増資に係るＪ社の株式の評価方法等は適法か否か、の２つであるが、本書では、㈡についてのみ解説を行う。

②　審判所の判断

・法人税基本通達９－１－14の趣旨にかんがみれば、評価通達は相続、贈与という限定された事象にのみ適用されると解すべき根拠はなく、本件増資に係るＪ社の株式の評価を行う場合において評価通達の適用を認め

＊39　朝長英樹「検証・有利発行課税事件⑴」T&A master 685号6頁（平成29年）。

ることは合理性がある。

・本件払込期日の直近のＪ社の決算は、直前事業年度末（平成17年３月31日）のものであるところ、その時点から評価時点の間に同社の資産及び負債について著しい増減はなく、純資産価額の算定に影響は少ないと認められることから、当該直前事業年度末の純資産価額を基に１株当たりの価額を算定した原処分庁の算定方法には、合理性があり相当と認められる。

・当審判所において、類似業種比準価額方式による１株当たりの価額を算定したところ2,875円となり、また、１株当たりの純資産価額は、法人税基本通達９－１－14に基づく修正をした上で評価通達185所定の算定方式により算定すると、……3,985円となるから、同通達179⑶に定める類似業種比準価額方式と純資産価額方式とを併用する方式による算式（類似業種比準価額×0.5＋１株当たりの純資産価額×0.5）で計算した１株当たりの価額は3,430円となる。

・評価通達の定めを形式的に当てはめれば、Ｊ社の「Ｒ社出資金」の評価は、同通達188－２の定めにより配当還元方式によって評価すべきこととなる。

・しかしながら、評価通達188⑴において、同族株主以外の株主等が取得した株式の評価を配当還元方式によることとしているのは、少数株主が取得した株式については、株主は単に配当を期待するにとどまるという実質を考慮したものであると解されるところ、これに反する実態があり、評価通達に定める配当還元方式をそのまま採用することが課税上の弊害をもたらすと認められる場合には、純資産価額を基に一定の修正を加えて１株当たりの純資産価額を算定し非上場株式の評価をすることが是認される。

・Ｒ社は、Ｊ社の関連会社であるＳ社の外国子会社でＶ国における拠点として設立され、Ｊ社にとってもＶ国オフィスとして位置づけられていたと認められ、また、Ｓ社の代表者等の役員はＪ社の代表者等の役員を兼務し、Ｓ社がＲ社の議決権割合の58.4％を有することからすれば、Ｊ社が少数株主として単に配当を期待してＲ社の株式を保有していたと評価することは相当でなく、J社は、グループ企業のS社の外国子会社であるR社の事業経営につき少なからず影響力を有していたとみるのが相当であるから、J社の「R社出資金」の評価について配当還元方式を適用することは、J社の純資産価額の評価のみならず、本件課税対象留保金額の算定にとっても、著しく不合理な結果を生じさせて課税上の弊害をもたらすといわざるを得ない。

③ 評　　釈

このように、国税不服審判所は納税者の主張を認めず、国側の課税処分を認めた。なお、具体的な純資産価額方式による計算でも、J社が保有する出資金の邦貨換算、建物及び建物付属設備の評価につき、原処分庁の課税処分に誤りがあったことから、その部分は修正されているが、修正をしたとしても、「本件各年分の総所得金額は、本件各更正処分の金額をいずれも上回るから、本件各更正処分はいずれも適法である」という結果になっている。そのため、結果として、原処分庁の判断をそのまま認める結果となっている。

本事件は、非上場株式の評価に関連する部分だけの解説を行ったが、外国子会社合算税制であっても、法人税基本通達9－1－13、9－1－14の内容を重視していることがわかる。

さらに、本事件では、財産評価基本通達を形式的に当てはめると特例的評価方式を採用すべき事案に対して、単に配当を期待するにとどまる株主ではないという理由により、原則的評価方式を採用しているという点に留意が必要である。

Ⅷ　少数株主の締出し

少数株主の締出しによる時価の考え方については、他の株主が株式を取得する場合には、上記Ⅴ、発行法人が自己株式として取得する場合には、Ⅵをそれぞれ参考にすることができる。

なお、実務上、第三者間取引であれば、原則として、時価が適正に算定されたと推定することができるため、法人税基本通達に定める評価額に従う必要はない。しかし、少数株主を締め出す場合において、少数株主が自ら望んでいる価格により買い取ってもらうためには、取得価格決定の申立て、反対株主の株式買取請求又は売買価格決定の申立てを行う必要がある。そこまでする時間やコストを考えると、これらの申立てを行わずに、支配株主が提示する買取価格を容認してしまう可能性は十分に考えられるため、時価が適正に算定されたと推定できる前提を欠いている。そのため、税務調査において、法人税基本通達に定める評価額により否認される可能性は十分に考えられる。

Ⅸ　組織再編における評価

非上場会社が組織再編を行う場合においても、租税法上の問題が生じないようにするために、国税庁方式により合併比率、分割比率、株式交換比率又は株式移転比率（以下、「組織再編比率」と総称する）が算定されることがある[*40]。

この場合において、相続税法上の時価によるのか、法人税法又は所得税法上の時価によるのかが問題となる。なぜなら、組織再編比率は１つしか選べないのに対し、株主が多数存在する場合には、それぞれの株主にとっての時価が異なるからである。

この点につき、本書校了段階において、国税庁の公式見解は公表されていないが、時価純資産法を採用することにより、類似業種比準方式や折衷方式の選択肢を排除している事案が多いようである。そして、時価純資産法を採用しつつも、「財産評価基本通達 185 に定める１株当たりの純資産価額の算定方式を基に、その会社の保有する土地や上場有価証券の価額を時価により算定し，かつ、評価差額に対する法人税額等の控除をしない等の修正を行って計算した純資産価額」[*41] を用いていることが少なくない。

これに対し、法人税基本通達により評価した組織再編比率を用いている事案も存在する[*42]。さらに、株主が個人のみである場合には、

＊40　佐藤信祐ほか『中小企業のための合併の法律・会計・税務・評価と申告書作成（新版）』58 − 63 頁（清文社、平成 22 年）、朝長英樹ほか『会社合併実務必携（第３版）』34 − 39 頁（法令出版、平成 29 年）。

＊41　タクトコンサルティング「TACTNEWS No.568【Q&A】税務上の問題が生じないための合併比率の算定法」

＊42　朝長ほか前掲＊40・37 − 39 頁。

財産評価基本通達により評価した組織再編比率を用いることも容認され得るであろう。

このように、組織再編比率の算定方法には複数の考え方があり、いずれの方法を採用したとしても、その合理性が認められる限り、租税法上も容認されると考えられる。

X　組織再編後の評価

合併後に課税時期がある場合には、類似業種比準方式の比準3要素の数値を適切に抽出することができない場面が考えられ、そのような場合には、類似業種比準方式を採用することはできず、純資産価額方式を採用すべきであるという見解がある*43。そして、平成28年7月に行われた東京国税局資産税審理研修資料*44において同様の見解が公表されたため、今後は、合併直後に相続又は贈与を行った場合には、原則として、純資産価額方式を採用すべきということになる。

なお、会社分割についての見解は公表されていないが、実質的に合併と同様に取り扱うべき場合があるため、実務上は、慎重な対応が必要になる。

＜具 体 例＞

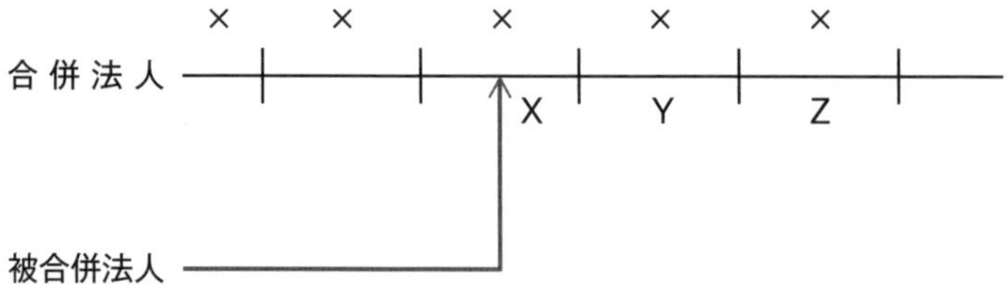

---

*43　加藤前掲*7・234－237頁。

*44　尾崎三郎監修『詳説　自社株評価Q&A（五訂版）』232－233頁（清文社、平成29年）に原文収録。

⑴　合併後の各課税期間における株式の評価方法（まとめ）

合併後の各課税期間における株式の評価方法と類似業種比準方式の比準数値の取り方の一般的な整理としてまとめたものが、図表－4である。

まとめると、課税時期Ｚでは、類似業種比準方式を適用することができるが、課税時期Ｘ及びＹでは、合算方式（下記⑶参照）で、かつ、合併の前後で会社実態に変化がないと認められる場合を除き、類似業種比準方式は適用できないことになる。

⑵　合併法人「単体」でみた場合の比準３要素の検討（単体方式）

合併後に課税時期がある場合において、合併後の評価会社単体で比準３要素を算定する方式が単体方式である。単体方式で適切な比準要素が得られるかどうかを判定したものが、図表－5である。

課税時期Ｘ及びＹでは、単体方式では、合併の影響要因が排除されていることから、妥当性を欠くものとされている。

●図表－４　比準数値の取り方と株式の評価方法

<table>
<tr><th colspan="3">課税時期／評価方法</th><th>X</th><th colspan="2">Y</th><th>Z</th></tr>
<tr><td rowspan="5">類似業種比準方式</td><td colspan="2">単体方式</td><td rowspan="2">×</td><td colspan="2">×</td><td rowspan="2">○
（ただし、利益金額を直前２年間の平均額とすることは不可）</td></tr>
<tr><td rowspan="4">合算方式</td><td>合併の前後で会社実態に変化がある場合</td><td>合併期日が直前期末の翌日の場合</td><td>○
（利益金額と純資産価額を基に算定）</td></tr>
<tr><td rowspan="3">合併の前後で会社実態に変化がない場合</td><td rowspan="3">○
（比準３要素を基に算定）</td><td colspan="2">○
（比準３要素を基に算定）</td><td rowspan="3">○
（利益金額を直前２年間の平均額とすることは可能）</td></tr>
<tr><td rowspan="2">合併期日が直前期末の翌日の場合</td><td rowspan="2">○
（比準３要素を基に算定）</td></tr>
<tr></tr>
<tr><td colspan="3" rowspan="2">純資産価額方式</td><td rowspan="2">○
（財基通189－４に準じて開業後３年未満の会社等として評価）</td><td colspan="2">○
（財基通189－２に準じて比準要素１の会社として評価。なお、選択によりＬの割合を0.25とした折衷方式の適用可）</td><td rowspan="2">－
（ただし、類似業種比準価額が純資産価額を上回る場合は適用可）</td></tr>
<tr><td>合併期日が直前期末の翌日の場合</td><td>－
（ただし、類似業種比準価額が純資産価額を上回る場合は適用可）</td></tr>
</table>

（出典）加藤千博編『株式・公社債評価の実務』237頁（大蔵財務協会、平成31年）

（注）　上記表中「合併の前後で会社実態に変化がない場合」については、渡邉定義、森若代志雄「ポイント解説『財産評価実務上の重点事項』⑹」国税速報5528号13－14頁（平成15年）において、「合併の前後で会社規模や主たる業種目が変わらず、かつ、合併前の各社の配当・利益・純資産をそれぞれ加算した数値と合併後の会社に配当・利益・純資産について大きな変動が認められない場合」とされ、合併の前後で比準要素に変化がないかどうかについては、もっぱら事実認定に属する問題とした上で、例えば、次の①～④のすべてを満たす会社については、これに当たるものと考えられる、としている。

①　合併比率を対等（１：１）とし、合併法人が被合併法人の資産、負債及び資本を一切そのままの帳簿価額で引き継ぐ。

②　合併の前後で会社規模や主たる業種に変化がない。
例えば、合併により主たる業種が変わってしまう場合には、類似業種比準価額の算定において、適用すべき業種目が変わってしまうことから、問題がある。

③　合併当事会社双方の利益、配当が黒字であり、純資産が欠損でない。

④　合併前後の１株当たりの配当、利益、純資産価額に大きな変動がない。

例えば、合併により利益が倍増したような場合には、合併前の当事会社の利益を合算しても、合併後の会社の実態を的確に表しているとはいえない。

なお、上記のうち、①は、平成17年改正前商法時代に書かれた内容であり、そもそも、合併比率の問題が１株当たりの株価の問題であり、株式併合や株式分割でどのようにも調整が可能であることから、合併の前後で比準要素に変化がないかどうかという点では重要な論点とはいい難いため、実際には、「適格合併に該当する」という程度のもので差し支えないと考えられる。

●図表－５　単体方式

課税時期／比準要素	X	Y	Z
B（配当）	×	×	○
C（利益）	×	× （ただし、期末の翌日合併の場合は○）	○ （ただし、直前１年間のみ）
D（純資産）	×	○	○
判定	適用不可	原則適用不可	適用可

（出典）加藤千博編『株式・公社債評価の実務』235頁（大蔵財務協会、平成31年）

(3)　合併法人と被合併法人の各比準要素を「合算」する場合の比準３要素の検討（合算方式）

合併後に課税時期がある場合に、合併後の評価会社の比準要素と被合併法人の比準要素を合算して比準３要素を算定する方式が「合算方式」である。合算方式で適切な比準要素が得られるかどうかを判定したものが、図表－６である。

課税時期Ｘ及びＹでは、合算方式では、合併による会社実態の変化を適正に反映できないため、合併の前後で会社実態に変化がない場合を除き、合理性を欠くものとされている。

●図表－6　合算方式

課税時期 / 比準要素	X	Y	Z
B（配当）	× （ただし、会社実態に変化がない場合は○）	× （ただし、会社実態に変化がない場合は○）	○
C（利益）	× （ただし、会社実態に変化がない場合は○）	× （ただし、会社実態に変化がない場合は○）	○ （ただし、直前2年間は会社実態に変化がない場合のみ）
D（純資産）	× （ただし、会社実態に変化がない場合は○）	○	○
判定	原則適用不可	原則適用不可	適用可

（注）会社実態に変化がないかどうかは、もっぱら事実認定に属する問題である。
（出典）加藤千博編『株式・公社債評価の実務』235 頁（大蔵財務協会、平成 31 年）

第4章

会社法と租税法の両面からの実務的検討

はじめに

第2章、**第3章**では、「実際に裁判になったときに、裁判所に受け入れられやすい評価方法」ということで、会社法及び租税法の観点から分析を行った。

本章では、**第2章**及び**第3章**の内容を発展させ、実務上、非上場株式の評価をどのように行うのかについて検討を行う。

I　譲渡制限株式の譲渡

1　実務上の問題点

第2章で解説したように、かつては、少数株主に株式を分散することにより、相続税を節税させる手法が行われていた。この場合の少数株主は、取引先であったり、従業員であったりするため、配当を行わなかったとしても特に問題になることもなく、事業の運営に支障をきたすことはなかったが、世代交代が進んでくると、そのような利害関係が薄れてくるため、株主としての権利を主張してくるようになる*1。

そのほか、名義株の問題もある。平成2年商法改正前は、会社設立時に、7人以上の発起人が必要であるという理由から、発起人名義が借用されていたからである。そのほか、一部の業種では、グルー

＊1　譲渡制限株式であっても、相続のような包括承継が行われた場合には、会社の承認を得ずに、相続人を株主であるとして取り扱うことになる（民法896、会社法134四）。

プ会社とみなされないように、名義株が多用されている事案もある。名義株であることから、実際の権利者が違うはずであるが、それを立証する書面がないことから、自分が実際の権利者であると名義人が主張してくる事案も少なくない。

このような問題を解決するために、少数株主から株式を買い取る必要がある。後者については、名義株であるから買い取る必要はないように思えるが、名義人が実際の権利者であるとみなされてしまうと、現実的には、名義人が保有していると主張する株式を買い取らざるを得ない。

ただし、**第3章**で解説したように、少数株主に株式を分散させるときは特例的評価方式で評価していたのに対し、少数株主から株式を買い戻すときは原則的評価方式で評価をしないと、租税法上、支配株主において受贈益の問題が生じることになる。そのため、原則的評価方式で買い戻すことを検討することがあるが、贈与税の最高税率が55%であることから、原則的評価方式による評価額が10億円であり、少数株主に支払った買取代金が100万円であったとしても、約5億円程度の贈与税ということになるため、少数株主に10億円を支払うよりは、支配株主からの支出は少ないということがいえる。このような検討が可能なのは、個人間の売買であれば、少数株主側では、みなし譲渡益の問題は生じないし、一方の者が法人である場合であっても、少数株主にとっての株式価値で譲渡を行えば、少数株主側では、低廉譲渡に該当しないからである。

さらに、少数株主から発行法人が自己株式として買い取るという選択肢もある。少数株主からすれば、少数株主にとっての株式価値で譲渡を行えば、低廉譲渡に該当しないし、発行法人からすれば、資本等取引に該当することから、受贈益の問題は生じないからである。ただし、他の株主におけるみなし贈与の問題を検討する必要があるものの、例えば、自己株式を買い取った後の支配株主の持分割合が80%であり、他の少数株主の持分割合が20%である場合には、当該20％に相当する部分には贈与税の問題は生じず、支配株主の持分（80％）に対応する部分だけ贈与税の問題が生じることから、支配株主が直接買い取るよりは、贈与税の金額を薄めることができる。

このように、租税法上の問題を考慮しながら、買取代金の落としどころを探っていく必要があるということがいえる。

2　平成30年度税制改正

平成30年度税制改正では、円滑な事業承継が行えるように、「非上場株式等に係る贈与税・相続税の納税猶予の特例制度」が設けられた。平成30年度税制改正大綱では、以下のように記載されている。

「1　事業承継税制の特例の創設等

(1)　非上場株式等に係る贈与税・相続税の納税猶予の特例制度を次のとおり創設する。

①　特例後継者（仮称）が、特例認定承継会社（仮称）の代表権を有していた者から、贈与又は相続若しくは遺贈（以下1において「贈与等」という。）により当該特例認定承継会社の非上場株式を取得した場合には、その取得した全ての非上場株式に係る課税価格に対応する贈与税又は相続税の全額について、その特例後継者の死亡の日等までその納税を猶予する。

（注1）　上記の「特例後継者」とは、特例認定承継会社の特例承継計画（仮称）に記載された当該特例認定承継会社の代表権を有する後継者（同族関係者と合わせて当該特例認定承継会社の総議決権数の過半数を有する者に限る。）であって、当該同族関係者のうち、当該特例認定承継会社の議決権を最も多く有する者（当該特例承継計

画に記載された当該後継者が2名又は3名以上の場合には、当該議決権数において、それぞれ上位2名又は3名の者（当該総議決権数の10%以上を有する者に限る。)）をいう。

（注2） 上記の「特例認定承継会社」とは、平成30年4月1日から平成35年3月31日（著者加筆：令和5年3月31日）までの間に特例承継計画を都道府県に提出した会社であって、中小企業における経営の承継の円滑化に関する法律第12条第1項の認定を受けたものをいう。

（注3） 上記の「特例承継計画」とは、認定経営革新等支援機関の指導及び助言を受けた特例認定承継会社が作成した計画であって、当該特例認定承継会社の後継者、承継時までの経営見通し等が記載されたものをいう。

② 特例後継者が特例認定承継会社の代表者以外の者から贈与等により取得する特例認定承継会社の非上場株式についても、特例承継期間（仮称）（5年）内に当該贈与等に係る申告書の提出期限が到来するものに限り、本特例の対象とする。

③ 現行の事業承継税制における雇用確保要件を満たさない場合であっても、納税猶予の期限は確定しない。ただし、この場合には、その満たせない理由を記載した書類（認定経営革新等支援機関の意見が記載されているものに限る。）を都道府県に提出しなければならない。なお、その理由が、経営状況の悪化である場合又は正当なものと認められない場合には、特例認定承継会社は、認定経営革新等支援機関から指導及び助言を受けて、当該書類にその内容を記載しなければならない。

④ 経営環境の変化を示す一定の要件を満たす場合において、特例承継期間経過後に、特例認定承継会社の非上場株式の譲渡をするとき、特例認定承継会社が合併により消滅するとき、

特例認定承継会社が解散をするとき等には、次のとおり納税猶予税額を免除する。

イ　特例認定承継会社に係る非上場株式の譲渡若しくは合併の対価の額（当該譲渡又は合併の時の相続税評価額の50％に相当する額を下限とする。）又は解散の時における特例認定承継会社の非上場株式の相続税評価額を基に再計算した贈与税額等と譲渡等の前５年間に特例後継者及びその同族関係者に対して支払われた配当及び過大役員給与等に相当する額（以下「直前配当等の額」という。）との合計額（合併の対価として交付された吸収合併存続会社等の株式の価額に対応する贈与税額等を除いた額とし、当初の納税猶予税額を上限とする。）を納付することとし、当該再計算した贈与税額等と直前配当等の額との合計額が当初の納税猶予税額を下回る場合には、その差額を免除する。

ロ　特例認定承継会社の非上場株式の譲渡をする場合又は特例承継認定会社が合併により消滅する場合（当該譲渡又は合併の対価の額が当該譲渡又は合併の時の相続税評価額の50％に相当する額を下回る場合に限る。）において、下記ハの適用を受けようとするときには、上記イの再計算した贈与税額等と直前配当等の額との合計額については、担保の提供を条件に、上記イにかかわらず、その納税を猶予する。

ハ　上記ロの場合において、上記ロの譲渡又は合併後２年を経過する日において、譲渡後の特例認定承継会社又は吸収合併存続会社等の事業が継続しており、かつ、これらの会社において特例認定承継会社の譲渡又は合併時の従業員の半数以上の者が雇用されているときには、実際の譲渡又は合併の対価の額を基に再々計算した贈与税額等と直前配当等の額との合計額（合併の対価として交付された吸収合併存続会社等の株式の価額に対応する贈与税額等を除く。)を納付することとし、当該再々計算した贈与税額等と直前配当等の額との合計額が上記ロにより納税が猶予されている額を下回る場合には、その差額を免除する。

(注4) 上記の「経営環境の変化を示す一定の要件を満たす場合」とは、次のいずれか(特例認定承継会社が解散をした場合にあっては、ホを除く。)に該当する場合をいう。

イ 直前の事業年度終了の日以前3年間のうち2年以上、特例認定承継会社が赤字である場合

ロ 直前の事業年度終了の日以前3年間のうち2年以上、特例認定承継会社の売上高が、その年の前年の売上高に比して減少している場合

ハ 直前の事業年度終了の日における特例認定承継会社の有利子負債の額が、その日の属する事業年度の売上高の6月分に相当する額以上である場合

ニ 特例認定承継会社の事業が属する業種に係る上場会社の株価(直前の事業年度終了の日以前1年間の平均)が、その前年1年間の平均より下落している場合

ホ 特例後継者が特例認定承継会社における経営を継続しない特段の理由あるとき

ただし、特例認定承継会社の非上場株式の譲渡等が直前の事業年度終了の日から6月以内に行われたときは上記イからハまでについて、当該譲渡等が同日後1年以内に行われたときは上記ニについて、それぞれ「直前の事業年度終了の日」を「直前の事業年度終了の日の1年前の日」とした場合にそれぞれに該当するときについても、「経営環境の変化を示す一定の要件を満たす場合」に該当するものとする。

⑤ 特例後継者が贈与者の推定相続人以外の者(その年1月1

日において20歳以上である者に限る。）であり、かつ、その贈与者が同日において60歳以上の者である場合には、相続時精算課税の適用を受けることができることとする。

⑥　その他の要件等は、現行の事業承継税制と同様とする。」

このように、平成30年度税制改正前に問題となっていた雇用確保要件を緩和することで、事業承継税制がかなり使いやすくなったということがいえる。

さらに、従来の事業承継税制では、発行済株式総数の３分の２までの部分に対して、80%の納税猶予を認めていたため、もし、発行済株式のすべてを後継者に承継させた場合には、約53%（＝80%×２／３）しか納税猶予の対象にならなかった。これに対し、新しい事業承継税制では、取得したすべての非上場株式に対する贈与税又は相続税の全額が納税猶予の対象になったため、納税猶予の手続きをきちんと行っていれば、その後に譲渡や解散等により納税猶予額を支払わなければならない事態になる場合を除き、実質的に贈与税及び相続税を負担せずに事業承継を行うことが可能になったということがいえる。

なお、平成30年度税制改正で導入された事業承継税制と税制改正前に存在していた旧事業承継税制は、当面の間、併存することになる。新しい事業承継税制が、平成30年４月１日から令和５年３月31日までの間に特例承継計画を都道府県に提出した会社に限定されており、令和５年４月１日以降も同様の制度を利用することができるのかは、本書校了段階では不明である。

平成30年度税制改正前は、少数株主の世代交代や名義株の問題があったとしても、買い戻してしまうと、買い戻した株式を後継者に相続するときに、原則的評価方式により評価をした上で、相続税の計算をする必要があることから、このような問題を放置していた事案も少なくなかった。これに対し、平成30年度税制改正により、実質的に贈与税及び相続税を負担せずに事業承継を行うことが可能になったことから、少数株主に株式を分散させておく必要はなくなったということがいえる。そのため、平成30年度税制改正により、少数株主が保有している株式を買い戻すことを検討する動きは強まってくると思われる。

なお、事業承継税制は、中小企業における経営の承継の円滑化に関する法律12条1項の認定を受ける必要があるところ、民法上の贈与には低廉譲受けは含まれていない。そのため、特例後継者が少数株主から買い取る場合において、原則的評価方式よりも安い価額で買い取ったとしても、納税猶予の対象にすることができない。これに対し、平成30年度税制改正により、「特例後継者が特例認定承継会社の代表者以外の者から贈与等により取得する特例認定承継会社の非上場株式」についても、事業承継税制の対象にしているものの、このような低廉譲受けを対象から除外してしまうと、そもそもこの制度を導入した意味がなくなってしまう。今後の税制改正により改善されることが期待される。

3　相続人等に対する売渡請求

(1)　制度の概要

少数株主から株式を買い取る場合には、後述する少数株主の締出し（スクイーズアウト）の手法を用いる場合を除き、当該少数株主の同意が必要になる。そのため、寝た子を起こしたくないということで、当該少数株主の相続のタイミングで株式を買い戻したいというニーズも少なくない。このような場合に「相続人等に対する売渡請求」の制度を活用することができる（会社法174）。ただし、この制度は、譲渡制限株式に対して、定款の定めがある場合に限定されているため、相続開始前に譲渡制限を付した上で、「相続人等に対する売渡請求」についての定款の定めを設ける必要がある[*2]。

(2) 相続クーデターの危険性

このような定款の定めがある場合において、「相続人等に対する売渡請求」を行うためには、株主総会の特別決議が必要になる（会社法175①、309②三）。ただし、売渡請求を受けた相続人は議決権を行使することができない（会社法175②）。その結果、株主総会の議決権のうち３％以上を有する非支配株主グループが株主総会を招集することにより（会社法297）、支配株主の相続人が取得した株式を買い取ることが可能であるように思われる[*3]。いわゆる相続クーデターである。

しかしながら、「相続人等に対する売渡請求」を行う場合の売買価格は、原則として、当事者間の協議により行われるものの（会社法177①）、協議が調わない場合には、売買価格決定の申立てをすることができる（会社法177②）。そして、裁判所は、「株式会社の資産状態その他一切の事情を考慮しなければならない」と定められているものの（会社法177③）、実際の売買価格については規定されていない。この点については、売渡請求の制度が、相続人から強制的に株式を買い取る制度であることから、相続人が支配株主であろうが、少数株主であろうが、支配株主にとっての株式価値で買い

＊２　相続開始後に「相続人等に対する売渡請求」についての定款の定めを設けることも可能であるとする見解もあるが（相澤哲ほか『論点解説　新・会社法』162頁（商事法務、平成18年））、それを否定する見解もあるため（伊藤雄司「第174条」山下友信『会社法コンメンタール４ー株式（２）』121頁（商事法務、平成21年））、実務上は、相続開始前に定款の定めを設けることが望ましいと思われる。

＊３　この点を指摘する書籍として、牧口晴一・齋藤孝一『非公開株式譲渡の法務・税務（第６版）』26頁（中央経済社、令和元年）、平野敦士「相続人等に対する株式の売渡しの請求の問題点」立命館経営学47巻５号99－100頁、中村信男「譲渡制限株式の売渡請求制度と判例に見る問題点等の検討」早稲田商学438号100－101頁（平成21年）がある。

取るべきであるとする見解が有力である[*4]。そして、**第3章**で解説したように、時価純資産法ではなく、DCF 法や収益還元法により支配株主にとっての株式価値により評価を行うだけでなく、非流動性ディスカウントを否定する現在の裁判例の傾向から、かなり高額な売買価格になることが予想される。

例えば、被相続人が発行済株式総数の 70％を保有していた場合には、当該 70％に相当する株式の買取資金を調達しなければならない。後継者として想定されていた者を追い出すために、金融機関から資金調達をしようとしても、相続クーデターによる企業価値の毀損が想定されることから、そのような資金調達が困難であることは容易に想像できる[*5]。そして、「相続人等に対する売渡請求」により自己株式を買い取る場合には、分配可能額の範囲内であることが要件とされている（会社法 461 ①五）[*6]。

一般的に、少数株主からすれば、支配株主との間の情報の非対称性の問題があり、DCF 法により株式評価を行うことが困難である場合が考えられる。これに対し、後継者として想定されていた者であれば、将来フリー・キャッシュ・フローについての情報は十分に有しているし、事業承継の結果、新たな事業展開を行うことを理由して、それなりに信頼性のあるポジティブな事業計画を作り込むことは可能である。すなわち、それなりに信頼性のあるポジティブな事業計画を基礎に DCF 法により評価を行えば、時価純資産法より

＊4　堀田佳文「第 174 条～第 177 条」江頭憲治郎ほか編『論点体系会社法２株式会社Ⅱ』26 頁（第一法規、平成 24 年）、伊藤雄司「第 177 条」山下前掲＊２・132 － 133 頁。

＊5　当然のことであるが、相続クーデターによる企業価値の毀損を理由として、株式の買取代金を減額させることはできない。

＊6　当然のことであるが、分配可能額が少ないことを理由として、株式の買取代金を減額することは認められない。すなわち、分配可能額が足りない場合には、「相続人等に対する売渡請求」を諦めざるを得ない。この点につき、平野前掲＊３・94 頁では、「実務的には会社が売渡しの請求を希望する株式の数だけ請求し、売買価額決定段階で財源規制の適用により売渡しの請求の一部を撤回することになると考えられる」と指摘されている。

も高い評価額にすることはそれほど難しくはない（もし、それが難しいということであれば、時価純資産法よりも高い評価を行うことができない将来性が期待できない会社であるということになる。相続人からすれば、そのような場合であっても、時価純資産法による評価額を請求すれば足りるし、クーデターを起こした少数株主側からクーデターにより手に入れようとした会社が将来性が期待できない会社であると主張するのも無理がある。そうなれば、時価純資産法よる評価額で買い取らざるを得なくなるため、困るのはクーデターを起こした少数株主側である）*7。その結果、買取代金を調達することができなかったり、分配可能額の範囲内で株式を買い取ることができなかったりするため、相続クーデターが失敗することになる。そのため、理論上は、相続クーデターは可能であるように思われるが、資金調達の問題からしても、分配可能額の問題からしても、ハードルがあまりにも高すぎることから、相続クーデターの事案は筆者の知る限り公表されたものは存在しない。

すなわち、「相続人等に対する売渡請求」が相続クーデターに利用される可能性はないとはいえないため、相続クーデターができないような備えをしておくことは重要なのかもしれない。しかし、前述のように、相続クーデターを実行することができない事案がほとんどであると思われるため、ある程度の備えをしておけば、「相続人等に対する売渡請求」の導入を避ける必要はない。

(3) 少数株主からの株式の買取り

これに対し、「相続人等に対する売渡請求」を利用して、少数株主の相続人から株式を買い取る場合であっても、支配株主にとって

＊7　なお、第２章で解説したように、現在の裁判例では、国税庁方式による評価が認められない可能性が高いことから、クーデターを起こした少数株主側から、原則的評価方式による評価額による売買価格を主張したとしても、裁判所が認めない可能性が高いと思われる。

の株式価値で買い取る必要があるという点が問題となる。前述のように、売渡請求の制度が、相続人から強制的に株式を買い取る制度であることから、支配株主にとっての株式価値で買い取るべきであるとする見解が有力だからである。そして、少数株主側からすれば、将来の事業計画を作り込むことができないため、DCF 法の代替として、収益還元法を選択することが予想される。時価純資産法による評価も、情報が入手できていないことから、時価純資産法の簡便法としての修正簿価純資産法を選択するであろう（時価評価もかなり雑なものになると思われるが、交渉のたたき台としては十分である）。つまり、少数株主が、収益還元法による評価額と修正簿価純資産法による評価額を根拠として、売買価格の交渉をしてくる可能性が高いと思われる。

そうであっても、会社法上、売買価格は当事者間の交渉により決定することが原則となっているため、少数株主が納得すれば、少数株主にとっての株式価値で買い取っても問題はない。あくまでも、支配株主にとっての株式価値で買い取ることが要請されるのは、裁判になった場合である。さらに、特例的評価方式による相続税の計算を行った少数株主からすれば、相続税を上回るだけの金銭を手に入れることができるのであれば、裁判に持ち込むよりは、支配株主にとっての株式価値と少数株主にとっての株式価値の間のいずれかで落としどころを探ることは不可能ではない。この点は、法務や税務の問題ではなく、当事者間の交渉に委ねられる内容である。

＜参考法令・通達＞

●会 社 法

（相続人等に対する売渡しの請求に関する定款の定め）

第174条　株式会社は、相続その他の一般承継により当該株式会社の株式（譲渡制限株式に限る。）を取得した者に対し、当該株式を当該株式会社に売り渡すことを請求することができる旨を定款で定めることができる。

（売渡しの請求の決定）

第175条　株式会社は、前条の規定による定款の定めがある場合において、次条第１項の規定による請求をしようとするときは、その都度、株主総会の決議によって、次に掲げる事項を定めなければならない。

一　次条第１項の規定による請求をする株式の数（種類株式発行会社にあっては、株式の種類及び種類ごとの数）

二　前号の株式を有する者の氏名又は名称

２　前項第２号の者は、同項の株主総会において議決権を行使することができない。ただし、同号の者以外の株主の全部が当該株主総会において議決権を行使することができない場合は、この限りでない。

（売渡しの請求）

第176条　株式会社は、前条第１項各号に掲げる事項を定めたときは、同項第２号の者に対し、同項第１号の株式を当該株式会社に売り渡すことを請求することができる。ただし、当該株式会社が相続その他の一般承継があったことを知った日から１年を経過したときは、この限りでない。

２　前項の規定による請求は、その請求に係る株式の数（種類株式発行会社にあっては、株式の種類及び種類ごとの数）を明らかにしてしなければならない。
3　株式会社は、いつでも、第1項の規定による請求を撤回することができる。

（売買価格の決定）
第177条　前条第1項の規定による請求があった場合には、第175条第1項第1号の株式の売買価格は、株式会社と同項第2号の者との協議によって定める。
2　株式会社又は第175条第1項第2号の者は、前条第1項の規定による請求があった日から20日以内に、裁判所に対し、売買価格の決定の申立てをすることができる。
3　裁判所は、前項の決定をするには、前条第1項の規定による請求の時における株式会社の資産状態その他一切の事情を考慮しなければならない。
4　第1項の規定にかかわらず、第2項の期間内に同項の申立てがあったときは、当該申立てにより裁判所が定めた額をもって第175条第1項第1号の株式の売買価格とする。
5　第2項の期間内に同項の申立てがないとき（当該期間内に第一項の協議が調った場合を除く。）は、前条第1項の規定による請求は、その効力を失う。

4　会社法の時価と租税法の時価

前述のように、「相続人等に対する売渡請求」を活用することができるものの、ほとんどの事案は、相続をきっかけとするのではなく、それ以外のタイミングで株式を買い取ることが多い。**第2章**で解説したように、支配株主が少数株主から株式を買い取る場合において、当事者間の合意が成立せずに、裁判所に対して売買価格決定の申立てが行われたときは、支配株主にとっての株式価値と少数株主にとっての株式価値の1対1の折衷割合による評価額を売買価格として決定されてしまう可能性が高いと思われる。

これに対し、支配株主からすれば、支配株主にとっての株式価値を時価として評価することになるため、決定された売買価格との差額について、少数株主が個人である場合には贈与税、少数株主が法人である場合には所得税（一時所得）の問題が、それぞれ個人である支配株主において生じることになる。この点につき、馴合訴訟のような特殊な事案を除き、裁判所が決定した売買価格であれば、租税法上も時価であると認定される可能性が高いとする解説もある＊8。

たしかに、裁判所が売買価格を決定したということは、その価格で買い取らざるを得ないことから、税務署が異なる時価を根拠として否認してくる可能性は低いのかもしれない。これに対し、「裁判所がこのような売買価格を決定する可能性が高い」ということを根拠として、当事者間の交渉により売買価格を決定した場合にはリスクがあると考えるのが一般的であろう。もし、そのようなことが可能であれば、財産評価基本通達を根拠とせずに、より合理的な評価額を算定した裁判例が多数公表されてもおかしくはないからである。

さらに、実際に訴訟になった場合であっても、当事者間で和解をすることも考えられる。東京高判平成29年7月26日・TAINS Z888－2132では、特別清算手続きにおいて、裁判所の認定の決定によらずに個別和解等により切り捨てられることとなった部分の金額につき、貸倒損失として認められなかった。これを参考にすれば、裁判所が売買価格を決定するのではなく、当事者間で和解をした場合には、その売買価格が租税法上の時価として認められない可能性

＊8　牧口・齋藤前掲＊3・309頁。

は否定できない。

実務上、裁判所に売買価格を決定してもらうのではなく、当事者間で落としどころを探ることも多いと思われるため、会社法上の時価と租税法上の時価が異なると考えたほうが無難であると思われる。

5 1対1以外の折衷の模索

(1) 議論の前提

第2章で解説したように、我が国の株式売買価格決定申立事件における最近の裁判例の傾向として、経営権の異動に準じて取り扱うことができるかを検討しているものが多い。すなわち、経営権の異動に準じて取り扱うことができる場合(譲渡人が旧支配株主であり、譲受人が支配株主になる場合）には、支配株主にとっての株式価値により評価を行い、譲受人（指定買取人）と譲渡人の双方が少数株主であるときは、少数株主にとっての株式価値により評価を行い、譲受人が支配株主であり、譲渡人が少数株主であるときは、支配株主にとっての株式価値と少数株主にとっての株式価値を１対１の折衷割合により評価を行う傾向がある。そのほか、一方の株主が少数株主でありながらも、経営に一定の影響を与えることができる中間的な株主である場合には、支配株主にとっての株式価値の折衷割合を引き上げるという傾向が見受けられる。

このような傾向を考えると、譲受人が支配株主であり、譲渡人が少数株主である場合には、支配株主にとっての株式価値と少数株主にとっての株式価値を１対１の折衷割合により評価が行われる可能性が高いということがいえる。

無論、アカデミックには、譲受人が支配株主であり、譲渡人が少数株主である場合であっても、支配株主にとっての株式価値で評価すべきであるとする見解も有力である。しかし、本書は実務書であることから、裁判例の傾向を参考に、1対1以外の折衷割合により評価を行うことができるのかについて検討を行う。

この点につき、博士論文を執筆する過程で検討しようとしたことがあるが、ゲームの理論の研究や株式評価の実証研究[*9]を重ねていく必要があり、やや法的な研究とは異なる内容になってしまうため、とりあえず今後の研究課題として先送りしたのが実態である。

これに対し、広島地決平成21年4月22日・金商1320号49頁では、「株式価格の評価に当たって、総合評価とするか、その場合における折衷割合をどのようにするかについて定まった方法は確立されていないところであり、結局は、事案に応じて取捨選択するほかないものの、株式の売買を相対で行う場合には、通常は、いずれか一方の交渉力が他方を上回るのが一般的であるが、本件は、会社法の規定により株式の買取価格を決定するものであるから、双方対等の立場で評価すべきものであると解される」という理由により、支配株主にとっての株式価値と少数株主にとっての株式価値を1対1の割合で折衷している。このように、裁判例の傾向に根拠がないわけでもないことから、より納得感のある折衷割合を算定していくことも、実務の観点からは有用であると思われる。そこで、以下では、1対1ではなく、より合理的な折衷割合の算定方法について検討を行う。

＊9　平井裕久・椎葉淳「併用方式による企業価値評価：加重平均におけるウェイトの問題に焦点を当てて」原価計算研究34巻2号103－115頁（平成22年）では、「企業価値評価において、市場株価法、割引キャッシュ・フロー法、類似企業比較法などによる複数の評価額を加重平均する併用方式について、Yee（2008）のモデルを検討するとともに、TOBデータを用いて検証」している。これはあくまでも一例であり、今後、異なるモデルにより合理的な折衷割合が算定できるようになる可能性はあり得るが、現段階では、会社法の研究において利用可能な水準には至っていないと思われる。

⑵　ゲームの理論

第2章で解説したように、譲渡制限株式の譲渡では、売買価格が高くなれば譲渡人が利益を得て、同額が指定買取人の負担になるというゼロ和ゲームが成立する。そのため、売買価格決定の申立てがなされずに、譲渡人である少数株主と指定買取人である支配株主が交渉を行う場合には、両者の期待する価格の間のどこかで落とし所を探る必要がある。これに対し、売買価格決定の申立てがなされた場合には、両者が対等の立場で交渉を行い、かつ、交渉力に差がないことが前提となる。そのため、裁判所は、支配株主にとっての株式価値を少数株主にとっての株式価値を1対1で折衷している。

しかし、支配株主にとっての株式価値が1,000円であり、少数株主にとっての株式価値を10円であるとした場合に、それを1対1で折衷した505円が、両者が対等の立場で交渉を行い、かつ、交渉力に差がないことを前提に成立する価格であるとは考えにくい。感覚的には、一方が1,000円であり、他方が10円であるとしているのだから、100円くらいで交渉が成立すると考えるべきであろう。つまり、両者の中間地点を探るにしても、すべてが足して2で割って算定された数値になるとは考えにくい。この点については、ゲームの理論を用いてより深く研究を進めるべき分野であることから[*10]、本書では、とりあえずの答えを模索したいと思う。

＊10　全部取得条項付種類株式の取得価格決定申立事件における公正な価格の算定方法であるが、田中亘「MBOにおける『公正な価格』」金商1282号21頁（平成20年）では、ゲームの理論を用いて、企業価値の増加を1対1の割合で分配すべきであると主張されている。この考え方は、譲渡制限株式の売買価格決定申立事件における裁判例の傾向を分析する際にも役に立つであろう。

⑶　実務的に検討されている折衷割合

株式評価を行っている専門家の方々と議論すると、１対１の折衷割合に違和感があることから、他の手法により折衷割合を算定している事案がある。その中で、最も合理的であると認められるものとして、譲渡の対象となる株式が発行済株式総数に占める割合を根拠として折衷割合を算定する手法が挙げられる。例えば、少数株主が３％の株式を保有している場合には、支配権プレミアムを手に入れるためには、47％以上の株式を取得する必要がある。そのため、支配株主にとっての株式価値と少数株主にとっての株式価値を３：47で折衷するという手法である。この手法は、少数株主が保有している株式を少数株主にとっての株式価値のみで算定するのではなく、保有比率に応じた支配権プレミアムを加味する手法であるということがいえる。

この手法は、支配株主と少数株主との間の交渉ゲームと捉えている裁判例が多いことから、やや裁判例の傾向になじまない。しかしながら、譲受人が支配株主なのか、少数株主なのかで評価方法を変えてしまうと、大阪地決平成27年7月16日・金商1478号26頁にあるように、少数株主を買取人として指定したことを理由として少数株主にとっての株式価値で評価をすることが可能になり、結果的に取締役会に売買価格を引き下げる選択肢を与えているに等しくなるという問題が生じる。これに対し、譲渡人の保有割合にのみ着目する上記手法を、譲受人が支配株主であるか、他の少数株主であるかを問わずに採用すれば、かかる問題を解決することができる。

そして、譲受人が支配株主である場合には、追加的に株式を取得することにより支配権が強化され、譲受人が他の少数株主である場合にも、追加的に株式を取得することにより少数株主としての権利が強化されるため、譲渡人である少数株主が有する株式に潜在する支配権プレミアムを評価する上記の手法には、一定の合理性が認められる。

そのため、今後の実務の積み重ねにより、この手法が認められるかどうかについては注目する必要があると思われる。

(4) 平均値の種類と合理的な折衷割合

前述のように、譲受人が支配株主であり、譲渡人が少数株主である場合には、支配株主にとっての株式価値と少数株主にとっての株式価値を１対１の折衷割合により評価を行っている裁判例が多い。支配株主にとっての株式価値と少数株主にとっての株式価値の平均値を求めているということがいえる。このように、観測値 X_1、X_2、X_3、……、X_n を合計した上で、データの数（n）で割ったものを算術平均という。

(算術平均)

$$\bar{X}=\frac{X_1+X_2+X_3+\cdots+X_n}{n}$$

平均値の求め方として、算術平均以外にも、加重平均、幾何平均、調和平均とがある。具体的には以下のとおりである[*11]。

(加重平均)

$$\bar{X}=\frac{X_1W_1+X_2W_2+X_3W_3+\cdots+X_nW_n}{W_1+W_2+W_3+\cdots+W_n}$$

＊11　東京大学教養学部統計学教室『統計学入門』28 － 32 頁（東京大学出版会、平成３年）、株式会社環境計画研究所 HP（https://www.ries.co.jp/project/topic_point_of_view.html）

（幾何平均）

$$m_g = \sqrt[n]{X_1 X_2 X_3 \cdots X_n}$$

（調和平均）

$$m_h = \frac{n}{\frac{1}{X_1} + \frac{1}{X_2} + \frac{1}{X_3} + \cdots + \frac{1}{X_n}}$$

このように、支配株主にとっての株式価値と少数株主にとっての株式価値の平均値を算定するといっても、その方法はさまざまであり、安易に算術平均を採用すべきではない。一般的に、それぞれの平均が用いられる例として、以下のものが挙げられる[*12]。

（算術平均が用いられる例）

① 学級ごとの英語のテストの平均点
② チェーン店に含まれる複数の店舗の平均売上額（円／年）

（加重平均が用いられる例）

① 世帯主の年齢階層別の平均貯蓄額（円）から算出される全世帯の平均貯蓄額（円）
② 下水処理場からの放流水に含まれる全窒素の平均濃度（mg/L）

＊12 株式会社環境計画研究所 HP（https://www.ries.co.jp/project/topic_point_of_view.html）

（幾何平均が用いられる例）

①　過去10年間の出荷額（百万円／年）の平均増加率（%／年） ②　今後10年間で国内総生産（兆円／年）を20%増加させるのに必要な経済成長率（%／年）

（調和平均が用いられる例）

①　往路と復路の全体での平均速度（km/h） ②　電気回路に並列で複数の抵抗（Ω）がある場合、それらの抵抗の値の平均値

このように、それぞれの平均にはそれぞれの意味があることから、支配株主にとっての株式価値と少数株主にとっての株式価値の平均値を求める場合に、算術平均よりも合理的なものがあれば、それを用いることを検討する必要がある。

第2章で解説したように、譲渡制限株式の譲渡では、売買価格が高くなれば譲渡人が利益を得て、同額が指定買取人の負担になるというゼロ和ゲームが成立する。そのため、売買価格決定の申立てがなされた場合には、両者が対等の立場で交渉を行い、かつ、交渉力に差がないことが前提となるため、その平均値を採用するというのが裁判例の傾向である。

それでは、支配株主にとっての株式価値が1,000円であり、少数株主にとっての株式価値を10円であるとした場合に、それを1対1で折衷した505円が、両者が対等の立場で交渉を行い、かつ、交渉力に差がないことを前提に成立する価格といえるのかが問題となる。505円が交渉で成立する価格であるというのであれば、支配株主が10円妥協する代わりに、少数株主に10円妥協させ、少数株主も10円妥協する代わりに、支配株主に10円妥協させるという交渉ゲームが繰り返されると考えざるを得ない。たしかに、支配株主にとっての株式価値が1,000円であり、少数株主にとっての株式価値が900円であれば、そのような交渉が行われる可能性は十分に考えられるが、支配株主にとっての株式価値と少数株主にとっての株式価値に大きな乖離がある場合には、このような交渉は行われないであろう。

すなわち、支配株主が10%妥協する代わりに、少数株主に10%妥協させ、少数株主も10%妥協する代わりに、支配株主に10%妥協させるという交渉ゲームが繰り返されると考えるべきであろう。この考え方を採用した場合には、算術平均よりも、幾何平均のほうが合理的な平均値を算定することができる。そのため、支配株主にとっての株式価値が1,000円であり、少数株主にとっての株式価値が10円である場合には、100円（$=\sqrt{1{,}000\text{円}}\times\sqrt{10\text{円}}$）を平均値とすべきであると考えられる。

これを数学的に立証してみると、支配株主にとっての株式価値をAとし、少数株主にとっての株式価値をBとすると、支配株主が自分の価値をX分の1にする代わりに、少数株主にとっての株式価値をX倍することを容認し、少数株主も同様の要求をしたとする。その際に、お互いの価値が一致するXの値は以下のようになる。

$$
\begin{aligned}
A \div X &= B \times X \\
A \div B &= X^2 \\
X &= \sqrt{A} \div \sqrt{B}
\end{aligned}
$$

この場合に、最終的に合意する価値をPとすると、$P = B \times X$となる。

したがって、

$$
\begin{aligned}
P &= B \times \sqrt{A} \div \sqrt{B} \\
&= \sqrt{A} \times \sqrt{B}
\end{aligned}
$$

となり、支配株主にとっての株式価値と少数株主にとっての株式価値の幾何平均が、両者が対等の立場で交渉を行い、かつ、交渉力に差がないことを前提に成立する価格であるということがいえる。

ここでは、わかりやすさのために、支配株主にとっての株式価値と少数株主にとっての株式価値に極端な差がある事例を紹介したが、感覚的には、支配株主と少数株主との間の交渉ゲームと捉えるのであれば、5倍、6倍くらいの差があれば、算術平均よりも、幾何平均のほうが合理的な平均値を採用することができると思われる。

そのため、現在の裁判例の傾向に従った上で、より合理的な折衷割合を算定する必要がある場合には、算術平均ではなく、幾何平均により、支配株主にとっての株式価値と少数株主にとっての株式価値を折衷すべきであると考えられる。

(5) 時価純資産法との折衷

第2章で解説したように、現在の裁判例では、支配株主にとっての株式価値についてはDCF法(又はその代替としての収益還元法)、少数株主にとっての株式価値については配当還元法を採用するものの、これらによって得られる株式価値に違和感がある場合には、時価純資産法との併用を行うという傾向が見受けられる。具体的には、東京地決平成26年9月26日・金商1463号44頁では、DCF法により算定された株式価値に違和感があったことから、支配株主にとっての株式価値を算定するために、DCF法と時価純資産法を1対1の割合により折衷している。そして、札幌高決平成17年4月26日・判タ1216号272頁では、配当還元法により算定された株式価値に違和感があったことから、少数株主にとっての株式価値を算定するために、配当還元法と時価純資産法を1対1の割合により折衷している。なお、福岡高決平成21年5月15日・金商1320号20頁は、当該会社の特殊性から、将来収支の予測や割引率の算定が困難であったという理由により、支配株主にとっての株式価値を算定するために、DCF法と時価純資産法を3対7の割合により折衷しているが、これは、例外的な裁判例ということがいえる。

このように、時価純資産法との折衷を行うにしても、合理的な折衷割合を算定することができないため、とりあえず、1対1で折衷しておけば、裁判例の傾向と大きく違わないということがいえる。

しかしながら、このような折衷割合にはほとんど意味がない。そもそも、DCF 法により算定された株式価値に違和感が生じないように、類似上場会社法などの異なる手法と比較しながら、納得感のある株式価値を算定できるようにすべきであると思われる。そして、配当還元法により算定された株式価値に違和感が生じるのは、配当性向が低いことが理由であることが多いため、配当性向が低い場合には、大阪地決平成 27 年 7 月 16 日・金商 1478 号 26 頁のように、合理的な配当性向を算出した上で、配当還元法による株式価値の算定を行うことも検討すべきである*13。

6 収益還元法による評価額の算定

第1章で解説したように、収益還元法は、将来の予想純利益を一定の割引率で割り引くことにより株式価値を算定する手法をいう。そして、収益還元法は、評価対象企業の事業計画がない場合に、DCF 法の簡便法として用いられる手法であり、過去の収益実績に基づいて将来の収益を想定することにより算定されている。

すなわち、将来事業計画を入手することができない少数株主からすれば、まずは、過去の収益実績をそのまま将来収益とみなした収

*13 アカデミックに考えると、少数株主間の売買であれば、純粋に少数株主にとっての株式価値を算定すべきであるため、実際配当還元法により株式価値を算定すべきであると思われる（佐藤信祐「非上場株式の評価」慶應義塾大学大学院法学研究科博士論文 154 頁（平成 29 年）参照）。これに対し、「実際に裁判になったときに、裁判所に受け入れられやすい評価方法」を考えると、少数株主にとっての株式価値を算定する場合には、合理的な配当性向に基づいた配当還元法による評価を行うべきであると考えられる。

益還元法に基づく評価額により交渉を行ってくる可能性は十分に考えられる。これに対し、支配株主からしても、将来事業計画を作成していないことが多いため、収益還元法に基づく評価額は、交渉のたたき台として検討すべき手法であると思われる。

もちろん、将来収益が極端に悪化することが見込まれている場合には、過去の収益実績をそのまま将来収益とみなすことはできない。そのため、支配株主からすれば、ある程度の将来収益の見込みを検討することが必要になる場合があるが、そうでない場合には、とりあえずのたたき台として、過去の収益実績をそのまま将来収益とみなした上で、少数株主がどれくらいの買取価格を要求してくるのかを予想することができる。

そして、収益還元法は、将来の予想純利益を一定の割引率で割り引くことにより株式価値を算定する手法であることから、割引率をどのように算定するのかが問題となる。非流動性ディスカウントやサイズ・リスクプレミアムを加味したとしても、財産評価基本通達に定められている特例的評価方式における割引率（10%）は高すぎるように思われる。

そのため、本来であれば、きちんとした割引率を算定する必要があるが、少数株主との交渉のたたき台という意味では、とりあえず10%の割引率により株式価値の算定を行っている事案も存在する。それで少数株主側が納得するのであれば問題にならないし、納得しない場合に限り、コストをかけて割引率を厳密に計算するかどうかを判断すればよいからである[*14]。

＊14　実際のところ、交渉の落としどころを探るという意味では、収益還元法の割引率よりは、支配株主にとっての株式価値と少数株主にとっての株式価値の折衷割合のほうがインパクトが大きいことや、わずか数%の株式の買取りであることから、取引総額もそれほど大きくはならないため、コストをかけて厳密な株式価値を算定するほどのメリットがないことも多いと思われる。このような場合には、どれくらいであったら許容することができるのかという経営者の判断に基づいた上で、さまざまな計算要素を調整することにより、とりあえずの落としどころを探っていくことになると思われる。

7 時価純資産法と残余利益法の検討

租税法上の評価方法のひとつである純資産価額方式は、評価会社のすべての資産及び負債を財産評価基本通達に基づいて計算し、1株当たりの時価純資産価額を算定することにより計算する方法である（財基通185）。そして、**第2章**及び**第3章**で解説したように、賞与引当金や退職給与引当金などの負債性引当金が認められていないことから、法人税基本通達又は所得税基本通達に基づいて、上場有価証券や土地を時価に調整したとしても、適正な時価が算定できるとは考えにくい。そのため、会社法上の時価を算定する場合において、時価純資産法を用いるときは、これらの負債性引当金を考慮する必要があると思われる。なお、**第2章**で解説したように、再調達時価に基づいた時価純資産法であっても、税効果会計を適用することは可能であると思われる。

これに対し、残余利益法は、評価時点における総資産の簿価合計額に対し、将来における営業残余利益の期待値の現在価値を加算することにより事業価値を算定する手法である。この場合における営業残余利益とは、その企業の期首営業資産簿価に対して期待される利益を超えて獲得された利益の割引現在価値という意味で、会計上ののれんに相当するものといえる。

そのため、税務専門家の中には、時価純資産価額に対して、財産評価基本通達165、166項に定める営業権を加味することで、DCF法、収益還元法及び残余利益法の代替手法として認められるのではないかという誤解がある。

この点については、取引目的の株式評価において、残余利益法を用いている事案が少ないことから、かなり厳しいといわざるを得ない。そして、財産評価基本通達に定める営業権は、かなり低めの評価になることが多く、将来収益力を加味した時価純資産法であると断言することもできない。

しかしながら、少数株主との交渉という意味では、財産評価基本通達165、166項に従って営業権を算定した結果、営業権の金額が0円になる場合には、時価純資産価額をそのまま支配株主にとっての株式価値にすることができるため、一応、交渉のテーブルに乗せることができる手法であるということがいえる。

8　少数株主との交渉における落としどころ

支配株主が少数株主から株式を買い取る場合において、当事者間の合意が成立せずに、裁判所に対して売買価格決定の申立てが行われたときは、支配株主にとっての株式価値と少数株主にとっての株式価値を1対1の折衷割合による評価額を売買価格として決定されてしまう可能性が高い。

さらに、支配株主にとっての株式価値についてはDCF法（又はその代替としての収益還元法）、少数株主にとっての株式価値については配当還元法がそれぞれ採用される可能性が高い。ただし、例外的に、これらによって得られる株式価値に違和感がある場合には、時価純資産法との併用が行われる可能性がある。

このような裁判例の傾向は、「実際に裁判になった場合に裁判所から決定されるであろう売買価格」を推定することで役に立つが、当事者間の交渉において、その価格で買い取らなければならないのかといえば、それは別の問題である。

まずは、支配株主にとっての株式価値と少数株主にとっての株式価値を1対1で折衷するのではなく、幾何平均を用いることにより算定するという方法が考えられる。この手法は、裁判例では公表されていないものの、裁判例の傾向からも、裁判所が認める可能性は十分に考えられるからである。

次に、収益還元法、配当還元法の割引率をどのように算定するのかという問題がある。とりあえずは、10％で算定してみるのも考えられるが、最近の経済状況を考えると、10％で割り引いてしまうと、割安な株式価値になることが考えられるため、裁判所が認めない可能性は否定できない。そのため、あくまでも、交渉のテーブルに乗せるための簡便法として捉えるべきである。

そして、少数株主からすると、収益還元法のわかりにくさから、時価純資産法による評価額を要求してくる可能性がある。時価純資産法による評価額であれば、そのわかりやすさから、少数株主の納得が得られやすいため、少数株主にとっての株式価値との折衷割合が合意できれば、当事者間の交渉は成立しやすい。

そのほか、時価純資産法による評価額よりも、財産評価基本通達に定める原則的評価方式による評価額のほうが安いのであれば、原則的評価方式による評価額を支配株主にとっての株式価値とする手法も考えられる。「実際に裁判になった場合に裁判所から決定されるであろう売買価格」とはいい難いが、国税庁が定めた通達に従った評価方法ということであれば、当事者間の交渉は成立しやすいからである。

このように、実務上は、①実際に裁判になった場合に裁判所から決定されるであろう売買価格、②租税法上の時価、③当事者間の合意価格の３つが挙げられる。少数株主からの株式の買取りは、わずか数％の株式の買取りであることから、取引総額もそれほど大きくはならないため、厳密な株式価値を算定するためのコストをかけることができないことが少なくない。このような場合には、とりあえずの落としどころを探るためのたたき台を作るために、簡便的に株式価値を算定するということもあると考えられる。

Ⅱ　募集株式の発行等

第3章で解説したように、募集株式の発行等では、引受人の納税ポジションにより租税法上の問題を検討すべきである。すなわち、すべての株主が個人である場合において、少数株主が特例的評価方式により募集株式の引受けを行ったときは、当該少数株主にとっては、特例的評価方式が租税法上の時価であることから贈与税の問題は生じない。そして、少数株主が原則的評価方式により募集株式の引受けを行ったとしても、既存株主である支配株主が保有している株式の相続税評価額が引き上げられないことから、当該支配株主において贈与税の問題は生じない。これに対し、支配株主が特例的評価方式により募集株式の引受けを行った場合には、当該支配株主が取得した株式の時価が原則的評価方式まで引き上げられるため、贈与税の問題は生じる。

これに対し、**第2章**で解説したように、会社法の観点からすれば、間接損害説を採用した場合には、引受人が支配株主になるのか、少数株主になるのかで評価方法を変えるべきであるが、直接損害説を採用すると、既存株主が支配株主であったのか、少数株主であったのかにより評価方法を変えるべきであると考えられる。すなわち、支配株主にとっての株式価値に満たない価額で募集株式の発行等を行った場合には、いずれかの立場から有利発行に該当する見解が導き出されることになる。

そのため、少数株主に対して、少数株主にとっての株式価値で募集株式の発行等を行う場合には、特例的評価方式による評価額以上の価額を払込金額とすれば、租税回避に該当する場合を除き、租税法上のリスクは少ないということがいえる。ただし、直接損害説によれば、当該払込金額が支配株主にとっての株式価値に満たない価額である場合には、会社法上、有利発行に該当する可能性があることから、有利発行の手続きを行うべきであると考えられる。

そして、支配株主に対して、原則的評価方式による評価額に満たない価額で募集株式の発行等を行った場合には、租税法上、有利発行に該当することから、当該支配株主において、受贈益の問題が生じる。そして、間接損害説によれば、当該払込金額が支配株主にとっての株式価値に満たない価額である場合には、会社法上、有利発行に該当する可能性があることから、有利発行の手続きを行うべきであると考えられる。

Ⅲ　少数株主の締出し

第3章で解説したように、少数株主の締出しを行った場合には、租税法上の観点からすれば、少数株主から支配株主への株式譲渡とみなされる。そのため、原則的評価方式に満たない価額で少数株主を締め出した場合には、当該支配株主において、受贈益の問題が生じる。

これに対し、**第2章**で解説したように、会社法上は、マイノリティ・ディスカウント、非流動性ディスカウントが認められない可能性が高い。そのため、少数株主が、取得価格決定の申立て、反対株主の株式買取請求又は売買価格決定の申立てを行った場合には、マイノリティ・ディスカウント、非流動性ディスカウントを考慮しない株式価値で買い取る必要が生じる。

ただし、取得価格決定の申立て、反対株主の株式買取請求又は売買価格決定の申立てを行う少数株主はきわめて稀である。実際の裁判には、時間とコストがかかるからである。しかしながら、**第2章**で解説したように、全部取得条項付種類株式を利用した手法、株式併合を利用した手法を採用した場合には、東京地裁民事第８部（商事部非訟係）が公表している端数相当株式任意売却許可申立書の書式において、鑑定評価書を付すことを要請していることから、不当に安い価格で少数株主を締め出すことはできない。

なぜなら、少数株主が、取得価格決定の申立て又は反対株主の株式買取請求を行った場合に、明らかに公正な価格として認められない株式価値で「端数相当株式任意売却許可申立書」を提出した場合に、裁判所が全く指摘をしないで本申立書を受け付けてくれるとは限らないし、明らかに公正な価格として認められない株式価値で鑑定意見書を作成した外部専門家に対しては、締め出された少数株主から損害賠償が請求される可能性があるからである。

このような理由により、たとえ少数株主が、取得価格決定の申立て、反対株主の株式買取請求又は売買価格決定の申立てを行わない場合であっても、マイノリティ・ディスカウント、非流動性ディスカウントを考慮した株式価値で少数株主を締め出すわけにはいかないというのが実態かと思われる。

そうなると、会社法上、少数株主を強制的に締め出すことができたとしても、当事者間の交渉により、相対取引を行ったほうが安い価額で買い取ることができる可能性が高い。そのため、少数株主の締出しによる手法は、最終手段として捉えるべきであると考えられる。

Ⅳ　株式交付型組織再編

第3章で解説したように、株式交付型組織再編を行う場合には、租税法上の問題が生じないような組織再編比率を用いることが多いと思われる。

これに対し、**第2章**で解説したように、最一小決平成27年3月26日・民集69巻2号365頁では、合併の当事会社が合併比率を決定する際には、財産評価基本通達に定める類似業種比準方式により各当事会社の株式価値を算定しているものの、反対株主の株式買取請求が行われた場合において、裁判所が公正な価格を決定するときは、収益還元法により株式価値を算定している。

すなわち、組織再編比率の算定の段階では、租税法の問題のみを検討し、反対株主の株式買取請求が行われた場合に限り、会社法の問題を検討することができるため、両者の考え方を分けて検討することが可能である[*15]。

ただし、裁判所が買取価格を決定するのではなく、当事者間の合意により買取価格を決定した場合において、原則的評価方式よりも安い買取価格を採用したときは、既存の支配株主に対する租税法上の問題について検討が必要になる。

＊15　むろん、第2章で解説したように、事前に株式を買い取った場合には、当該買い取った価格が公正な価格として決定される危険性については別途検討が必要である。

V　種類株式

1　財産評価基本通達における種類株式の規定

財産評価基本通達188では、議決権総数に占める割合により原則的評価方式と特例的評価方式のいずれで評価を行うかを決定することが明らかにされている。そして、自己株式、会社法308条1項かっこ書に規定する相互保有株式がある場合には、それぞれの議決権の数を0として評価会社の議決権総数を計算する（財基通188－3、188－4）。

これに対し、議決権制限株式を発行している場合につき、同通達188－5では、「種類株式のうち株主総会の一部の事項について議決権を行使できない株式に係る議決権の数を含めるものとする」と規定されている。

これは、制限された範囲内で会社経営に関与することも可能であり、また、議決権を行使できる事項によって会社支配に影響する度合いを区別することが困難な場合が多いことが理由とされている[*16]。ただし、すべての事項について議決権を行使できない場合には、同通達188－5の規定が適用されず、当該株式に係る議決権の数を0とした上で、原則的評価方式によるのか、特例的評価方式によるのかを判定することになると考えられる。

＊16　宇野沢貴司『令和２年版　財産評価基本通達逐条解説』740頁（大蔵財務協会、令和２年）。

2 種類株式の評価について（情報）

平成19年3月9日に、「種類株式の評価について（情報）」（資産評価企画官情報第1号、資産課税課情報第6号、審理室情報第1号）が公表され、以下のことが明らかにされた。

(1) 配当優先の無議決権株式の評価

① 配当優先株式の評価

配当について優先・劣後のある株式を発行している会社の株式を(イ)類似業種比準方式により評価する場合には、株式の種類ごとにその株式に係る配当金（資本金等の額の減少によるものを除く。以下同じ）によって評価し、(ロ)純資産価額方式により評価する場合には、配当優先の有無にかかわらず、財産評価基本通達185の定めにより評価する＊17。

② 無議決権株式の評価

同族株主（原則的評価方式が適用される同族株主等をいう。以下同じ）が無議決権株式を相続又は遺贈により取得した場合には、原則として、議決権の有無を考慮せずに評価するが、次のすべての条件を満たす場合に限り、前記①又は原則的評価方式により評価した価額からその価額に5％を乗じて計算した金額を控除した金額により評価するとともに、当該控除した金額を当該相続又は遺贈により同族株主が取得した当該会社の議決権のある株式の価額に加算して申告することを選択することができる（以下、この方式による計算

＊17 社債類似株式は、財基通197－2(3)に準じて評価を行う。

を「調整計算」という)。

(条　件)

(イ) 当該会社の株式について、相続税の法定申告期限までに、遺産分割協議が確定していること。

(ロ) 当該相続又は遺贈により、当該会社の株式を取得したすべての同族株主から、相続税の法定申告期限までに、当該相続又は遺贈により同族株主が取得した無議決権株式の価額について、調整計算前のその株式の評価額からその価額に5%を乗じて計算した金額を控除した金額により評価するとともに、当該控除した金額を当該相続又は遺贈により同族株主が取得した当該会社の議決権のある株式の価額に加算して申告することについての届出書が所轄税務署長に提出されていること。

(ハ) 当該相続税の申告に当たり、評価明細書に、調整計算の算式に基づく無議決権株式及び議決権のある株式の評価額の算定根拠を適宜の様式に記載し、添付していること。

(2) 社債類似株式の評価

次の条件を満たす株式(以下「社債類似株式」という)については、財産評価基本通達197 − 2(3)(利付公社債の評価)に準じて発行価額により評価する。また、社債類似株式を発行している会社の社債類似株式以外の株式の評価に当たっては、社債類似株式を社債であるものとして計算する。

(条　件)

(イ) 配当金については優先して分配する。

また、ある事業年度の配当金が優先配当金に達しないときは、その不足額は翌事業年度以降に累積することとするが、優先配当金を超えて配当しない。

(ロ) 残余財産の分配については、発行価額を超えて分配を行わない。

(ハ) 一定期日において、発行会社は本件株式の全部を発行価額で償還する。

(ニ) 議決権を有しない。

(ホ) 他の株式を対価とする取得請求権を有しない。

(3) 拒否権付株式の評価

拒否権付株式については、普通株式と同様に評価する。

3 実務上の対応

第1章で解説したように、『企業価値評価ガイドライン（改訂版）』（以下「ガイドライン」という）を参考にすると、種類株主が普通株主よりも優先した権利を有している場合には、種類株主に帰属する価値を差し引いた後の残余が普通株主に帰属する価値となる。そのため、配当優先株式（又は劣後株式）、残余財産分配優先株式（又は劣後株式）は、普通株式との将来キャッシュ・フローの違いが生じるため、これを区別して算定する必要がある。

そして、現金での取得請求権や取得条項が付されている場合には、取得されたときの払戻額により種類株式の評価を行うことになるが、取得請求権や取得条項が発動されない可能性が高い場合には、取得請求権や取得条項が発動されたときのシナリオを想定しないで株式価値の算定を行うことになる。

これらに対し、議決権制限株式、黄金株については、議決権の差を評価に織り込むことが困難であり、議決権制限株式を少数株主にとっての株式価値で評価することが精一杯であると思われる。

このように、配当優先株式（又は劣後株式）、残余財産分配優先株式（又は劣後株式）の評価方法は、租税法上の評価が安定性や客観性を重視していることから、やや異なる部分があるとはいえ、租税法上の考え方とガイドラインの考え方は大きく変わらない。そして、現金での取得請求権や取得条項が付されている場合には、租税法上は、社債類似株式に該当するかどうかを判定することになるが、取得請求権や取得条項が発動される可能性が高い場合には、ガイドラインでも類似の評価を行うことになると思われる。

実務上、問題となりやすいのは、議決権の有無による評価の違いである。租税法上の評価では、同族株主が無議決権株式を相続又は遺贈により取得した場合には、議決権の有無を考慮せずに評価することを原則としながらも、配当優先株式の評価又は原則的評価方式により評価した価額からその価額に５％を乗じて計算した金額を控除した金額により評価するとともに、当該控除した金額を当該相続又は遺贈により同族株主が取得した当該会社の議決権のある株式の価額に加算して申告することを選択することが認められている。このような５％を乗じて計算した金額を議決権の価値とみなすのは、評価の安定性や客観性を重視する租税法の考え方であり、企業価値評価理論や会社法上の評価では採用することはできない。

この点につき、信託を活用した中小企業の事業承継円滑化に関する研究会「中間整理～信託を活用した中小企業の事業承継の円滑化に向けて～」４頁（注５）（平成20年９月）では、「遺留分の算定に当たっては、議決権行使の指図権は、独立して取引の対象となる財産ではないため、財産的価値はなく、遺留分算定基礎財産に算入されないと考えられる」としている[*18]。この考え方は、**第２章**で解説した譲渡制限株式の売買価格決定申立事件の裁判例の傾向と変わらない。すなわち、譲渡制限株式の評価において、会社支配権を

＊18　なお、中小企業庁「事業承継ガイドライン」68頁（平成28年）では、遺留分の計算については触れられていない。

独立して評価していないため、５％を乗じて計算した金額を議決権の価値とみなすことは、会社法における裁判例の傾向とは大きく異なる。これに対し、議決権制限株式を何株保有したとしても、会社を支配することができないということであれば、普通株式と評価方法を変えるという考え方は十分に成り立つ。

すなわち、会社法上、少数株主が普通株式を保有している場合であれば、譲渡制限株式の譲渡において、裁判所が売買価格を決定するときは、支配株主にとっての株式価値と少数株主にとっての株式価値とを折衷し、少数株主の締出しにおいて、裁判所が公正な価格を決定するときは、支配株主にとっての株式価値で決定する可能性が高いが、議決権制限株式の場合には、支配株主にとっては、当該議決権制限株式を取得したところで、自らの議決権比率が高まるわけではないため、少数株主にとっての株式価値のみで評価される可能性もあり得る。

この点については、学説や裁判例の指摘がほとんどないことから、異なる見解が公表される可能性は十分に考えられる。

第5章
その他の論点

はじめに

第1章から**第4章**までは、会社法及び租税法の観点から非上場株式の評価について解説を行った。しかし、実務上は、民法や経営承継法の観点からも非上場株式の評価について問題になることもある。

本章では、民法や経営承継法の観点からの非上場株式の評価について解説を行う。

I　遺留分の算定

1　種類株式

種類株式が発行されている場合には、普通株式と種類株式との間で評価額が違うことについて争いはないと思われる。そのため、遺留分（民法1028以下）の算定においても、普通株式と種類株式で評価額が異なることが考えられる。

実務上、遺留分の算定で問題となるのは、事業承継の場面である。すなわち、後継者以外の相続人が取得する非上場株式を議決権制限株式にした上で、その代わりとして、配当優先株式にすることが考えられる。さらに、後継者である相続人が取得する非上場株式を黄金株にすることも考えられる。

第4章で解説したように、種類株式の評価の考え方は、会社法と租税法とでそれぞれ異なる。民法上の遺留分の算定について裁判例として公表されたものは少ないが[*1]、租税法とは明らかに目的が異なるため、租税法の考え方をそのまま用いることはできない。

後継者である相続人が取得する非上場株式を黄金株にしたり、後継者以外の相続人が取得する非上場株式を議決権制限株式にしたりする場合には、後継者である相続人が会社を支配することができる反面、後継者以外の相続人は配当請求権や残余財産分配請求権以外の実質的な権利が剥奪されている。

もし、後継者以外の相続人が取得した非上場株式が社債的な性格に近いものである場合、すなわち、無議決権株式であり、かつ、配当請求権及び残余財産分配請求権が固定化されている場合には、社債と同様の評価を行うことに合理性が認められ、後継者である相続人が取得した非上場株式の評価方法と差を設けるべきであると考えられる。

これに対し、後継者以外の相続人の議決権が制限されているにもかかわらず、配当請求権や残余財産分配請求権について、後継者である相続人が取得した株式と差を設けていない場合には、社債的な性格とは異なるものであり、どのような評価を行うのかという点が問題になる。すなわち、実務上、後継者である相続人が取得した株式を支配株主にとっての株式価値で評価し、後継者以外の相続人が取得した株式を少数株主にとっての株式価値で評価をすることができるかどうかという点が問題になろう。

この点につき、**第4章**で紹介したように、信託を活用した中小企

＊1　強いて挙げれば、大阪家判昭和51年2月16日・家月28巻12号171頁、大阪高決昭和58年2月7日・判タ502号184頁、東京地判平成22年12月27日・ウエストロージャパン文献番号2010WLJPCA12278032が挙げられる。いずれも、相続税評価額によらずに、時価純資産価額により遺留分の算定を行っているが、支配株主になる相続人とそれ以外の相続人とで評価額を変えるところまでは行っていない。種類株式を発行していない場合において、支配株主になる相続人の取得した株式だけを支配株主にとっての株式価値で評価し、それ以外の相続人の取得した株式を少数株主にとっての株式価値で評価するのは、あまりに支配株主になる相続人にとって不利な結果となるため、このような手法を裁判所は採用すべきではない。しかし、種類株式を発行していたり、属人的定めが設けられている場合には、異なる判断を採用すべき場合もあると思われる。

業の事業承継円滑化に関する研究会「中間整理～信託を活用した中小企業の事業承継の円滑化に向けて～」4頁（注5）（平成20年9月）では、「遺留分の算定に当たっては、議決権行使の指図権は、独立して取引の対象となる財産ではないため、財産的価値はなく、遺留分算定基礎財産に算入されないと考えられる」としている。しかし、**第2章**で解説したように、譲渡制限株式の売買価格決定申立事件の裁判例でも、会社支配権を独立して評価するようなことはしておらず、それぞれが保有する非上場株式の評価方法に差を設けているだけであるため、種類株式の評価においても同様に解する余地はある。

この点については、何ら裁判例も学説も公表されていないが、そもそも普通株式と種類株式は権利の異なる株式であることから、評価方法に差を設けることが否定されるべきではない。そのため、裁判所が、後継者である相続人が取得した株式を支配株主にとっての株式価値で評価し、後継者以外の相続人が取得した株式を少数株主にとっての株式価値で評価をすべきであると判断する可能性は十分にあると思われる。

2 属人的株式

(1) 基本的な取扱い

会社法109条2項では、公開会社でない株式会社に対して、配当請求権、残余財産分配請求権、株主総会における議決権につき、株主ごとに異なる取扱いを行う旨を定款で定めることを認めている。いわゆる「属人的定め」「属人的株式」「属人的種類株式」といわれているものである。

かつての事業承継対策のセミナーでは、後継者に議決権を集中させながら、他の相続人にも平等に財産を承継させるために、種類株式を用いることが推奨されていた。しかし、種類株式を導入するためには登記が必要であることから、その事実を公にしたくないクライアントが多かった[*2]。そのため、最近では、これを解決するために、属人的株式を用いる手法が紹介されるようになった[*3]。

会社法105条2項では、配当請求権及び残余財産分配請求権の全部を与えない旨の定款の定めは、その効力を有しないと定められているのに対し、株主総会における議決権の全部を与えない旨の定款の定めについて、その効力を有しない旨の明文規定が存在しない。そのため、特定の社員の議決権をすべて奪うことも、他の社員の議決権を奪うに等しいほど多数の議決権を認めることも許容されると解される。ただし、現行会社法上も、「属人的定めが、具体的な強行法規もしくは株式会社の本質に反し、または公序良俗に反するものであってはならず、かつ、株主の基本的な権利を奪うものではあってはならない」[*4]とする見解があることから、属人的株式を利用するにしても、一定の限界はあると解されている。

(2) 事業承継対策と属人的株式の利用

前述のように、後継者に議決権を集中させながらも、遺留分の問題を解決するために、属人的株式の利用を検討することがある。すなわち、後継者である相続人のみに議決権を与えたり、1株1議決権を超える議決権を与えたり[*5]する手法である。具体的な方法と

＊2　中小企業庁「事業承継ガイドライン」68頁でも、属人的株式は、種類株式と異なって登記されないため、外部からその存在や内容を知られることがないというメリットがあることが指摘されている。

＊3　山田コンサルティンググループ株式会社HP（https://www.y-bc.co.jp/ma/knowledge/post/syurui_zokujin_shintaku/zokujin）、汐留司法書士事務所HP（http://www.shiodome.co.jp/js/blog/664）。

＊4　江頭憲治郎『株式会社法（第7版）』134－135頁（注10）（有斐閣、平成29年）。

して、取締役である株主のみが株主総会での議決権を行使することができるように定款で定めるという方法も紹介されている[*6]。

ただし、被相続人が保有していた株式に対して属人的定めがなされていたとしても、当該属人的定めの効力は、相続人には及ばないと解されている[*7]。そのため、会社法上、後継者以外の相続人が株式を取得した場合には、相続前に定めた属人的定めの効力が当該後継者以外の相続人に及ばないと解する余地もある。後継者である相続人に対してのみ議決権を与えるという属人的定めは、後継者以外の相続人に対して議決権を与えないという属人的定めに等しいからである[*8]。

さらに、遺留分の算定における非上場株式の評価をどのように行うのかという点は、未だ明らかにされていない。取締役である株主のみが株主総会での議決権を行使することができるという属人的定めの効力が相続人に及ばないのであれば、それぞれが取得する非上場株式の権利内容は変わらないため、非上場株式の評価に差を設けるべきではないことは明らかである。しかし、取締役である株主のみが株主総会での議決権を行使することができるという属人的定め

＊5　中小企業庁前掲＊2・67 頁では、「ある特定の株主についてのみ、1 株 1 議決権の原則の例外を定めることなど（A 株主が所有している株主については 1 株 100 議決権とする、など)」を例示している。

＊6　事業承継協議会事業承継関連会社法制等検討委員会「事業承継関連会社法制等検討委員会中間報告」13 頁（平成 18 年)。

＊7　稲葉威雄『会社法の解明』305 頁（中央経済社、平成 22 年)、鈴木隆元「公開会社でない株式会社における支配関係の多様化」臨床法務研究 11 巻 7 頁（平成 23 年)。

＊8　持分会社の取扱いにつき、「持分の譲受人や成立後の新規加入者は、定款規定に真に合意している保証はないのではないかという指摘はありうる。しかし、持分会社の持分については、株式会社の株式と異なり、その流通の円滑化を図る必要はなく、会社法上は、定款の内容を十分に確認しないで社員となる者を保護するための規定は存ぜず、……。したがって、社員となる者は、定款規定を十分に確認してから入社等をすべきであり、その確認のための手段は法定されていないものの、確認することができなければ入社や譲受けを断ればよいという整理をするほかない（相澤哲ほか「持分会社」相澤哲編『立案担当者による新・会社法の解説 (別冊商事法務 (295))』166 頁（商事法務、平成 18 年))」とする解説があるが、実務上、裁判所が異なる解釈を採用する可能性もあると思われる。

の効力が相続人に及ぶのであれば、それぞれが取得する非上場株式の権利内容は変わってくるため、後継者である相続人が取得した株式を支配株主にとっての株式価値で評価し、後継者以外の相続人が取得した株式を少数株主にとっての株式価値で評価すべきであるという考え方も十分に成り立つ。

このように、属人的株式についての取扱いは、そもそもの有効性だけでなく、遺留分の算定における評価の問題など、何ら明らかにされていないという点に留意が必要である。

Ⅱ　経営承継法

経営承継法（中小企業における経営の承継の円滑化に関する法律）では、旧代表者の推定相続人及び後継者が、その全員の合意をもって、書面により、次に掲げる内容の定めをすることを認めている（経営承継法4①）。

① 後継者が当該旧代表者からの贈与又は当該特定受贈者からの相続、遺贈若しくは贈与により取得した当該特例中小企業者の株式等の全部又は一部について、その価額を遺留分を算定するための財産の価額に算入しないこと（「除外合意」という）。

② 後継者が当該旧代表者からの贈与又は当該特定受贈者からの相続、遺贈若しくは贈与により取得した当該特例中小企業者の株式等の全部又は一部について、遺留分を算定するための財産の価額に算入すべき価額を当該合意の時における価額（弁護士、弁護士法人、公認会計士、監査法人、税理士又は税理士法人がその時における相当な価額として証明をしたものに限る）とすること（「固定合意」という）。

非上場株式の評価が問題となるのは、後者の固定合意が行われた場合である。民法上、遺留分を算定する際の財産の価額は、生前贈与された株式を含めて、相続開始時を基準として評価されてしまうため、後継者の貢献により上昇した場合でも、上昇した後の価額で計算されてしまうという問題があるところ、固定合意を行えば、後継者が企業価値を上昇させたとしても、他の相続人の遺留分は増加しないというメリットがあるといわれている＊9。

＊9　中小企業庁「経営承継法における非上場株式等評価ガイドライン」4－5頁（平成21年）。

上記のとおり、固定合意を行うためには、専門家による証明が必要となり、中小企業庁が平成21年に公表した「経営承継法における非上場株式等評価ガイドライン」では、具体的な評価方法が解説されている。しかし、本ガイドラインでは、収益方式、純資産方式、比準方式及び国税庁方式といったさまざまな評価方法を列挙しており、必ずしも単一の評価方法を紹介しているわけではない。

さらに、本ガイドラインでは、「東証マザーズやJASDAQといった新興市場に上場している同族会社の株価について、収益還元方式、DCF方式、純資産方式及び国税庁方式により、評価を行ったところ、国税庁方式により評価した株価は、それ以外の評価方式による株価のレンジに収まっているケースが多かった」*10としている。しかし、そもそも、後継者に生前贈与を行う際には、相続税評価額を引き下げる対策を行うことが多いのに対し、新興市場に上場している同族会社では、むしろ株価が高くなるように対策を行うことが多い。すなわち、新興市場に上場している同族会社を参考にして、国税庁方式の妥当性を論じることは、かなり現実と乖離しており、経営承継法上、固定合意が違法なものとして取り扱われる可能性もある。そのため、国税庁方式を採用することが合理的ではないと認められる事情がある場合には、国税庁方式を採用すべきではないと考えられる*11。

このように、「経営承継法における非上場株式等評価ガイドライン」では、「合意の時における価額」についての明確な指針を示しているものではなく、あくまでも参考程度のものと解するべきであろう。

そして、後継者が取得した非上場株式の評価が問題となることか

---

*10　中小企業庁前掲*9・23頁。

*11　相続税評価額とは異なる価額を「合意の時における価額」とした場合において、「合意の時における価額」が相続税評価額を上回ったときに、贈与税の計算上、相続税評価額により確定申告をしたとしても、特段の問題は生じないと思われる（中小企業庁前掲*9・28頁）。

ら、支配株主にとっての株式価値により評価を行うべきである。さらに、**第2章**で解説したように、会社法上、支配株主にとっての株式価値を評価する場合には、DCF 法（又はその代替としての収益還元法）を採用することを原則としながらも、これらによって得られる株式価値に違和感がある場合には、時価純資産法との併用を行うという裁判例の傾向が見受けられる。経営承継法における「合意の時における価額」を算定する際にも参考にすべきであると思われる。

＜著者略歴＞

佐藤　信祐（さとう・しんすけ）

公認会計士、税理士、博士（法学）

公認会計士・税理士　佐藤信祐事務所所長

平成 11 年　朝日監査法人（現有限責任あずさ監査法人）入社

平成 13 年　公認会計士登録、勝島敏明税理士事務所（現デロイトトーマツ税理士法人）入所

平成 17 年　税理士登録、公認会計士・税理士佐藤信祐事務所開業

平成 29 年　慶應義塾大学大学院法学研究科後期博士課程修了（博士（法学））

改訂版
会社法・租税法からアプローチする
非上場株式評価の実務

平成30年7月20日　初版発行
令和3年4月20日　改訂初版
令和5年10月20日　改訂2刷

日本法令®

〒101-0032
東京都千代田区岩本町1丁目2番19号
https://www.horei.co.jp/

検印省略

著　者　佐藤信祐
発行者　青木鉱太
編集者　岩倉春光
印刷所　神谷印刷
製本所　国宝社

（営　業）　TEL　03-6858-6967　　Eメール　syuppan@horei.co.jp
（通　販）　TEL　03-6858-6966　　Eメール　book.order@horei.co.jp
（編　集）　FAX　03-6858-6957　　Eメール　tankoubon@horei.co.jp

（オンラインショップ）　https://www.horei.co.jp/iec/
（お詫びと訂正）　https://www.horei.co.jp/book/owabi.shtml
（書籍の追加情報）　https://www.horei.co.jp/book/osirasebook.shtml

※万一、本書の内容に誤記等が判明した場合には、上記「お詫びと訂正」に最新情報を掲載しております。ホームページに掲載されていない内容につきましては、FAXまたはEメールで編集までお問合せください。

ISBN 978-4-539-72819-2